中國古代史學叢書

八家後漢書輯注

周天游 輯注

修訂本 上

圖書在版編目(CIP)數據

八家後漢書輯注 / 周天游輯注. —修訂本. —上海：上海古籍出版社，2020. 9（2023.9重印）
（中國古代史學叢書）
ISBN 978-7-5325-9735-2

Ⅰ. ①八… Ⅱ. ①周… Ⅲ. ①中國歷史—東漢時代—紀傳體 Ⅳ. ①K234. 204. 2

中國版本圖書館 CIP 數據核字(2020)第 160034 號

中國古代史學叢書
八家後漢書輯注(修訂本)
全二册
周天游 輯注
上海古籍出版社出版發行
（上海市閔行區號景路159弄1-5號A座5F 郵政編碼201101）
（1）網址：www. guji. com. cn
（2）E-mail：guji1@guji. com. cn
（3）易文網網址：www. ewen. co
上海展强印刷有限公司印刷
開本 850×1168 1/32 印張 30. 125 插頁 10 字數 608,000
2020 年 9 月第 1 版 2023 年 9 月第 3 次印刷
ISBN 978-7-5325-9735-2
K·2896 定價：158. 00 元
如有質量問題，請與承印公司聯繫
電話：021-66366565

前言

魏晉南北朝時期，羣雄競立，紛争不已。令人眼花繚亂的政權更迭，却引來了史學的勃興。爲替一時當道的統治者提供治世的鏡鑑，謀求正統的地位；爲給播越的門閥士族炫耀高貴的門第，追憶逝去的榮華，私家修史，一時蔚爲風尚。其中在東觀漢記的基礎上而撰寫的後漢書，今可知者竟達十二家之多。除晉袁宏後漢紀和劉宋范曄後漢書流傳至今外，尚有吴謝承後漢書一百三十卷、晉薛瑩後漢記一百卷、晉司馬彪續漢書八十三卷（八志凡三十卷附范曄書以傳）、晉華嶠漢後書九十七卷、晉謝沈後漢書一百二十二卷、晉張瑩後漢南記五十五卷、晉袁山松後漢書一百卷、時代未詳的劉義慶後漢書五十八卷[一]、梁蕭子顯後漢書一百卷（以上均紀傳體）、晉張璠後漢紀三十卷（編年體）。

在上述後十部書中，劉義慶、蕭子顯二書亡于隋或唐初。不僅唐劉知幾在史通中已無片言隻字論及，甚而殘文賸字，也無從考見，故今且擱置不論。其餘八書，一則遭西晉永嘉之亂等各次兵火之劫，多有損佚。唐初雖略有復出，終難成完帙。再則遇唐章懷太子李賢爲范曄書作注，使之盛行于世。如六臣注文選，其引用范書已占十之七八，而諸家殘書遂不復爲世人所重。以至宋太宗淳化年間，在吴淑進注事類賦狀裏，謝承書、張璠紀、續漢書已均淪入遺逸書之列。而宋仁宗景祐元年，余靖奉詔校正後漢書，敍其原委，僅臚列謝承、薛瑩、司馬彪、華嶠、謝沈、袁山松諸書卷帙之多寡，竟不能取證參稽，以定異同。總之，八家書至遲于兩宋之際，已如逝水飄風，遺而不存，是確然無疑的事實〔二〕。所幸的是，我們今天仍能從後漢書注、續漢志注、三國志注、世説新語注、文選注等等文史之注中，以及北堂書鈔、藝文類聚、初學記、太平御覽種種類書中，略窺其斑豹，以爲研史之助。

范曄後漢書集衆家之長，博大精深，後來居上，歷久不衰，確乎爲治東漢史者之圭臬。然而八家後漢書佚文，亦不可廢置。清康熙中姚之駰纂輯後漢書補逸時曾説道：「夫他書可逸，惟史當補。近史文煩或可逸，古史文約尤當補。今試以謝、華諸史與范校，其闕者半，其同者半。其闕者可以傳一朝之文獻，其同者且可以參其是非，校其優絀，于史學庶乎其小補也。」姚氏既不誇大其作用，又不無視其存在，如此對待八家書佚文，可謂允當。

然而八家書參差不齊，自有優劣之分，應該視其質量高下，佚文多寡，區別對待，各盡其用。

梁劉勰于文心雕龍史傳篇中曰：「至于後漢紀傳，發源東觀。袁、張所制，偏駁不倫；薛、謝之作，疏謬少信；若司馬彪之詳實，華嶠之準當，則其冠也。」又劉知幾于史通古今正史篇中，在簡要敍述了東觀漢記的撰述經過後，于八家書中僅僅介紹了司馬彪、華嶠二書，并説後漢書「作者相繼，爲編年者四族，創紀傳者五家，推其所長，華氏居最」。可見自南北朝至唐初，推崇華、彪二書，是一時的公論。

華嶠字叔駿，西晉平原高唐（今山東禹城西南）人。歷事武、惠二帝，「博聞多識，屬書典實，有良史之志」〔三〕。因而長期主持朝廷的撰述之事。華嶠不滿意東觀漢記的蕪雜，有意改作。自爲臺郎後，得以遍覽宫省秘籍，于是整理史料，排比考校，上起光武，下迄孝獻，述東漢一百九十五年歷史，以爲漢後書。惜十典未成而嶠卒，復經其子華徹、華暢相繼董理，始成完書。此作一經問世，即得到一致推重。中書監荀勗、令和嶠、太常張華、侍中王濟都認爲華書「文質事核，有遷、固之規，實録之風」〔四〕。遂藏之秘府，與史記、漢書、東觀漢記并行于天下。

范曄對華書十分欣賞，在撰作後漢書時，除取材東觀漢記外，漢後書成爲其主要的藍本。以體例而論，華嶠以爲「皇后配天作合，前史作外戚傳，以繼末編，非其義也，故易爲皇后紀，以次帝紀」〔五〕。而范曄亦沿用其例，遵而不改。又華嶠行文「言辭簡質，敍致温雅」〔六〕，其論尤爲精絶，所以范曄往往全部或部份襲用之。今可考者，有李賢注所言之肅宗章帝紀論、馬武傳論、馮衍傳論、劉趙淳于江劉周趙傳序、班彪傳論、袁安傳論。章宗源隋經籍志考證所言之王允傳論。閱袁宏紀所知之丁鴻傳論、皇甫嵩傳論、襄楷傳論。而尚未注明的恐怕還有若干。姚之駰以爲范書「微章懷注之，則掠美者勝矣」〔七〕，雖不免有些言過其實。但他指出「蔚宗其亦服膺斯編」〔八〕，却是一語中的。可以這樣説，范曄的成功，也包含有華嶠的許多心血在内。

從現存的華嶠書佚文中，我們不但可以明瞭華書與范書的内在聯繫，而且對范書的材料亦小有補益。如馮衍的祖父，范書和東觀漢記均作馮野王，唯華書作馮立，可聊備參考。又范書節略諸書，常有失之過簡之弊。如陳愍王寵善射，范書僅作「寵善弩射，十發十中，中皆同處」，使人難以領略其奧妙。而華書則曰：「其祕法以天覆地載，參連爲奇。又三微三小，三微爲經，三小爲緯，經緯相將，萬勝之方，然要在機牙。其射至十發十中，皆同孔也。」讀來令人豁然而悟。

司馬彪字紹統，高陽王睦之長子。因好色薄行，廢而不得爲嗣。于是司馬彪不交人事，專精學問，博覽衆籍，撰述甚豐。除續漢書外，他尚注莊子，作九州春秋，又據汲冢紀年，條譙周古史考之誤凡百二十二事，而名噪當世。姚之駰言：「向使彪嗣高陽王，懷桐披衮，不過貴耀一時，豈能使千百年下傳其著作若此哉！」〔九〕司馬彪雖經挫折，却能翻然醒悟，因禍得福。事在人爲，其性格品行確有過人之處。

司馬彪八志「雖未盡善，而大較多實」〔一〇〕，至今仍爲研討秦漢典章制度的重要依據。所以與其説是彪志依范書而得以傳世，不如説范書憑彪志而近于完備。但是司馬彪未著藝文志，使一代典籍不能俱陳于史册，以供後人索驥，令人深感遺憾。不過續漢書紀傳的佚文，數量之可觀，僅次于謝承書。不但能印證范書之言而有徵，且可以較多訂補范書的不足。如和帝葬于順陵，證之以袁宏紀，足以明范書作「慎陵」之誤。通鑑即舍范書而從彪書、袁紀。再如張角心腹馬元義之死，續漢書作「爲山陽所捕得，鎖送京師，車裂于市」，可補范書之闕。

然而入清以來，謝承書聲譽日隆，竟一躍而爲八家書之首。如姚之駰即曰：「謝偉平之書，東漢第一良史也。」〔一一〕王謨亦曰：「余於諸別史中最愛謝偉平後漢書，記載賅博，遠勝范蔚宗。」〔一二〕這就不能不使人要探究其根由了。

謝承字偉平，會稽山陰（今浙江紹興）人。吴主孫權謝夫人之弟。曾拜五官郎中，稍遷長沙東部都尉、武陵太守。謝承書是繼東觀漢記之後的第一部私撰後漢書。僅據殘圭斷璧，已可知其著述頗具特色。就體例而論，隋書經籍志言其無帝紀。但是史通自敍篇曰：「始在總角，讀班、謝兩漢，便怪前書不應有古今人表，後書宜爲更始立紀。」既然更始尚且要補立本紀，謝書豈能無帝紀？倘若謝書無帝紀，劉知幾又豈能默然不置一辭？可見隋志所言，乃指謝書帝紀于隋初曾散佚罷了。謝書不僅紀、志、傳俱全，而且又有所創新。如閱史通可知，謝書有輿服、百官二志。前者源于東觀漢記之車服志，後者則出自漢書百官公卿表，然皆別立新目，并爲續漢書所倣效。另據明陳禹謨本書鈔，知謝書又有兵志及風教傳，爲當時史書所僅見。此二目雖不能遽作定論〔一三〕，然而從謝書佚文推斷，范書傳目中之東夷列傳，毫無疑義本之于謝書〔一四〕。而獨行、方術、逸民、列女諸傳也可能仿謝書而設，并非范曄所獨創〔一五〕。

此外，就内容而言，謝承于「忠義隱逸，蒐羅最備，不以名位爲限」〔一六〕，所以「姜詩、趙壹身止計吏，而謝書有傳」〔一七〕。因而嚴元照認爲「其所以發潛德之幽光者，蔚宗不及也」〔一八〕。在這些忠義名卿通賢逸士中，尤以江南人物居多。而范書只列「南州高氏父子及陳重、雷義、程曾、唐檀數傳，其何湯僅附見桓榮傳。章懷太子注引謝書載湯事，亦綦詳。外有羊茂、孔恂、嚴豐、宋度、湛重、鄧通、項誦、劉陵、黄向、張冀十人爵里事迹，班班可考，乃其姓名，俱不掛范書」〔一九〕。對此王謨不禁爲之憤憤然，甚至指責劉知幾關于謝承「周悉江左」，「偏黨吴越」之議，爲「亦淺之乎測偉平矣」〔二〇〕。再則，謝書佚文數量之多，幾占八家書佚文總數之半，而謝書佚文又半爲范書所失載，這樣就大大豐富了東漢史料寶藏。出于上述原因，清代學者推崇謝書，也就不足爲怪。

但是，平心而論，謝書佚文之所以這樣多，重要的原因正是「謝書尤悉江左，京洛事缺于三吴」之故〔二一〕。除去那些具有地方特色的記述之外，「若其他事迹，與范書異者，亦未見定勝」〔二二〕。因此，就全書總價值而言，謝書實不及范書。范曄出于全盤的考慮，對謝書大加删節，略有所取，無可厚非。而正由于范書失載，才使這批頗具地方特色的名士譜，被唐、宋類書從宣揚名教氣節和保存軼聞逸事的角度出發，意外地保留了下來。而在東漢史料較爲缺乏的情况下，這批佚文自然顯得特別寶貴，尤其對探討漢代的社會風俗和精神風貌來説，更不可不讀。

至于薛瑩、謝沈、張瑩、袁山松、張璠五書，無論從寫作質量上説，還是從佚文數量和史料價值上説，均不能望上述三書之項背。

袁山松，陳郡陽夏（今河南太康）人。東晉時爲吴郡太守，因拒孫恩而死于滬瀆。袁山松乃袁宏的從弟，先後同時，一著後漢書，一作後漢紀，不失爲史林一段佳話。然而袁紀存而袁書亡，二者之優劣，于此大略可知。但是袁山松書中，志書較全，其中郡國志、祭祀志、五行志佚文，對續志多有訂補。藝文志更爲其書所獨有，惜已全佚。而其他佚文，也時有可取。如明帝字子麗，應奉删史記、漢書、漢記爲漢事，以及王充論衡由蔡邕傳入中土的經過，微袁書幾泯滅不爲人知。

張璠，晉之令史，曾出爲長史，而具體事迹則無考。其所著後漢紀似未完之作，且流傳不廣，散亡亦早，所以余靖表中竟未能提及。四庫館臣曾將其佚文與袁宏紀有關記載相比較，以爲都是袁紀爲佳。不過袁宏也承認，張璠紀「言漢末之事差詳」〔一三〕，所以曾汲取其部份成果，使袁紀關于漢末的記述更加完備，甚至比范書還要詳實。因而張璠對史學還是作出了一定的貢獻的。

在八家書中，薛瑩、謝沈、張瑩三書的佚文最少。薛瑩字道言，沛郡竹邑（今安徽宿縣北）人。初爲吴祕府中書郎。孫皓在位時，又任左國史，參預修撰吴書。後降于晉，官至散騎常侍。史稱其「涉學既博，文章尤妙」〔一四〕。後漢記是他的私撰之作。謝沈字行思，一作静思，會稽山陰人。晉康帝時，曾任著作郎，撰晉書三十餘卷。其所撰後漢書本一百卷，又録一卷，後漢書外傳二十卷，所以隋志舊注作一百二十二卷。張瑩曾任江州從事，晉書無傳，籍貫及生平事迹均無考。薛書所存主要是光武、明、章、安、桓、靈六帝紀之論。其褒貶抑揚，發自胸臆，直道而陳，切中要害。如他在肯定劉秀的中興偉業後，又曰：「古者師不内御，而光武命將，皆授以方略，使奉圖而進，其有違失，無不折傷，意豈文史之過乎？不然，雖聖人其猶病諸？」難怪姚之駰贊曰：「末段如神龍掉尾，使人不可捉摸，更佳。范論但敍光武符瑞，不及開創大略，失史體矣。」〔二五〕而謝沈書則是禮儀、祭祀、天文、五行、郡國五志佚文，對續漢志略有補益。至于張瑩記佚文，却與范書多同，唯安帝見銅人條爲其所獨載。

八家書沈淪千載，然其佚文，自唐以來，學者文人于考史著文中，仍屢有徵引。至清代，樸學興起，輯佚之風大盛。自姚之駰首開重輯諸家後漢書之端，于是孫志祖、王謨、章宗源、黄奭、汪文臺、王仁俊諸人接踵而起，或訂補，或重輯，或潛心于一書一志之發掘，或致力于竭澤而取，輯本疊出，蔚爲大觀。

姚之駰字魯斯，錢唐（今浙江杭州）人。康熙辛丑進士，官至監察御史。其輯本名曰後漢書補逸（筆者用康熙中栢筠書屋刊本，又參之以蔡元培校徐友蘭鈔本，均藏北京圖書館）。所輯書以其目録爲序，凡東觀漢記八卷，謝承書四卷，薛瑩、張璠、華嶠、謝沈、袁山松諸書各一卷，續漢書四卷。總計八種二十一卷。使已湮之籍，一旦裒然傳世，其篳路藍縷之功不可没。但是此書缺點甚多，傳世後屢遭抨擊。概括起來，首先是姚氏藏書寂寥，并鮮獺祭之功，連太平御覽都未曾取資，故闕漏甚多。

其所用書鈔又是明陳禹謨本，文多妄增誤改，遺害後學。而姚氏又頗沿明儒舊習，讀書不精，考辨乏力。以至誤認續漢志爲范曄所作，竟又從類書和史注中别輯志文，勞而無功，徒增笑柄。此外，如其不詳謝承任武陵太守的出處，可見姚氏未曾讀過吴志謝夫人傳，也未曾認真讀過隋書經籍志舊注。而其不識「承父嬰」即指謝承之父謝嬰（一作煚），甚至曰：「范書有承宫，續漢書載宫子名疊，無承父嬰。世本承姓，衞大夫承叔乘之後。抑或承父複姓，嬰其名與？」〔二六〕讀來令人啼笑皆非。再則姚輯輯文皆不著出處，使人無從考索。且編目漫無條理，隨手簽記，顛倒錯訛，觸目可見。如誤陳政爲陳正叔，分宋度爲宋度、宋叔平二人。然而當時正處輯佚草創階段，手段不高明，在所難免。何況姚之駰并不以此作妄自矜誇，自謂「雖殘缺失序，聊以見其大凡」，「尚俟博雅君子補其闕」〔二七〕。其良苦用心，猶堪敬佩。

爲了訂補姚輯的不足，更出于對謝承書的推崇，于是孫志祖的謝氏後漢書補佚問世（筆者用民國二十年南京龍蟠里國學圖書館石印本）。孫志祖字頤谷，一作詒穀〔二八〕，乾隆間仁和（今浙江杭州）人。曾官江南道監察御史。全書共五卷。前四卷仍姚輯之舊，然「凡姚氏所採者，一一著其出處，誤者正之，略者補之，復以范書參訂同異」〔二九〕。而第五卷則是孫氏之續輯。其徵引精博，遠勝姚輯，雖小有疏漏，絶非一般率爾操觚徒事漁獵類書者可比。孫輯流傳甚稀，張之洞撰書目答問，也僅聞其書，未見傳本。幸由柳詒徵先生據丁氏善本書室精鈔本，于民國二十年刊印于世，才得以流布。清末孫志祖之子孫峻又作補訂一卷，功在詳核出處，注明異同，略有補益。

與孫輯幾乎同時成書的，則是輯佚大家王謨的謝承後漢書鈔（筆者用原刻本）。王謨自署汝上老人，乃江西金溪人，字仁圃，一字汝麋，乾隆進士。其輯漢魏遺書鈔五百餘種，而刊行的僅經部一百零八種，史部之書則不爲人所知。謝承後漢書鈔六卷，一函四册，清刻本，今藏南京圖書館。其標作漢魏遺書鈔別史之一，則史部書未嘗不刊行。本書初成，以未見姚輯而未果授梓。嘉慶年間始從坊間購得姚輯，發覺其所輯謝書人物較姚輯多百餘人，始欣然刊印。此書雖較姚輯差詳，且與孫輯可互相補益，但在徵引廣博和考辨精審上，均不逮孫輯。除謝書外，王謨于漢唐地理書鈔中（中華書局影嘉慶中金谿王氏刊本），又輯得袁山松書郡國志一卷，略有疎漏，而遠勝他輯。

乾嘉之際，祖籍浙江會稽的宛平（今北京市）舉子章宗源，于撰述隋經籍志考證的同時，曾以極大的精力從事于漢晉遺書的輯佚工作。據孫氏祠堂書目及黄奭所輯張璠紀序所言，他輯有華嶠書和張璠紀各一卷。章氏死後，其書稿半毀于火，所餘或寄交章學誠，或存孫星衍處，或歸之于葉雲素，而華、張二書輯本却下落不明。黄奭曾有知足齋叢書問世（筆者用原刻本），印數甚罕，今藏北京圖書館，而中國叢書綜録脱而未録。其中輯有張璠、謝沈、華嶠、袁山松、薛瑩五書各一卷，均無序跋，無出處，略有案語。而參之以黄奭訂補姚輯而作的黄氏逸書考（筆者用民國二十三年朱長圻補刊本），時有不同。如張璠紀佚文則脱伏皇后、靈帝、班超、周舉、樊曄、侯覽、成瑨、陳寵、王堂、范滂、荀靖、荀昱、荀曇、荀彝、朱儁、种劭、袁紹、曹操、劉表、孫堅、譙周、條支國諸目。計御覽十一條，類聚二條，文選注二條，世説注一條，三國志注六條。而梁冀、朱穆、陳球、董卓、獻帝諸目，又有脱遺。計御覽七條，續漢志注一條。又如華嶠書則脱獻帝、伏后、賈復、王梁、馬成、申屠剛、傅昌、陳寵、劉般、鄧彪、薛苞、賈逵、慶鴻、班始、劉永國、周規、張楷、胡廣、馬融、桓麟、孔嵩、蔡孟喜、王甫、曹嵩、崔寔、趙岐、崔鈞、哀牢夷、散騎、論班彪班固、孝義列傳序、補遺諸目。計御覽二十五條，書鈔六條，范書本傳注五條，文選注二條，初學記二條，袁宏紀四條。又明帝、馬援、桓榮、樂松、江革、第五倫、韋彪、宋均、耿秉、桓典、班超、趙壹、楊震、崔駰、應瑒、靈帝諸目也均有脱漏。計御覽十二條，類聚一條，書鈔三條，范書本傳注九條，文選注二條，初學記一條，水經注一條。唯劉寬目比逸書考多書鈔一條。竊以爲黄奭似親見章輯，又深知其下落。其曾言章氏「凡隋書經籍志所列目，積生平全力，以返其魂，竟十得八九，哀然大觀」〔三〇〕。或此知足齋叢書本即源自于章輯，亦未可知。倘若事實果真如此，則章氏輯本絶非僅張、華二書。而之所以脱漏甚多，恐與書非定稿，又復有散亡有關。章氏于隋經籍志考證一書中，曾指明張瑩記佚文綫索十五條，除陳寵條系張璠紀之文誤入外，僅脱書鈔二條，共十三字。足見其對諸家後漢書是頗費了一番心血的。精心之作，竟湮没無聞，良可歎惜。

黄奭字右原，甘泉（今江蘇江都）人。道光年間輯得謝承書、薛瑩記、華嶠書、謝沈書、袁山松書、張璠紀各一卷，「視姚氏差詳，終不賅備」〔三一〕。初入漢學堂叢書（筆者用光緒中印本），後易名黄氏逸書考。黄恩綸曾預其役，出力甚勤。

而諸輯中最爲精湛的當推汪文臺七家後漢書（筆者用光緒八年鎮江林氏刊本）。汪文臺字南士，安徽黟縣人。曾作論語外傳、十三經注疏校勘記識語、淮南子校語、脞稿及英吉利考略等書，阮元亦「服其精博」〔三二〕。汪氏尤留意于諸家後漢書，于舊藏姚輯本上，「隨見條記，丹黄殆徧。後慮未盡，以屬弟子汪學惇，學惇續有增益」〔三三〕。共收録謝承書八卷，薛瑩書一卷，司馬彪書五卷，華嶠書二卷，謝沈書一卷，袁山松書二卷，張璠紀一卷，末時失氏名後漢書一卷，共二十一卷。所輯人物據目録所見粗計，凡謝承書三百九十人，薛瑩書七人，司馬彪書二百七十四人，華嶠書一百二十九人，謝沈書九人，袁山松書五十五人，張璠紀五十五人，失氏名書六人，共九百二十五人。而姚輯謝承書凡二百八十一人，薛瑩書七人，司馬彪書一百九十五人，華嶠書九十人，謝沈書四人，袁山松書三十三人，張璠紀四十一人，共計六百五十一人。汪氏增益之數，約占姚輯之半。又按黄輯，凡謝承書四百一十三人，薛瑩書九人，華嶠書一百一十六人，謝沈書十二人，袁山松書五十八人，張璠紀五十九人，共有六百六十七人。此輯雖比汪輯相應書人物稍多，而除去分目不同的因素，與汪輯大致相仿，各略有增損。而黄輯未輯續漢書佚文，不能不説是一大缺憾。此外僅就謝承書而言，孫輯與汪輯基本相同，而王輯則脱二十餘人。總括起來，還是汪輯冠冕諸輯。而汪輯編目有序，出處周詳，考辨精當，取輯廣博，也較諸輯爲勝，早有定論。當然汪氏僻居遠縣，難覓善本以資校助，脱漏衍訛，在所難免。汪氏死後，書稿售與他人，幸被湯球發現，手録以付其子錫蕃，才再次保存下來，然已有散失。光緒八年趙撝叔、林絜英代爲校勘印行，審核亦未精，復增舛譌。加上汪氏生前未能着手張瑩記佚文的整理，因此其功未畢，尚有補輯之必要。

作爲尾聲，清末江蘇吴縣人王仁俊，曾于玉函山房輯佚書補編中（筆者用上海圖書館所藏稿本縮微卷），輯得華嶠、謝承、袁山松三書各一卷，實則華書一條，謝書、袁書各三條。又于經籍佚文中（同上書），輯有司馬彪書佚文一卷，計二條。其所據除稽瑞一書爲他輯所失輯外，主要録自清杜文瀾之古謡諺，對姚輯雖有所補，然而具體引文均被汪、黄、孫、王（謨）四輯從原始材料採録過。可見王仁俊見聞并不廣，輯佚手段也不甚高明。

在先師陳直先生的指點下，六年來我主要從事東漢史籍的整理工作。爲了使八家書佚文盡量無遺漏地匯集起來，也爲了給史學工作者提供更完備和更可靠的資料，筆者不揣淺陋，在前人已取得的重大成果基礎上，再作爬梳，重加整理，撰成本輯注，以就教于讀者。其中不當之處，切望專家及同行們批評指正。

在本書的撰寫過程中，曾得到西北大學張豈之、游欽賜、林劍鳴、戴南海、楊繩信諸位老師的關懷和幫助。南開大學的楊翼驤先生和來新夏先生，以及中國社會科學院歷史所的吴樹平同志，都曾爲筆者解難釋疑。又有北京圖書館的李致忠、薛殿璽及善本書室諸同志，上海圖書館的沈津同志，以及南京圖書館古籍部的同志，在圖書借閱上提供了不少方便。而上海古籍出版社編輯部的同志對初稿提出過不少建設性意見，在審閱全稿時，復多有補正。在此一并致以誠摯的謝意。

周天游

一九八五年四月于西安

二〇二〇年七月修訂

【注釋】

〔一〕疑此劉義慶即注世説新語之劉宋臨川王劉義慶。但兩唐志均將其書列于司馬彪書之後，華嶠書之前，故又疑其爲晉人。俟考。

〔二〕據余嘉錫讀已見書齋隨筆所考，清代盛傳有謝承書五部秘藏于私人之手。即明季方以哲自史館攜往臨清的内府藏本，傅山所藏明永樂間揚州刊本，莆阳鄭王臣所言閩中舊家藏本，章學誠、汪輝祖所言山陰王記善藏元大德間刊本，及青浦許寶善手録王氏本。今按：謝承書宋時吴淑、余靖已不得親見。王應麟博學多聞，讀謝書亦求助于文選注。可見宋時已無傳本，元明間從何得而刊之？若確有刊本，爲何既無人復付梓以廣流布，而除得之傳聞外，又無第二人親見傳本？倘或明永樂有刊本，而内府亦有珍藏，爲何永樂大典中謝書引文無超出御覽等唐宋類書者？而四庫館臣能從大典中輯出久佚的舊五代史和續資治通鑑長編，何以不能輯出頗爲清人所重的謝承書？故清代傳聞與其信其有，不如信其無。退一步言，充其量是幾部早期輯本而已。

〔三〕見晉書本傳。

〔四〕同前。

〔五〕同前。

〔六〕見史通序傳篇。

〔七〕見姚輯華嶠書自序。

〔八〕同前。

〔九〕見姚輯司馬彪書自序。

〔一〇〕見史通書志篇。

〔一一〕見姚之駰輯謝承書自序。

〔一二〕見王謨謝承後漢書鈔自序。

〔一三〕詳見本輯注謝承書風教傳注。

〔一四〕謝書有東夷列傳，見御覽卷三三三。范書因而不改。

〔一五〕洪飴孫史目表列謝書傳目有風教、循吏、酷吏、獨行、宦者、儒林、文苑、方術、逸民、列女、東夷等。汪文臺輯本除風教傳外皆同。雖皆據范書傳目推演而成，然從佚文内容分析，亦不無道理。

〔一六〕孫志祖謝氏後漢書補佚嚴元照序語。

〔一七〕見史通雜説篇下。

〔一八〕見孫輯嚴序。
〔一九〕見王謨輯自序。
〔二〇〕同前。
〔二一〕見史通煩省篇。
〔二二〕見孫輯嚴序。
〔二三〕袁宏後漢紀自序語。
〔二四〕見吴志薛綜附傳。
〔二五〕見姚輯薛瑩書光武論案語。
〔二六〕見姚輯謝承書承父嬰條案語。
〔二七〕姚之駰後漢書補逸自序語。
〔二八〕見清史稿本傳。黄奭輯本用此字。
〔二九〕孫輯汪輝祖序語。
〔三〇〕黄輯張璠紀自序語。
〔三一〕汪輯崔國榜序語。
〔三二〕見清史稿汪文臺傳。
〔三三〕見汪輯崔國榜序。

例言

一、本輯注引用古類書及古注，斷於北宋末，除因金王朋壽類林雜説系據唐于立政類林擴編而成故出注外，南宋以下類書如記纂淵海、職官分紀、天中記等等，若無重要異文，或非獨有條目，概不出注。而四部論學雜著之引用，斷限則延至南宋末，餘依前例。

一、本書取輯諸書之版本，詳見書末所附引用書目。其中北堂書鈔則以清光緒年間南海孔廣陶刊本（簡稱孔本）爲據，它如明陳禹謨本（簡稱陳本）、俞安期本（簡稱俞本）、清顧氏藝海樓大唐類要鈔本略備參稽。諸本異同，若無必要，概不出注。

一、古類書、古注所引，即使内容相同，而文字往往繁簡各異。爲避免重複冗雜，故不一一列出。各條輯文均擇比較完善者爲主，他引確可補入者補之，可訂正主條譌訛者正之。凡補入之文則加方括號，凡衍文、誤文則加小圓括號。

一、每條輯文均于破折號下注明出處，「〇」號以上爲主要依據。「〇」號以下爲參考出處，概以文字多寡爲序；如文字大體相同，則以成書先後爲序。凡出處下用小圓括號標出阿拉伯數字者，係該卷中相同内容引文出現的次數。

一、諸家輯本，據筆者所見有如下數種：

姚之駰後漢書補逸（輯有謝承書四卷，司馬彪書四卷，薛瑩書、張璠紀、華嶠書、謝沈書、袁山松書各一卷）

孫志祖謝承後漢書補佚五卷，子孫峻補訂一卷

王謨謝承後漢書鈔六卷

王謨漢唐地理書鈔（輯有袁山松書郡國志一卷）

黄奭黄氏逸書考（輯有謝承書、薛瑩書、華嶠書、謝沈書、袁山松書、張璠紀各一卷。除謝承書外，其餘五書輯文又見於黄氏之知足齋叢書、漢學堂叢書）

汪文臺七家後漢書（輯有謝承書八卷，司馬彪書五卷，華嶠書二卷，袁山松書二卷，薛瑩書、謝沈書、張璠紀各一卷。末又附無名氏後漢書一卷）

王仁俊玉函山房輯佚書補編（輯有華嶠書、謝承書、袁山松書各若干條）

王仁俊經籍佚文（輯有司馬彪書若干條）

日人鈴木啓造諸家後漢書列傳輯稿（以范書列傳爲序，不分卷，未完稿）

本輯所輯諸條，凡已見於以上九輯者，不管輯文詳略如何，均於條末大圓括號内標出輯人之姓（唯王仁俊標作「俊」，以別於王謨）。若有多家輯録，其以輯本成書先後爲序。筆者新輯條目則不加圓括號。又張瑩後漢南記係新輯。章宗源於隋經籍志考證中，曾指明大部輯文的綫索，但未成輯本之型，且有誤引，故不標明。

一、凡前人輯文和參考出處，若無重要異文或必須指明的謬誤，概不出注。

一、每條輯文上加數碼，以便檢索。

一、本輯諸書目次，凡紀傳體之書依范書目爲序。凡范書有名而無專傳者，皆附于有關列傳中，如郭諒入李固傳，韋著入韋彪傳，范書所闕之人物傳則編於其後。其中輯文較多的謝承、司馬彪、華嶠、袁山松諸書，仿清人輯本之例，各析爲數卷。張璠紀依袁紀目爲序，並於年號下注明所述人物姓名，以便查閲。二者中無從歸屬的零句，皆納入散句目，置於各編之末。

一、注釋部分既包括考釋，也包括校勘。爲保持版面完整，恕不分列。

一、有關八家作者生平的記述，以及對諸書的評論，今存者甚少，并散見於古籍中。爲滿足讀者研究的需要，現盡力搜羅，附録於後。

一、仿汪文臺輯本之例，成無名氏後漢書一卷附於後。

一、書末編有索引，以便讀者翻檢。

八家後漢書目録

謝承後漢書

卷一

卷二

卷三

卷四

卷五

卷六

卷七

卷八

薛瑩後漢記

司馬彪續漢書

卷一

卷二

卷三

卷四

卷五

華嶠漢後書

卷一

目録

卷三

謝沈後漢書

張瑩後漢南記

袁山松後漢書

卷一

卷二

卷三

卷四

張璠後漢紀

光武帝紀

明帝紀

章帝紀

和帝紀

殤帝紀

無名氏後漢書

附録

謝承後漢書卷一

靈帝紀

〇〇一　靈帝善鼓琴，吹洞簫〔一〕。（孫・王・汪）

——御覽卷五八一　〇　白帖卷六二

〔一〕天游按：隋書經籍志曰謝承書「無帝紀」。孫志祖據此云：「謝書無本紀，此及伏后二條，當是志傳中語。」然汪輯有靈帝紀、伏后紀。余嘉錫讀已見書齋隨筆曰：「隋志言無帝紀者，蓋隋東都所得謝承書傳寫闕其帝紀耳。然不云梁有帝紀幾卷亡，則七録所載已非完本，不始於隋矣。新唐書藝文志有謝承後漢書一百三十三卷，録一卷，較隋志多出四卷，疑即帝紀也。凡隋志所云亡佚殘缺之書，至唐往往復出，其例正多，不足爲異。若謂偉平本未作紀，則殊不然，安有無帝紀而可成一代之史者乎？劉知幾史通評隲諸史，持論最嚴。蹈瑕抵隙，無微不至。陸機之紀三祖，竟不編年，陳壽之志孫劉，呼爲列傳，苟乖體例，輒肆譏彈，使偉平果不作帝紀，獨破馬班之例，安得曲從寬假，默無一言乎？以此推之，不然明矣。汪文臺輯謝書，首列光武、靈帝、伏后諸條，而孫志祖輯本必謂謝書無帝紀，靈帝及伏后條當是志傳中語，似猶考之未詳也。」余説是，今從之。

〇〇二　靈帝建寧四年，河南上言二鳳凰、二鸞鳥集原縣〔一〕。（孫・王・汪・黄）

——御覽卷九一六

〔一〕汪文臺按：「范書此年無是事，光和四年有河南言鳳凰見新城事。續五行志亦同范。」

〇〇三　碑立太學門外，瓦屋覆之，四面欄障，開門於南，河南郡設吏卒視之〔一〕。（姚・王・汪・黄）

——范書儒林傳序注

〔一〕范書儒林傳序曰：「熹平四年，靈帝乃詔諸儒正定五經，刊於石碑，爲古文、篆、隸三體書法以相參檢，樹之學門，使天下咸取則焉。」天游按：水經注卷一六穀水注曰：「東漢靈帝光和六年刻石鏤碑，載五經，立於太學講堂前，悉在東側。蔡邕以熹平四年與五官中郎將堂谿典、光禄大夫楊賜、諫議大夫馬日磾、議郎張馴、韓説、太史令單颺等奏求正定六經文字，靈帝許之。邕乃自書丹於碑，使工鐫刻，於是後儒晚學咸取正焉。魏正始中，又立古、篆、隸三字石經。」可見漢石經始刻於熹平四年，立於光和六年，非三體石經。趙明誠金石録亦曰：漢石經乃「蔡邕小字八分書也。後漢書儒林傳敍云『爲古文、篆、隸三體』者，非也」。又據劉起釪尚書與歷代石經一文所攷，漢石經現可知有殘字計九千餘字，且聞臺灣尚存一殘石，有六百餘字，則總數在萬字左右。雖系殘珪斷璧，彌足珍貴。

〇〇四　靈帝數遊戲於西園，令後宮綵女爲客，主身爲商賈。（孫・汪・黄）

——御覽卷八二八

〇〇五　中平二年，造萬金堂於西園。（王·汪·黄）

——御覽卷八二四

〇〇六　孝靈帝崩，皇太子即位，主上幼沖。（王·汪）

——文選卷五八王仲寶褚淵碑文注

獻帝紀

〇〇七　曹操逼獻帝廢伏后，以尚書令華歆〔爲〕郗慮副〔一〕，勒兵入宫收后。后閉户藏壁中，歆就牽后出。時帝在外殿，后被髪徒跣行泣過，訣曰：「不能復相活耶！」帝曰：「我亦不知命在何時！」〔二〕（孫·汪·黄）

——御覽卷三七三

〔一〕據范書伏后紀補。時郗慮爲御史大夫。

〔二〕黄輯入曹操傳，非。余嘉錫讀已見書齋隨筆曰：「伏后條當在獻帝紀中。」其説是，今從之。

禮儀志

〇〇八　建甯五年正月，車駕上原陵，蔡邕爲司徒掾〔一〕，從公行，到陵〔二〕，見其儀，愾然謂同坐者曰：「聞古不墓祭。朝廷有上陵之禮，始（爲）〔謂〕可損〔三〕。今見（威）〔其〕儀〔四〕，察其本意，乃知孝明皇帝至孝惻隱，不可易舊。」或曰：「本意云何？」「昔京師在長安時，其禮不可盡得聞也。光武即世，始葬于此。明帝嗣位踰年，羣臣朝正，感先帝不復聞見此禮，乃帥公卿百僚，就園陵而創焉。尚書（陛）〔階〕西（陛爲）〔祭設〕神坐〔五〕，天子事亡如事存之意。苟先帝有瓜葛之屬〔六〕，男女畢會，王、侯、大夫，郡國計吏，各向神坐而言，庶幾先帝神魂聞之。今者日月久遠，後生非時，人但見其禮，不知其哀。以明帝聖孝之心，親服三年，久在園陵，初興此儀，仰察几筵，下顧羣臣，悲切之心，必不可堪。」邕見太傅胡廣曰：「國家禮有煩而不可省者，不知先帝用心周密之至於此也。」廣曰：「然。子宜載之，以示學者。」邕退而記焉。（姚・王・汪・黄）

——續漢禮儀志注　〇　通典卷五二　書敍指南卷三

〔一〕司徒者，許栩也。

〔二〕程大昌演繁露卷四曰：「案徐鍇歲時廣記，記東漢人主上陵禮曰：『乘輿自東廂下，太常導出，西向拜山陵，旋升阼階。』引謝承書曰：『蔡邕爲司徒掾，從公到陵，問上陵之禮。』予案：漢郊祀志『東方神明之舍，西方神明之墓』也，故凡事鬼必以西爲尊也。向西之拜，其殆所謂神墓在西也，不專爲一代之陵而設也。」

〔三〕據點校本續漢志校勘記改。

〔四〕同右。

〔五〕同右。

〔六〕蔡邕獨斷曰：「四姓小侯，諸侯家婦，凡與先帝先后有瓜葛者，及諸侯王大夫、郡國計吏、匈奴朝者、西國侍子皆會。」據此可知，所謂瓜葛者，親戚之謂也。書敍指南卷三親戚瓜葛目，即引此四字。

〇〇九　五月五日，朱索五色桃印爲門户飾，以止惡氣也。（汪）

——御覽卷三一

五行志

〇一〇　靈帝建甯四年，河南上言二鳳凰、二鸞鳥集原縣〔一〕。（孫・王・汪・黄）

——御覽卷九一六

〔一〕已見靈帝紀。今依汪輯例，亦列入此志。

○一一　永平十五年，蝗起泰山，彌行兗、豫。（姚・王・汪・黄）——續漢五行志注

郡國志

○一二　涉屋山〔一〕。（姚・王・汪・黄）——續漢郡國志注

〔一〕在會稽郡餘暨縣境内。屬揚州刺史部。

○一三　交阯七郡貢獻，皆從漲海出入。（姚・王・汪）——初學記卷六

○一四　交阯七郡獻龍眼〔一〕。（姚・汪・黄）——御覽卷九七三

〔一〕以上屬交州刺史部。

兵志

〇一五　高帝在平城，爲胡所圍，一人俱角弩，一張爲備，康悉罷之〔一〕。（姚・王・汪・黄）

——書鈔卷一二五

〔一〕末四字陳、俞本均脱。天游按：史記匈奴傳曰：冒頓聽閼氏之言，「乃解圍之一角。於是高帝令士皆持滿傅矢外鄉，從解角直出，竟與大軍合，而冒頓遂引兵而去。漢亦引兵而罷」。疑此四字有訛脱，當指與大軍合而悉罷之之意。

刑志

〇一六　范延壽，宣帝時爲廷尉。時燕趙之間，有三男共娶一妻，生四子，長，各求離别，争財分子，至聞於縣。縣不能決斷，讞之於廷尉。於是延壽決之，〔上言〕以爲〔男子貴信，婦人貴貞，今三男一妻〕〔一〕，悖逆人倫，比之禽獸，生子屬其母。〔於是〕以〔四〕子並付母〔二〕，尸三男於市，奏免郡太守、令、長等，〔切讓三老〕無帥化之道〔三〕。天子遂可其言。（姚・王・汪・黄）

——初學記卷一二　〇　書鈔卷五三（2）御覽卷二三一

〔一〕據書鈔卷五三補。

〔二〕同右。

〔三〕同右。又書鈔卷五三、御覽卷二三一、職官分紀卷一九「帥」均作「師」。黄輯亦然。二者皆可通。

謝承後漢書卷二

劉玄傳鄧曄

〇一七　李淑諫更始曰：「夫三公上應垣宿，九卿下括河海。」〔一〕（姚・王・汪・黄）

——初學記卷一二〇　書鈔卷五三　御覽卷二二八

〔一〕姚、王二輯作李淑傳，非。

〇一八　赤眉入長安時，式侯恭以弟盆子爲赤眉所尊，故自繫。赤眉至，更始奔走，式侯從獄中出，參械出街中〔一〕，逢京兆尹解惲，呼曰：「解君載我，我更始之忠臣也。」即帝敗，我弟又爲赤眉所立。」惲使後車載之，前行見定陶王劉（禮）〔祉〕〔二〕，解其械言：「帝在渭中船上。」遂相隨見更始。（孫・汪・黄）

——御覽卷六四三

〔一〕械，説文曰：「桎梏也。」又曰：「桎，足械也。梏，手械也。」則系二械。此言參械，當復有頸械也。

〔二〕據汪輯及惠棟補注改。

〇一九　曄，南陽南鄉人，〔以〕勁悍廉直爲名〔一〕。（姚·王·汪·黄）

——范書隗囂傳注

〔一〕范書點校本據汲古閣本補「以」字，今從之。又范書劉玄傳載曄初爲更始執金吾，隗囂、張印謀劫更始時，曄曾奉更始命圍攻囂府第。又光武帝紀載建武二年春正月，更始復漢將軍鄧曄降，即此鄧曄也。

李憲傳

〇二〇　陳衆辟州從事〔一〕，有劇賊淳于臨等數千人，攻縣殺吏。光武遣司空李通率師擊之，州牧惶怖，恐獲罪戾。衆於是自請以恩信曉喻降之，乘單車，駕白馬，往到賊所，以義告諭。臨素服名德，即降服。民生立祠，曰「白馬從事」。（孫·王·汪·黄）

——御覽卷二六五

〔一〕陳衆時任揚州從事。職官分紀卷四〇此引首作「李憲於盧江自稱天子，揚州討之不能得」。天游按：據范書李憲傳，時憲已伏誅，揚州牧歐陽歙所討乃憲餘黨淳于臨。職官分紀引書，割裂傳文，多有舛訛，用之不可不慎，此其一例也。

鄧晨傳

○二一　鄧晨尚世祖姊新野公主。主爲王莽兵所害。及薨，詔備主官屬法駕招迎主魂，與晨合葬於北邙。（孫・王・汪・黄・鈴木）

——御覽卷五五四

鄧禹傳

○二二　赤眉盆子去長安，西入右扶風。鄧禹至長安中昆明池，率諸將齋戒，擇吉日入城，謁高帝廟，修禮祠祭，勞賜吏士。因收十二帝神主〔一〕，以故高廟郎來輔守高廟令，行京兆尹，承事按行，掃除諸園陵，爲置卒吏奉守焉。遣輔奉主詣京師。（孫・王・汪）

——御覽卷五三一

〔一〕天游按：范書本傳作「收十一帝神主」。袁紀同謝書。然西漢高祖、惠、文、景、武、昭、宣、元、成、哀、平計十一帝，范書是。

○二三　赤眉陽敗，棄輜重走，車皆載土，以豆覆其上〔一〕。（姚・王・汪・黄・鈴木）

——書鈔卷一一六

〔一〕時赤眉東歸，禹率鄧弘與戰，中計大敗，僅得二十四騎逃歸宜陽。

岑彭傳 曾孫熙

〇二四　光武攻洛陽，朱鮪守之。上令岑彭説鮪曰：「赤眉已得長安，更始爲胡殷所反害，今公誰爲守乎？」鮪曰：「大司徒公被害〔一〕，鮪與其謀，誠知罪深，不敢降耳。」彭還，白上。上謂彭：「復往明曉之：夫建大事，不忌小怨。今降，官爵可保，況刑罰乎？」上指水曰：「河水在此，吾不食言！」（孫・王・汪・黄・鈴木）

——文選卷四二阮元瑜爲曹公作書與孫權注　〇　又卷四三丘希範與陳伯之書注

〔一〕此大司徒公，即更始大司徒劉縯也。

〇二五　田戎擁衆夷陵，聞秦豐被圍，懼大兵方至，欲降。而妻兄辛臣諫戎曰：「今四方豪傑，各據郡國，洛陽地如掌耳，不如按甲以觀其變。」戎不從，乃留辛臣守夷陵，自將兵沿江泝沔止黎丘，刻日當降。而辛臣於後盜戎珍寶，從間道先降於岑彭，而以書招戎。戎疑必賣己，乃灼龜卜降，兆不吉中（折）〔坼〕〔一〕，遂止不降。（孫・王・汪・黄）

〔一〕據東觀記改。汪輯亦作「坼」。周禮卷二四占人曰「卜人占坼」。説文曰：「坼，裂也。」占人即視被灼龜甲之裂紋以定吉凶。坼，可通作拆，疑「折」或系「拆」之譌。

〇二六　光武以岑彭爲安南將軍。（孫・王・汪・黄・鈴木）

——御覽卷二三九

〇二七　岑熙遷魏郡太守〔一〕，人歌之曰：「我有枳棘，岑君伐之；我有蟊賊，岑君遏之。狗犬不驚，足下生氂。含哺彭腹，焉知凶災。我嘉我生，獨丁斯時。美哉岑君，於戲在兹。」（姚・汪）

——類聚卷一九　〇　御覽卷四六五

〔一〕岑熙，類聚卷一九誤作「岑胵」，而御覽卷四六五又誤作「岑晊」，今據范書本傳逕改。王謨輯無此引而有岑熙之目。

耿弇傳弟國弟子恭

〇二八　胡爽曰〔一〕：「耿恭以甲兵守孤城於絶域。」（孫・王・汪・鈴木）

——文選卷四〇任彦昇奏彈曹景宗注

〔一〕范書本傳「胡爽」作「鄭衆」。王輯據以逕改。

銚期傳

〇二九　世祖與銚期出薊，至廣陽，欲南行。（孫・王・汪・鈴木）

——水經注卷一三㶟水注

祭遵傳從弟彤

〇三〇　祭遵爲將軍〔一〕，取士皆用儒術，對酒設樂，必雅歌投壺。（姚・王・汪・黃・鈴木）

——書鈔卷一〇六　〇　御覽卷五七〇　事類賦注卷一一

〔一〕御覽卷五七〇引，無「軍」字，姚、汪、王、黃四輯皆然。天游按：范書本傳與書鈔引同，御覽偶脱耳。又姚之駰按：「此引出范升議謚疏。」

〇三一　祭彤除偃師長，視事五年〔一〕，州課第一。（孫・黃・鈴木）

——書鈔卷七八

〔一〕黃輯據陳本，下多「縣無盜賊」四字。此當系陳禹謨據范書本傳所補。今從孔本。

馬武傳

○三二　馬武字子張，南陽人。爲人好酒，豁達敢直言。時在御前，面折同列，以爲笑樂。（孫・王・汪・黄・鈴木）

——御覽卷三八九

馬援傳子廖

○三三　馬援卒後，有人上書譖之者。援妻孥惶怖，不敢以喪還舊塋，裁買城西數畝地，藁葬而已，賓客故人莫敢弔。會援妻子草索相連，詣闕請罪，帝乃出訟書以示之，方知所坐。上書訴寃，前後六上，辭甚哀切，然後得葬。（孫・王・汪・黄・鈴木）

——御覽卷五五四

○三四　馬后履行節儉，事從簡約。馬廖慮以美業難終，上疏長樂宫，以勸成德政：「長安語曰：『城中好高髻，四方且一尺。城中好廣眉，四方畫半額。城中好大袖，四方全疋帛。』斯言如戲，有切

事實。」（孫・王・汪・黄・鈴木）——御覽卷四九五

魯恭傳

〇三五　魯恭爲中牟令，使民信者也。（鈴木）——書鈔卷七八

魏霸傳

〇三六　魏霸字喬卿，濟陰人。爲鉅鹿太守。臨郡，終不遣吏歸鄉里，妻子不〔令〕到官舍〔一〕。常念兄嫂在家勤苦，已獨尊樂，故常服麤糲，不食魚肉之味。婦親蠶桑，子躬耕，與兄弟同苦樂，不得自異。鄉里慕其行，化之。（孫・王・汪・黄・鈴木）——初學記卷一七　〇御覽卷五一二　類林雜説卷一

〔一〕據類林雜説卷一補。

劉寬傳

〇三七　寬少學歐陽尚書、京氏易，尤明韓詩外傳。星官、風角〔一〕、筭歷，皆究極師法，稱爲通儒。未嘗與人争勢利之事。（姚・王・汪・黄・鈴木）

——范書本傳注

〔一〕李賢曰：「角，隅也。觀四隅之風占之也。」汪輯「角」作「隅」。

〇三八　劉寬嘗行，有人失牛者，乃於路就寬車中認之。寬無所言，下駕步歸。有頃，認者得牛而送還，叩頭謝曰：「慚負長者。」寬曰：「物有相類，事容脱誤，幸勞見歸，何爲謝也。」（姚・王・汪・黄・鈴木）

——類聚卷九四

〇三九　劉寬遷會稽太守，徵將作大匠，自下車，狗不夜吠。（孫・黄・鈴木）

——書鈔卷七五

〇四〇　劉寬爲太尉。嘗朝見，寬被酒沈醉，伏地睡。詔問：「太尉醉耶？」寬仰對曰：「臣不敢醉，但任重責大，憂心如醉。」（王・汪・黄・鈴木）

——御覽卷四九七

宋弘傳

〇四一　宋弘字仲子，爲司空。帝姊湖陽公主新寡，帝與論朝臣美惡，以觀其意。主曰：「宋弘容德莫及。」帝曰：「方圖之。」後〔宋弘宴見，上〕引弘入〔一〕，令主坐屏風後，因謂弘曰：「〔諺言〕貴易交，富易妻〔二〕，人情乎？」弘曰「〔臣聞〕貧賤之交不可忘〔三〕，糟糠之妻不下堂。」帝謂主曰：「事不諧矣。」（孫・王・汪・黃・鈴木）

——御覽卷五一七　〇　又卷四九五

〔一〕據御覽卷四九五補。
〔二〕同右。
〔三〕同右。又其引「交」作「知」，與范書同。

郭躬傳 弟子鎮　子賀

〇四二　郭賀字惠公〔一〕，潁川陽翟人也。父鎮，廷尉，以功封定潁侯〔二〕。薨，賀當襲爵，上書

讓與弟。時詔書不聽，遂竄逃匿三年。孝順皇帝下大鴻臚，切責州郡求賀，强使就封國。（孫・汪・黄・鈴木）

——御覽卷五一五

〔一〕孫志祖按：「東漢有兩郭賀，一字喬卿。」黄奭亦曰：「藝文引『郭賀字喬卿』，此云『字惠公』，疑非一人。范史郭躬弟子鎮，鎮長子賀，又不云爲荆州刺史，其爲二人可知。今以其名同，故類敍之，以俟考覈。」汪輯亦然。天游按：華陽國志卷十二載，烏桓校尉郭堅之孫，名賀字喬卿，乃益州廣漢人氏，官至司隸校尉。即類聚所引者，今亦附於後。

〔二〕「潁」原誤作「穎」，汪輯誤作「疑」，今據范書逕改。

〇四三　郭賀字喬卿，爲荆州刺史，到官有殊政，百姓歌曰：「厥德仁明郭喬卿，忠正朝廷上下平。」（姚・王・汪・黄・鈴木）

——類聚卷一九

〇四四　郭賀拜荆州刺史，有殊政。顯宗巡狩到南陽，特見嗟嘆，賜以三公之服，黼黻冕旒，敕行部去幨幃，令百姓見其容服，以彰有德〔一〕。（孫・王・汪・黄・鈴木）

——御覽卷六八九

〔一〕類聚卷五〇引文與此多同，曰出華陽國志。天游按：華陽國志無此文。上條類聚注曰「事具職官部刺史篇」，則類聚卷五〇所引亦當是謝書之文。

韋彪傳族子豹　子著

〇四五　盛夏多寒，韋彪上疏諫曰：「臣聞治政之本，必順陰陽。伏見立夏以來，當暑而寒，迨刑罰刻急，郡國不時令之所致也〔一〕。」（孫・王・汪・黄）——御覽卷三四

〔一〕范書本傳「時令」上有「奉」字。汪輯補作「和」，黄輯因之。今仍宋本之舊。

〇四六　韋彪上疏曰：「欲急世所務，當先除其患。其源在尚書，尚書典樞機，天下事一決之，不可不察。」（孫・王・汪・黄）——御覽卷二一二

〇四七　韋氏爲三輔冠族〔一〕。著少修節操，持京氏易〔二〕、韓詩，博通術藝。（姚・王・汪）——范書徐穉傳注

〔一〕「韋氏」二字據汪輯逕補。

〔二〕「持」本當作「治」，李賢避唐諱所改。

郭丹傳

○四八　郭丹〔一〕，太守杜詩薦爲功曹〔二〕，丹薦長者自代。勑以丹事編署黄堂〔三〕。（姚・王・汪・黄・鈴木）

——書鈔卷七七

〔一〕丹字少卿，南陽穰人。

〔二〕姚之駰按：「『薦爲』，范作『請爲』，是。」

〔三〕蔡元培按：「『事』當爲『筆』，本書『鄭吉持丹筆』。」蔡説當是。又黄堂，太守府之正堂也。天游按：御覽卷一七六引郡國志曰：「鷄陂之側，即春申君子假居之殿也。後太守居之，以數失火故，塗以雌黄，遂名黄堂。」此郡國志，乃御覽引書目所列唐元和郡國志也，所敍必出自傳聞，不足爲據。閲謝書可知，黄堂乃漢代習用之語，疑與文帝十五年召公孫臣申明土德事，改正朔，色上黄有關。

承宮傳

○四九　承宮少孤，年八歲，爲人牧豕。鄉里徐子盛者，以春秋經授諸生數百。承宮過息廬下，樂其業，因就聽經，遂請留門下。（孫・王・汪・黄・鈴木）

——御覽卷六一一

鄭均傳

〇五〇　帝東巡，過任城，乃幸鄭均舍，敕賜尚書禄，以終其壽，故人號爲「白衣尚書」。（孫・王・汪・黄・鈴木）

——御覽卷四七四

趙戒傳 叔子典　典兄子温　戒孫謙

〇五一　戒字志伯，蜀郡成都人也。戒博學明經講授，舉孝廉，累遷荆州刺史。梁商弟讓爲南陽太守，恃椒房之寵，不奉法。戒到州，劾奏之。遷戒河間相，以冀部難理，整厲威嚴。遷南陽太守，糾豪傑，恤吏人，奏免中官貴戚子弟爲令長貪濁者。徵拜爲尚書令，出爲河南尹，轉拜太常。永和六年，特拜司空。（姚・王・汪・黄）

——范書李固傳注

〇五二　典，太尉戒之叔子也〔一〕。（姚・王・汪・黄・鈴木）

——范書本傳注

〔一〕范書本傳作「父戒，爲太尉」，與此異。

○五三　典學孔子七經、河圖、洛書，内外藝術，靡不貫綜，受業者百有餘人。（姚・王・汪・黄・鈴木）

——范書本傳注

○五四　典性明達，志節清亮。益州舉茂才，以病辭。太尉黄瓊、胡廣舉有道、方正，皆不應。桓帝公車徵，對策爲諸儒之表。（王・汪・黄・鈴木）

——范書本傳注

○五五　天子宗典道懿，尊爲國師，位特進。七爲列卿〔一〕，寢布被，食用瓦器。（姚・王・汪・黄・鈴木）

——范書本傳注　○御覽卷二四三

〔一〕典先後任城門校尉、將作大匠、少府、大鴻臚、太僕、太常、衛尉，故曰「七爲列卿」。

○五六　靈帝即位，典與竇武、王暢、陳蕃等謀共誅中常侍曹節、侯覽、趙忠等，皆下獄，自殺〔一〕。（姚・王・汪・黄・鈴木）

——范書本傳注

〔一〕范書本傳作「會病卒」。姚之駰按：「袁紀載陳、竇事，亦無趙典名。敍王暢事亦繁，而誅常侍事亦不列暢。此云下獄自殺，恐有舛謬。」

〇五七　趙典兄子温，遭歲大饑，散家糧以賑窮餓，所活萬餘人。（孫·王·汪·黄·鈴木）

——御覽卷三五

〇五八　謙字彦信，太尉戒之孫，蜀郡成都人。（姚·王·汪·黄）

——范書獻帝紀注

桓譚傳

〇五九　桓譚字君山，非毀諸儒〔一〕。年七十，補六安郡丞，感而作賦，因思大道，遂發病。哀、平時位不過郎〔二〕。（姚·王·汪·黄）

——書鈔卷一〇二

〔一〕四輯「諸」均作「俗」，范書本傳亦然。此作「諸」，誤。

〔二〕四輯均脱末句。孔本所標書名僅「後漢」二字，今從諸輯以録之，存而備考。

鮑永傳曾孫昂

〇六〇　節士鮑昂，有鴻漸浮雲之志。（孫·王·汪）

——文選卷二五盧于諒贈劉琨詩注

郅惲傳子壽　鄭敬

〇六一　郅壽字伯考〔一〕，爲尚書令，朝廷有疑義，帝特進見，決謨帷幄。帝深嘉之，擢拜京兆尹。

——書鈔卷五九

〔一〕孔本「郅」原誤作「邳」，據陳本改。黄輯入傳翻傳，非。

（孫·黄·鈴木）

〇六二　鄭敬字次都，〔爲新遷功曹〕〔一〕。〔隱於蟻陂〕〔二〕，釣於大澤，〔嘗與同郡鄧敬〕折芰而坐〔三〕，以荷薦肉〔四〕，瓠瓢盛酒，〔言談彌日〕〔五〕，琴書自娱。（孫·王·汪·黄）

——御覽卷三九三　〇　又卷八三四　又卷九九九　文選卷三八任

彥昇爲范尚書讓吏部封侯表注

〔一〕據御覽卷九九九補。新遷，原名新蔡，王莽所改，屬汝南郡。

〔二〕據御覽卷八三四補。

〔三〕據御覽卷九九九補。

〔四〕文選卷三八任彥昇爲范尚書讓吏部封侯第一表注「荷」作「蒲」。

〔五〕據御覽卷九九九補。

郎顗傳

○六三　郎顗上書曰：「去年閏月，白氣從天苑入玉井，西將有叛戾之患。金精之變，太尉所掌，宜責以災異。」〔一〕（王・汪・黃・鈴木）

——御覽卷一五

〔一〕乃順帝陽嘉二年顗所條上便宜七事之第五事。

○六四　郎顗上事曰：「入歲常有霜氣〔一〕，月不舒光，日不宣耀。陛下倦於萬機，政有闕也。」〔二〕（孫・王・汪・黃・鈴木）

——御覽卷八七八

〔一〕范書本傳作「蒙氣」，是。

〔二〕顗復條便宜四事，此即第一事。

○六五　郎顗章曰：「陛下寬不容非。」（孫・王・黃・鈴木）

——文選卷四六任彥昇王文憲集序注

杜詩傳

○六六　爲南陽太守，造作水排，鑄爲農器，用力少，百姓便之。修理疆界陂塘，開拓土田〔一〕，郡内殷足，民悅其德。時人方之召伯〔二〕，俗語曰：「前有召父，後有杜母。」（姚・王・汪・黃・鈴木）

——書鈔卷七四(2)

〔一〕「理」本當作「治」，「開」本當作「廣」，前者避唐高宗諱，後者避隋煬帝諱也。

〔二〕召伯者，召信臣也。漢書循吏傳載：召信臣爲南陽太守，「行視郡中水泉，開通溝瀆，起水門提閼凡數十處，以廣溉灌，歲歲增加，多至三萬頃。民得其利，畜積有餘」。「吏民親愛信臣，號之曰召父」。

張堪傳

〇六七　張堪字君遊，年十六，受業長安，志美行勵，諸儒號曰「聖童」。世祖即位，拜爲郎中。
——書鈔卷六三

（姚・王・汪・黄・鈴木）

〇六八　張堪爲漁陽太守，勸民耕種，百姓歌曰：「桑無附枝，麥穗兩歧，張君爲政，樂不可支。」
——類聚卷八八　〇　御覽卷九五五

（姚・王・汪・黄・鈴木）

蘇章傳

〇六九　蘇章字士成，北海人。負笈追師〔一〕，不遠萬里〔二〕。（姚・王・汪・黄・鈴木）
——書鈔卷一三五　〇　御覽卷七一一　一切經音義卷一〇

〔一〕一切經音義卷一〇引，「追師」作「隨師」。又引風土記曰：「笈謂學士所以負書箱，如冠箱而卑者也。」

〔二〕王謨按：「范書蘇章字孺文，扶風平陵人。順帝時爲冀州刺史。此蘇章字與籍里不同，疑當别爲一人。」王説是。

羊續傳

〇七〇　羊續爲廬江太守，瓦器盛漿。（孫・王・汪・鈴木）

——書鈔卷一四四

〇七一　續字興祖，爲南陽太守。郡内多尚奢麗，續深病之，常敝衣薄食，車馬羸敗。（鈴木）

——書鈔卷三八

〇七二　羊續爲南陽太守，志在矯俗，裳不下膝，彈琴出肘。（姚・王・汪・黄）

——御覽卷三六九

〇七三　羊續爲南陽太守，鹽豉共一角〔一〕，三輔之最。（姚・汪・黄・鈴木）

——書鈔卷一四六　〇　御覽卷八五五

〔一〕御覽卷八五五引「一角」作「壺」字。事物紀原卷九作「器」。

〇七四　羊續字叔祖〔一〕，〔泰山人〕〔二〕。爲南陽太守〔三〕，以清率下，〔計日受俸，以作乾

飯〔四〕，唯臥一幅布絇，〔穿〕敗〔五〕，糊紙補之。（姚·王·汪·黃·鈴木）

——初學記卷二一　○　書鈔卷三八　御覽卷四二五　又卷六九九　又卷七〇七　事類賦注卷一五

〔一〕天游按：書鈔卷三八、御覽卷四二五、又卷七〇七均作「字興祖」，本傳第二條及范書本傳亦然，此作「叔祖」，誤。今存此異文。

〔二〕據御覽卷四二五補。

〔三〕書鈔卷三八、御覽卷四二五、又卷六九九諸引，「南陽」均作「廬江」。除姚輯、鈴木輯稿外，均從之，非。

〔四〕據書鈔卷三八補。俞本作「半月一炊」。

〔五〕據書鈔卷三八、御覽卷四二五補。

〇七五　羊續爲南陽太守，好啖生魚。府丞焦儉以三月望餉鯉魚一尾〔一〕，續不違意，受而懸之于庭，少有皮骨。明年三月，儉復饋一魚。續出昔枯魚以示儉，〔以杜其意〕〔二〕，遂〔終身〕不復食〔三〕。（姚·王·汪·黃·鈴木）

——書鈔卷三八　○　御覽卷九三六　又卷四二五

〔一〕御覽卷九三六「焦儉」作「侯儉」。范書本傳與書鈔同。

〔二〕據御覽卷四二五補。

〔三〕據御覽卷九三六補。

○七六　羊續爲南陽太守。妻與子秘俱往郡舍，續自取資臧，惟有布衾裯弊，麥數斛而已。續謂祕曰：「吾俸如此。」使歸。（鈴木）

——書鈔卷三八

○七七　羊續爲南陽太守，妻與子祕俱到官，閉門不納妻子。〔病困〕（因）〔一〕，謂祕曰：「吾有馬一匹，賣以買棺；牛車一乘，載喪歸，勿受郡送。」（姚・王・汪・黃・鈴木）

——書鈔卷三八

〔一〕據姚、汪二輯改。范書亦然。

○七八　靈帝欲以羊續爲太尉。時拜三公者，皆輸東園禮錢千萬，令中使督之，名爲「左騶」。其所之往，輒迎致禮敬，厚加賜賂。續乃坐使人於單席，舉緼袍而示之，曰：「所資惟斯而已。」故不登三公位，而徵爲太常卿。（姚・王・汪・黃・鈴木）

——書鈔卷五〇

賈琮傳

〇七九　先時交趾屯兵反，有司舉賈琮爲刺史，即移書告示，使其安資業。百姓歌之曰〔一〕：「賈父來晚，使我先反。今見清平，吏不敢飯。」（姚・王・汪・黄・鈴木）

——類聚卷五〇　〇　書鈔卷三五

〔一〕范書本傳作「巷路爲之歌」云云。按書鈔卷三五標目作「巷路歌來晚」，與類聚所引異。

〇八〇　賈琮爲冀州刺史。舊典傳車驂駕，（乘）〔垂〕赤帷裳〔一〕，迎於州界。及琮之部，升車言曰：「刺史當遠視廣聽，糾察美惡，何乃垂帷帳以自掩塞！」乃命御者褰之。百城聞風，〔自然悚震〕〔二〕。（姚・王・汪・黄・鈴木）

——書鈔卷七二　〇　類聚卷五〇

〔一〕據汪輯及本條下文改。

〔二〕據類聚卷五〇補。

〇八一　賈琮爲交趾刺史，在事九年〔一〕，爲十三州最。（姚・王・汪・黄・鈴木）

——書鈔卷七二

〔一〕陳、俞本作「在任三年」，系據范書所改，姚、汪二輯均從之。

陸康傳

○八二　康字季甯，少惇孝悌，勤修操行，太守李肅察孝廉。肅後坐事伏法，康斂尸送葬還潁川，行服。禮終，舉茂才，歷三郡太守，所在稱治。後拜廬江太守。（姚・王・汪・黄）

——吴志陸績傳注

馮魴傳孫石

○八三　馮魴〔孫石〕爲侍中〔一〕，稍遷衞尉，能取悦當時，爲安帝所寵。帝幸其府，留飲十日，賜駭犀玉具（綬）〔劍〕〔二〕、佩刀、紫艾綬、玉玦。（姚・王・汪・黄・鈴木）

——初學記卷二〇（2）　○　書鈔卷一九（2）

〔一〕據汪輯補。

〔二〕據書鈔卷一九改。東觀記、袁紀、范書皆作「劍」。

虞延傳

〇八四　莽貴人魏氏以椒房之寵，威傾郡縣〔一〕。（姚・汪・黄）

——范書本傳注

〔一〕時延任陳留户牖亭長，以魏氏賓客放縱，率吏卒突入其家捕之。

〇八五　養育成人，以妻同縣人王氏〔一〕。（姚・汪・黄）

——范書本傳注

〔一〕延從女弟在孩乳，其母棄之溝中。延哀而收養之。

〇八六　虞延除細陽令，歲時伏臘，遣徒繫各使還家，並感之，應期而歸。（孫・鈴木）

——書鈔卷七八

〇八七　陳留虞延爲郡督郵。光武巡狩至外黄〔一〕，問延園陵柏樹株數，延悉曉之，由是見知。（姚・王・汪・黄・鈴木）

——類聚卷八八　〇　御覽卷九五四　事類賦注卷二五

〔一〕東觀記、范書本傳均作「小黄」，而袁紀同此引。天游按：二縣皆屬陳留郡。光武所問乃高帝母昭靈后園陵事，據續漢郡國志注引漢舊儀曰：「高祖母起兵死縣北，爲作陵廟於小黄。」范書本傳注引漢舊儀亦同，則作「小黄」是。

○八八 車駕幸洛陽〔一〕，詔留虞延督郵從駕。——書鈔卷七七

〔一〕據范書本傳，「洛陽」系「魯」之誤。

○八九 虞延〔字子大〕〔一〕，辟司徒侯霸府。正旦，百官朝賀。上望見延在公府掾屬中，馳小黄門問曰：「故陳留督郵虞延非耶？」對曰：「是。」遂前召見。〔拜公車令〕〔二〕。（王·汪·黄·鈴木）——御覽卷二〇九

〔一〕據職官分紀卷五補。
〔二〕同右。

○九〇 虞（因）〔延〕遷（日南）〔南陽〕太守〔一〕，廣宣德化，勤修政教，寬刑宥罰，囹圄空虚，盜賊弭息。（姚·王·汪·黄）——書鈔卷七五

〔一〕皆據陳、俞本所改。

○九一 帝賜輿馬、衣服、劍、佩刀，錢二萬〔一〕。南陽計吏歸，具以啓延。延知衔華不副實，行不

配容，積三年不用。於是上自敕衍稱南陽功曹詣闕。（姚・王・汪・黄）

——范書本傳注

〔一〕帝所賜者乃新野功曹鄧衍也。時值永平初，衍以外戚小侯預朝會，容姿趨步，有出於衆，故賜。後明帝親召拜衍爲郎中，以不服父喪，帝始服虞延之明察。

○九二　身殁之後〔一〕，家貧空，子孫同衣而出，并日而食。（姚・王・汪・黄・鈴木）

——范書本傳注

〔一〕以不上報楚王謀反事，詔書切讓，遂自殺。

周章傳

○九三　周章爲郡功曹〔一〕，拔佩刀〔二〕。（鈴木）

——書鈔卷七七

〔一〕「功」原誤作「公」，逕改。

〔二〕范書本傳曰：「時大將軍竇憲免，封冠軍侯就國。章從南陽太守行春，至冠軍，太守欲謁憲，升車，章拔佩刀絶馬鞅乃止。」

鄭弘傳

〇九四　其曾祖父本齊國臨淄人，官至蜀郡屬國都尉。武帝時，徙强宗大姓，不得族居〔一〕，將三子移居山陰，因遂家焉。長子吉，雲中都尉、西域都護。中子兗州刺史。少子舉孝廉，理劇東部候也。（姚・王・汪・黄・鈴木）

——范書本傳注　〇　西漢年紀卷一三

〔一〕西漢年紀卷一三曰：「（元朔二年）三月乙亥晦，日有食之。夏，詔强宗大族，不得族居。」注出謝書，與本傳注略異。

〇九五　爲靈文鄉嗇夫，愛人如子。（姚・王・汪・黄・鈴木）

——范書本傳注

〇九六　〔鄭弘字巨君，爲騶令〕〔一〕，勤行德化，部人王逢等得路遺寶物〔二〕，懸於道衢，求主還之。魯國當春大旱，五穀不豐，騶獨致雨偏熟。永平十五年，蝗起泰山，流被郡國，過騶界不集。郡因以狀聞，詔書以爲不然，遣使案行，如言〔三〕。（姚・王・汪・黄・鈴木）

——范書本傳注　〇　類聚卷八三　御覽卷二六七　又卷八〇二

〔一〕據御覽卷二六七補。「騶」原誤作「鄒」，據范書逕改。

〔一〕類聚卷八三「部人」作「鄮人」。

〔三〕汪輯所注出處尚有書鈔卷七八，與陳俞本同，而孔本作會稽典録，類聚卷一〇〇引亦然。今從孔本，故不録。

○九七　〔鄭弘爲臨淮太守〕〔一〕，消息繇賦，政不煩苛，〔修身率下，臨事詳慎〕〔二〕。行春天旱，隨車致雨。〔有兩〕白鹿方道〔三〕，夾轂而行。弘怪問主簿黄國曰：「鹿爲吉爲凶？」國拜賀曰：「聞三公車轓畫作鹿，明府必爲宰相。」〔後弘果爲太尉〕〔四〕。（姚・王・汪・黄・鈴木）

——范書本傳注　○　書鈔卷五〇　類聚卷四六　又卷九五　初學記卷一一　御覽卷一九　又卷二〇七　又卷二六〇　又卷五四三　書鈔卷七五（2）　又卷八五　事類賦注卷二三　晏公類要卷二〇

〔一〕據書鈔卷五〇、類聚卷四六補。

〔二〕據書鈔卷七五補。

〔三〕據書鈔卷五〇、類聚卷四六、卷九五、初學記卷一一補。

〔四〕同右。

○九八　尚書郎，舊典秩滿遷令、長。鄭弘爲僕射，奏以臺職任尊而賞薄，人無樂者，請使郎補二千石，自此始也。（姚・王・汪・黄・鈴木）

——御覽卷二一五

〇九九　鄭弘爲太尉，固讓不就。西曹掾曰：「天子已白陵廟，宜當拜。」（姚・王・汪・黄）

——書鈔卷五一

一〇〇　〔章〕〔元〕和元年〔一〕，有詔以鄭弘爲太尉。時旱，朝廷百僚皆暴請雨。夏炎熱，小雨，羣官即還舍。弘彌日不旋，大雨澍，稼穡遂豐。（孫・王・汪・黄・鈴木）

——御覽卷一一

〔一〕據天中記卷三改。

一〇一　永平之初〔一〕，太尉鄭弘臨朝蹇諤，日旰忘食〔二〕。（王・汪・黄）

——書鈔卷五一

〔一〕黄奭以爲弘爲太尉在章和元年，非在永平初者，疑其爲二人，故依陳本而別作鄭洪傳。天游按：弘任太尉在元和元年，元和三年免，事見范書章帝紀。汪輯改「永平」作「永和」，黄輯以爲當在章和初，均誤。此「永平」當作「元和」。

〔二〕書鈔注此條出自謝丞集。疑「集」系「書」之誤。

一〇二　鄭弘字巨君，爲太尉，舉將第五倫爲司空〔一〕，班次在下。每正朔朝見，弘必曲躬自卑。上〔問知其故，遂聽〕置雲母屏風〔二〕，分隔之，由此以爲故事。（姚・王・汪・黄・鈴木）

——書鈔卷五一　〇　類聚卷六九　又卷四六　初學記卷一一　又卷二五　御覽卷二〇七　又卷七〇一

〔一〕「舉將」原誤倒，據御覽卷二〇七以正。初第五倫爲會稽太守，署鄭弘爲督郵，復舉孝廉。故倫爲弘之舉將，弘乃倫之故吏。東漢時故吏舉將有君臣名分，一般終身不敢違逆，故弘見倫，雖位高而每卑下之。

〔二〕據類聚卷六九、初學記卷二五補。書鈔卷五一僅有「知之」二字。

梁竦傳

一〇三　和帝追封謚皇太后父梁（松）〔竦〕爲褒親愍侯〔一〕，改殯，賜東園畫棺、玉匣、衣衾〔而葬之〕〔二〕。（姚・王・汪・黄・鈴木）

——書鈔卷九二　〇　初學記卷一四　御覽卷五五一

〔一〕三引皆誤作「松」，據袁紀、范書以正。

〔二〕據御覽卷五五一補。又錦繡萬花谷後集卷二二作「賜東園轜車、朱壽器、銀鏤黄玉匣。」

一〇四　梁冀執金吾，歲朝，托疾不朝。司隸楊雄治之，詔以二月俸贖罪。（孫・汪・黄・鈴木）

——御覽卷二三七

一〇五　梁不疑子爲潁陰侯，胤子爲城父侯〔一〕，冀一門〔前後七封〕〔二〕，三皇后，六貴人，二大將軍，夫人、女侯邑稱君七人，尚公主三人，其餘卿、將、尹、校五十七人。梁氏在位二十餘年，窮極滿盛，威行内外，百僚側目，莫敢違命。（姚・王・汪・黄・鈴木）

——初學記卷一八(2) ○ 御覽卷四七〇

〔一〕不疑子名馬，胤子名桃。

〔二〕據御覽卷四七〇補。

謝承後漢書卷三

曹褒傳

一〇六　曹褒博雅疎通，尤好禮事，常感朝廷制度未備，慕叔孫通爲漢禮儀，晝夜研精，沈吟專思，寢則懷抱筆札，行則誦習文書，當其念至，忘所之適。（孫・王・汪・黄・鈴木）

——御覽卷六一一

鄭玄傳

一〇七　玄所注周易、尚書、毛詩、儀禮、禮記、論語、尚書大傳、中候、乾象歷〔一〕。（姚・王・汪）

——范書本傳注

〔一〕范書本傳「論語」下有「孝經」二字。李賢曰：「謝承書不言注孝經，唯此書獨有也。」

一〇八　鄭玄戒子書曰：「黃巾爲害，萍浮南北。」（王・汪・黃・鈴木）

——文選卷一〇潘安仁西征賦注　〇　又卷一二木華海賦注

鄭興傳

一〇九　鄭興數言政事，依經守義，文詞温雅。（姚・王・汪・鈴木）

——書鈔卷九六

賈逵傳

一一〇　賈逵字景伯〔一〕，弱冠能誦左氏傳、五經〔二〕，諸儒爲之語曰「問事不休賈長頭」。（姚・王・汪・黃・鈴木）

——書鈔卷九七　〇　御覽卷六一二　書鈔卷九八

〔一〕姚輯引曰：「逵字梁道，好春秋，及爲牧守，常自課，三月讀一過。」又注：「案逵字景伯，位至侍中。今云字梁道，又爲牧守，或名氏相同者也。」黃輯不詳所出，亦據姚輯引之。孫志祖按：「姚本後載魏志字梁道之賈逵月讀春秋條，誤令二賈陸爲一人，今删。」天游按：賈梁道月讀春秋事，出魏志本傳裴注引魏略，亦見類聚卷五五，姚、王、黄三輯引之，甚謬。

〔二〕據書鈔卷九八補。

張霸傳 子楷　孫陵

一一一　拜會稽太守，有素行者皆擢用之。郡中争勵志節，誦習者以千數，道路但聞誦書聲。——書鈔卷七四

（姚・王・汪・黄・鈴木）

一一二　張楷字公超，治嚴氏春秋、古文尚書，門徒皆造問焉，車馬填門。貴戚之家皆起舍巷〔次〕〔一〕，以候過客之利。楷疾其如此，輒徙避。家貧無〔以〕爲業〔二〕，常乘驢車，至縣賣藥，足給食輒還鄉里。——御覽卷四八四　○　又卷八二八

（孫・王・汪・黄・鈴木）

〔一〕依汪輯補。

〔二〕據御覽卷八二八補。

一一三　張楷字公超，隱居弘農山中，學者隨之，所居成市。後華陰山南，遂有公超市。（孫・

汪・黃・鈴木）

一一四　河南張楷性好道術，〔居華陰〕〔一〕，能作五里霧。時關西人裴優，亦能作三里霧，自以不如楷，往從學之。楷避不肯見。（姚・王・汪・黃・鈴木）

——御覽卷八二七

——類聚卷二　○　初學記卷二　御覽卷一五　書鈔卷一五一　②
事類賦注卷三

〔一〕據事類賦注卷三補。

一一五　張陵字處仲〔一〕，〔清河人〕〔二〕，爲尚書。陵初爲梁冀弟（胤）〔不疑〕所舉孝廉〔三〕。正月初歲，百官朝賀，冀恃豪勢，不恤王憲，帶劍入省。陵〔主臺中威儀〕〔四〕，叱冀使出，敕羽林虎賁奪其劍。〔冀跪謝〕長辭〔五〕，不應，即劾奏冀，〔詔以歲俸贖罪，百寮肅然〕〔六〕。不疑謂陵曰：「昔舉君，適〔所〕以自罰也〔七〕。」〔陵曰：「明府不以陵之不德，誤見擢序，不敢阿公，以報私恩。」〕〔八〕〔不疑有慚色〕〔九〕。（姚・王・汪・黃・鈴木）

——書鈔卷三七　○　御覽卷二一二　又卷四二九

〔一〕「陵」本作「凌」，據俞本及袁紀、范書逕正之，下同。

〔二〕據御覽卷四二九補。

〔三〕據御覽卷二一二改。胤乃冀子，不疑爲冀弟。又下文亦作「不疑」。

〔四〕據御覽卷四二九補。

〔五〕據御覽卷二一二補。

〔六〕同右。

〔七〕同右。

〔八〕據御覽卷四二九補。又御覽卷二一二作「明府不以陵不肖，誤見擢序，今申公憲，非報私恩耳」，與范書皆同，恐有改竄，故不從。

〔九〕據御覽卷二一二補。

桓榮傳 孫良　良孫嚴　皐弘　何湯

一一六　沛國桓嚴字文林〔一〕，罷（鄮）〔鄮〕縣〔二〕，舍揚州從事屈豫室。〔中〕庭有橘樹一株〔三〕，遇其實熟，數垂室内，嚴乃以竹籓樹四面。時風吹動，兩實墮地，以書繩縛繫樹枝。（姚·王·汪·黄）

——御覽卷九六六　〇　事類賦注卷二七

〔一〕巖，本名曄。東觀記作「礹」，事類賦注作「巘」，未知孰是。

〔二〕據事類賦注卷二七改。鄮縣屬揚州刺史部會稽郡。

〔三〕據事類賦注卷二七補。

一一七　桓礹郲營氣類，經緯士人。（汪・黃）

——文選卷四六任彦昇王文憲集序注　○　又卷三七曹植求通親親表注

一一八　臯弘字奉卿，吴郡人也。家代爲冠族。少有英才，與桓榮相善。子徽，至司徒長史。（姚・王・汪・黃）

——范書桓榮傳注

一一九　何湯字仲弓，豫章南昌人也。榮門徒常四百餘人，湯爲高第，以才明知名。榮年四十，無子，湯乃去榮妻，爲更娶，生三子，榮甚重之。後拜郎中，守開陽門候。上微行夜還，湯閉門不納，更從中東門入。明旦，召詣太官賜食，諸門候皆奪俸。建武十八年夏旱，公卿皆暴露請雨。洛陽令著車蓋出門，湯將衞士鉤令車收案。有詔免令官，拜湯虎賁中郎將。上嘗嘆曰：「糾糾武夫，公侯干城〔一〕，何湯之謂也。」湯以明經，嘗授太子，推薦榮。榮拜五更，封關内侯。榮常言曰：「此皆何仲弓

之力也。」(姚・王・汪・黄)

——范書桓榮傳注　○　御覽卷二一五　又卷二四一

〔一〕出詩周南兔罝。

馮緄傳

一三〇　緄學公羊春秋。(姚・汪・黄・鈴木)

——范書本傳注

一三一　馮緄字鴻卿,爲車騎將軍,將兵南征武陵五溪蠻〔一〕。賊軍擾攘,緄下長沙,賊悉詣營乞降,荆州平定。詔賜錢一億,不受也。(姚・王・汪・黄・鈴木)

——書鈔卷六四　○　又卷一九

〔一〕水經注卷三七沅水注曰:「武陵有五溪,謂雄溪、樠溪、潕溪、酉溪、辰溪,其一焉。夾溪悉是蠻左所居,故謂此蠻五溪蠻。」

一三二　緄子鸞,舉孝廉,除郎中。(姚・王・汪・黄・鈴木)

——范書本傳注

度尚傳

一二三　尚進善愛人，坐以待旦，擢門下書佐朱儁，恒歎述之，以爲有不凡之操。儁後官至車騎將軍，遠近奇尚有知人之鑒。（姚・王・汪・黄・鈴木）

——范書本傳注

一二四　度尚爲荆州刺史。尚見胡蘭餘黨南走蒼梧，懼爲己負，乃僞上言蒼梧賊入荆州界。於是徵交阯刺史張磐下廷尉，辭狀未正，會赦見原。磐不肯出獄，方更牢持械節，獄吏謂磐曰：「天恩曠然，而君不出，何乎？」磐因自列曰：「前長沙賊胡蘭作難，荆州餘黨散入交阯，磐身嬰甲胄，涉危履險，討擊凶患，斬殄渠帥，餘燼鳥竄，冒遁還奔。荆州刺史度尚懼磐先言，怖畏罪戾，伏奏見誣。磐備位方伯，爲國爪牙，而爲尚所枉，受罪牢獄。夫事有虚實，法有是非，磐實不辜，赦無所除，如忍以苟免，永受侵辱之恥，生爲惡吏，死爲弊鬼。乞傳尚詣廷尉，面對曲直。」廷尉以其狀上，詔書徵尚到廷尉，辭窮受罪，以先有功得原。（孫・王・汪・黄・鈴木）

——御覽卷六五二

楊璇傳

一二五　楊璇字機平〔一〕，〔靈帝時〕爲零陵太守〔二〕。時蒼梧、桂陽猾賊嘯聚。〔璇力弱，吏民憂恐〕〔三〕。璇廼特製馬車數十乘，以〔排〕（緋）囊盛石灰於車上〔四〕，繫布〔索〕（囊）於馬尾〔五〕，又爲兵車彀弩〔六〕。剋期會戰，乃令馬車居前，順風鼓灰，賊不得視；以火燒布，布然馬驚，奔突賊陣，〔因鳴鼓擊賊〕〔七〕，羣寇波駭，〔大破之〕〔八〕。（孫・王・汪・黄・鈴木）

——書鈔卷一三九　〇　御覽卷四四八　又卷八二〇　類聚卷九三

〔一〕范書本傳「璇」作「琁」。按玉篇曰：「璇，美石、次玉。亦作琁。」

〔二〕據御覽卷四四八及卷八二〇補。

〔三〕據御覽卷四四八補。

〔四〕據他引及范書改。

〔五〕同右。

〔六〕「彀弩」原誤作「穀拏」，據范書本傳逕改。

〔七〕據類聚卷九三補。

〔八〕據類聚卷九三、御覽卷四四八補。

一二六　楊璇字機平〔一〕，平零陵賊，爲荆州刺史趙凱橫奏，檻車徵之。仍奪其筆硯，乃嚙臂出血，以簿中白毛筆染血以書帛上，具陳破賊形勢，及言爲凱所誣，以付子弟，詣闕自訟。詔原之。（姚・王・汪・黄）

——事類賦注卷一五　○　初學記卷二一

〔一〕初學記卷二一「璇」誤作「班」。

毛義傳

一二七　廬江毛義，家貧，以孝行稱。南陽張奉慕其名，往候之。坐定而府檄適至，以義守令。義捧檄而入，喜動顏色。（孫・王・汪・黄）

——御覽卷四六七

劉平傳

一二八　劉平爲濟陽郡丞〔一〕。太守劉育甚重之，任以郡職，上書薦平。（姚·王·汪·黄·鈴木）

——書鈔卷七七　○　又卷三四　御覽卷二五三

〔一〕御覽卷二五三亦作「濟陽」，而書鈔卷三四作「濟南」。范書本傳作「濟陰」。天游按：據郡國志，濟南稱國，濟陽爲陳留郡之屬縣，皆非郡。當以范書作「濟陰」爲是。

趙孝傳

一二九　天下亂，人相食，趙孝弟禮爲餓賊所得，孝聞之，即自縛詣賊曰：「禮久饑羸瘦，不如孝肥飽。」賊大驚，〔並〕放之〔一〕，謂曰：「可歸，更持米糒來。」孝求不能得，復往報賊，願就烹。衆異之，遂不害。（孫·王·汪·黄·鈴木）

——御覽卷四二〇　○　又卷四八六

〔一〕據御覽卷四八六補。

車成傳

一三〇 梁國車成字子威，兄恩都爲赤眉賊所得，欲饗之，成叩頭曰：「兄瘦我肥，欲得代之。」賊感其義，俱放之。（孫・王・汪・黄）

——御覽卷三七八

江革傳

一三一 江革字次伯，轉諫議大夫，賜告歸。天子思革篤行，詔曰：「革前以病歸，今起居何如？使縣以見穀千斛賜『巨孝』，常以八月長吏存問致羊酒，以終厥身。」（姚・王・汪・黄・鈴木）

——書鈔卷五六

周磐傳

一三二　周〔磐〕（盤）〔字堅伯〕〔一〕，汝南人也。居貧養母，儉薄不充。常誦詩至汝墳之〔卒〕章〔二〕，慨然而歎，乃解〔韋〕帶〔三〕，就孝廉之舉。（孫・王・汪・黃・鈴木）

——書鈔卷七九　○　御覽卷四一四

〔一〕據范書本傳及下條改「盤」作「磐」。又據御覽卷四一四補「字堅伯」三字。「字」原誤作「自」，逕正之。

〔二〕李賢曰：「韓詩曰：『汝墳，辭家也。』其卒章曰：『魴魚赬尾，王室如焜，雖則如焜，父母孔邇。』薛君章句：『言魴魚勞則尾赤，君子勞苦則顏色變。以王室政教如烈火矣，猶觸冒而仕者，以父母甚迫近飢寒之憂，爲此禄仕。』」「卒」字據御覽卷四一四補。

〔三〕亦據御覽卷四一四補。李賢曰：「以韋皮爲帶，未仕之服也。求仕則服革帶，故解之。賈山上書曰『布衣韋帶之士』也。」

一三三　周磐字堅伯，初爲安陵令，以從弟暢爲司隸，縣屬州部，換陽平令，復換重合令〔一〕。磐已歷二縣，恥復經三城，遂去還家，立精舍教授，守先人冢廬，遠方知名。（孫・王・汪・黃・鈴木）

——御覽卷一八一

〔一〕孫志祖按：「范書本傳：『和帝初除任城令，遷陽夏、重合令，頻歷三城，皆有惠政。後思母，棄官還鄉里。』與此異。」

趙咨傳

一三四　〔東郡趙〕咨爲東海相〔一〕，人遺其雙枯魚，噉之，二歲不盡，以儉化俗〔二〕。（姚・王・汪・黄・鈴木）

——書鈔卷三八　○　御覽卷二四八　又卷四三一

〔一〕據御覽卷二四八補。

〔二〕此條汪輯注又見書鈔卷七二。天游按：孔本無此，陳本乃據御覽而補，且入卷七一諸王國相目，汪注誤。

一三五　咨在京師，病困，故吏蕭建經營之。咨豫自買小素棺，使人取乾黄土，細擣篩之，聚二十石。臨卒謂建曰：「亡後自著所有故巾單衣，先置土於棺〔底，厚一尺〕〔一〕，内屍其中，以〔土〕壅其上〔二〕。」（姚・王・汪・黄・鈴木）

——范書本傳注　○　御覽卷三七

〔一〕據御覽卷三七補。

〔二〕同右。

班固傳

一三六　固年十三，王充見之，拊其背謂彪曰：「此兒必記漢事。」（姚・王・汪・黄・鈴木）

——范書本傳注

第五倫傳曾孫種

一三七　吴郡沈豐爲郡主簿〔一〕，太守第五倫母老不能之官，倫每至臘節〔二〕，常感戀垂泣。遣豐迎母，〔至〕廣陵〔三〕，母見大江，畏水不敢渡。豐祭神，令子孫對母飲酒，因醉臥便渡。（姚・汪・黄・鈴木）

——御覽卷六〇〇　又卷三三　事類賦注卷五

〔一〕郡者，會稽郡也。

〔二〕臘節即臘日。風俗通曰：「臘者，臘也。因臘取獸，祭先祖也。漢土行，衰於戌，故此日臘也。」黄輯入沈豐傳。

〔三〕據汪輯補。

一三八　或問第五倫曰：「公有私乎？」對曰：「吾兄子嘗病，一夜十往，退而安寢。吾子有病，雖不省視，而竟夕不眠。若是者，豈可謂無私乎？」（孫・王・汪・鈴木）

——文選卷四〇任彦昇奏彈劉整注

一三九　第五倫上疏褒稱盛美曰：「前歲誅刺史二千石貪殘者，皆明聖所察，非臣下所及。」（孫・王・汪・黃・鈴木）

——御覽卷二五八

一四〇　第五種遷兗州刺史，中常侍單超兄子匡爲濟陰太守，負勢貪放，種欲收舉，未知所使。會聞從事衞羽素抗直，乃召羽具告之，曰：「聞公不畏强禦，今欲相委以重事，若之何？」對曰：「願庶幾于一割。」羽出，遂馳到定陶，閉門收匡賓客、親吏四十餘人，六七日中，糾發其贓五六十萬。種即奏匡，并以劾超。（孫・王・汪・黃・鈴木）

——御覽卷二五六

鍾離意傳

一四一　鍾離意字子阿，明帝徵爲尚書。交阯太守坐贓伏法〔一〕，以資物簿入大司農。詔班賜羣臣，意得珠璣，悉以委地而不拜。帝怪問其故，對曰：「臣聞孔子忍渴於盜泉之水，曾參迴車於勝母之鄉，惡其名也〔二〕。贓穢之寶，不敢拜。」帝笑曰：「清乎尚書！」賜錢三十萬。（姚・王・汪・黃・鈴木）

——初學記卷一一　○　御覽卷二一二

〔一〕此太守，張恢也，坐贓千金。

〔二〕李賢引說苑曰：「邑名勝母，曾子不入；水名盜泉，仲尼不飲，醜其名也。」又曰：「尸子又載其言也。」

宋均傳

一四二　宋均爲監軍〔一〕，與馬援征武陵蠻，臨沅水而兵士多病。均懼衆軍疫病，勒兵圍城，矯詔降之，遣還本居。歸，自劾矯詔之罪，帝甚善之。（姚・王・汪・黃・鈴木）

——書鈔卷六三

〔一〕孫輯作「宗均」，其按：「姚本從范書作『宋均』。何氏焯曰：『案黨錮傳注引謝書「宗資祖父均自有傳」，則「宋」字傳寫譌也。又南蠻傳敍受降事，正作「謁者宗均」』，據改。」胡三省曰：「趙明誠金石録有漢司空宗俱碑。按後漢宋均傳，均族子意，意孫俱，靈帝時爲司空。余嘗得宗資墓前碑龜膊上刻字，因以後漢帝紀及姓苑、姓纂諸書參攷，以謂自均以下，其姓皆作『宗』，而列傳轉寫爲『宋』，誤也。」胡、孫二説甚是。今仍其舊而明其誤。下同。

一四三　宋均爲九江太守，五日一視事，夏以平旦。（汪・黄・鈴木）

——御覽卷二一

朱暉傳孫穆

一四四　朱暉爲郡吏，太守阮況嘗欲市暉牛〔一〕，暉不從。及況卒，暉乃厚贈送其家人。或以譏焉，暉曰：「前阮府君有求於我，所以不敢聞命，誠恐以財貨汙君。今而相送，明吾非有愛也。」（孫・王・鈴木）

——御覽卷八九八

〔一〕王輯「牛」作「婢」，與范書本傳同。作「牛」誤。

一四五　穆少有英才，學明五經。性矜嚴疾惡，不交非類〔一〕。年二十爲郡督郵，迎新太守，見穆曰：「君年少爲督郵，因族勢？爲有令德？」穆答曰：「郡中瞻望明府謂如仲尼，非顏回不敢以迎孔子。」更問風俗人物。太守甚奇之，曰：「僕非仲尼，督郵可謂顏回也。」遂歷職股肱，舉孝廉。（姚・

王·汪·黄·鈴木）

〔一〕鈴木輯稿引世説新語補卷四注，有此四句。

——范書本傳注

一四六　穆臨當就道，冀州從事欲爲畫像置廳事上，穆留板書曰：「勿畫吾形，以爲重負。忠義之未顯，何形象之足紀也。」〔一〕（姚·王·汪·黄·鈴木）

——范書本傳注

〔一〕時穆爲冀州刺史，以宦者趙忠喪父，僭爲璠璵玉匣，穆命郡發墓剖棺，陳尸出之，且收其家屬。帝聞之怒，徵穆詣廷尉。

一四七　朱穆爲尚書，歲初百官朝賀，有虎賁當階，置弓於地，謂羣僚曰：「此天子弓，誰敢干越！」百僚皆避之。穆呵之曰：「天子之弓，當戴之於首上，何敢置地，大不敬。」即收虎賁，付獄治罪，皆肅然服之。（姚·王·汪·黄·鈴木）

——御覽卷三四七　○　事類賦注卷一三

一四八　朱穆爲尚書，讜言正直。（姚·王·汪·黄·鈴木）

——書鈔卷六〇　○　類聚卷四八　初學記卷一一

一四九　朱〔穆〕（陸）疾宦者〔一〕，乃上疏曰：「建武已後，乃寢用宦者。自延平以來，浸益貴盛，假

貂璫之飾，處常伯之任。」 ——書鈔卷一二七

〔一〕據范書本傳改。陳、俞本改此條作范書之文，誤。

一五〇　朱穆因進見，復諫曰：「臣聞漢家舊典，置侍中、中常侍各一人，省尚書事，黃門侍郎一人，傳發書奏，皆用姓族。自和熹太后以女主稱制，不接公卿，乃以閹人爲常侍，小黃門通命兩宮。自此以來，權傾人主，窮困天下，宜皆罷遣，博選耆儒宿德。」（姚・王・汪・黃・鈴木） ——書鈔卷五八

徐防傳

一五一　安帝即位，太尉徐防以災異寇賊策免就國。凡三公以災異免，始自防也。（姚・王・汪・黃） ——書鈔卷三一

胡廣傳

一五二　廣有雅才，學究五經，古今術藝，皆畢覽之。年二十七，舉孝廉。（姚・王・汪・黃）

——范書本傳注

一五三　胡廣字伯始，一爲司空，再作司徒，三在太尉，京師諺曰：「萬事不理，詣胡伯始。」〔一〕（王・汪・黃）

——御覽卷四九五

〔一〕范書本傳作「萬事不理問伯始，天下中庸有胡公。」

一五四　胡廣爲太傅，時年八十四。練達事體，明解朝章，屢有補闕之益，京師號曰「萬事不理問伯始」。

——緯略卷二

一五五　胡廣在台輔三十餘年，歷事六帝〔一〕，禮任甚優。每遜位辭疾，及退位田里，未嘗滿歲，輒復升進，凡一履〔司空，再作〕司徒〔二〕，三登太尉。及爲太傅，其辟命皆天下名士，與故吏陳蕃、李

咸並爲三司。蕃等每朝會，輒稱疾避廣，時人榮之。（姚・王・汪・黄）

——書鈔卷五〇

〔一〕李賢曰：「廣以順帝漢安元年爲司空，至靈帝熹平元年薨，三十一年也。六帝謂安、順、沖、質、桓、靈也。」

〔二〕據翰苑新書前集卷一補。

一五六　頌曰：「巖巖山岳，配天作輔。降神有周，生申及甫。允茲漢室，誕育二后。曰胡曰黄，方軌齊武。惟道之淵，惟德之藪。股肱元首，代作心膂。天之烝人，有則有類。我胡我黄，鍾厥純懿。巍巍特進，仍踐其位。赫赫三事，七佩其紱。奕奕四牡，沃若六轡。袞職龍章，其文有蔚。參曜乾台，窮寵極貴。功加八荒，羣生以遂。超哉邈乎，莫與爲二！」〔一〕（姚・王・汪・黄）

——范書本傳注

〔一〕時靈帝感胡廣、黄瓊舊德，乃命圖畫二人於省内，又詔議郎蔡邕作此頌文。

李咸傳

一五七　咸字元卓，汝南西平人。孤特自立，家貧母老，常躬耕稼以奉養。學魯詩、春秋公羊傳、三禮。三府並辟，司徒胡廣舉茂才，除高密令，政多奇異，青州表其狀。建寧三年，自大鴻臚拜太尉。

自在相位，約身率下，常食脱粟飯、醬菜而已。不與州郡交通。刺史、二千石牋記，非公事不發省。以老乞骸骨，見許，悉還所賜物，乘敝牛車，使子男御。晨發京師，百僚追送盈塗，不能得見。家舊貧狹，庇蔭草廬。（姚・王・汪・黄）

——范書胡廣傳注

一五八　李咸奏曰：「春秋之義，貶纖介之惡，采毫毛之善。」（孫・王・汪・黄）

——文選卷三五潘元茂册魏公九錫文注

一五九　仁風豐澤，四海所宗〔一〕。（孫・王・汪・黄）

——文選卷二六顔延年和謝監靈運一首注

〔一〕汪輯入散條。黄奭入李咸傳，其注曰：「案袁紀卷二十三云：皇太后竇氏崩，將葬，節、甫以竇氏之誅，不用太后禮，以馮貴人祔桓帝，公卿不敢諫。河南李咸執藥上書，有『仁風豐霈，四海所宗』二語。」黄輯是，今從之。

袁安傳 玄孫閎　閎弟弘　閎弟忠　忠子祕

一六〇　袁閎字夏甫〔一〕，汝南人也。博覽羣書六藝〔二〕，嘗負笈尋師，變易姓名往來。（孫・

王・汪・黄）　　——書鈔卷一三五　○　御覽卷七一一

〔一〕「閔」原誤作「宏」，據御覽卷七一一逕改。

〔二〕「六」原誤作「文」，據陳、俞本逕改。

一六一　閔少修志節，矯俗高厲。（姚・王・汪・黄）　　——范書徐穉傳注

一六二　閔飯糠茹菜〔一〕。（孫・汪・黄）　　——御覽卷八五〇

〔一〕宋本御覽無此引，俟攷。

一六三　乳母從内出，見在門側，面貌消瘦，爲其垂泣。閔厚丁甯：「此聞不知吾，慎勿宣露也。」〔一〕（姚・王・汪・黄）　　——范書本傳注

〔一〕時閔父賀爲彭城相，其往省謁，變名姓，連日吏不爲通。

一六四　袁閔父賀爲彭城相，亡。閔到郡迎喪，饑食菱芡，渴飲行潦。（孫・王・汪・黄）　　——御覽卷九七五

一六五　黄巾賊起，攻没郡縣，百姓驚散，閎誦不移。賊相約語，不入其閭。鄉人就閎避難，皆得全免。（王・汪・黄）

——御覽卷六一一

一六六　弘嘗入京師太學，其從父逢爲太尉，呼弘與相見。遇逢宴會作樂，弘伏稱頭痛，不聽音聲而退，遂不復往。紹、術兄弟亦不與通。（姚・王・汪・黄）

——范書袁閎傳注

一六七　忠乘船戴笠蓋詣朗〔一〕，見朗左右僮從皆著青絳采衣，非其奢麗，即辭疾發而退。（王・汪・黄）

——范書袁閎傳注　○　御覽卷六八九　事類賦注卷一二

〔一〕朗，王朗，漢末爲會稽太守。

一六八　祕字永甯。（姚・王・汪・黄）

——范書袁閎傳注

一六九　封觀與主簿陳端、門下督范仲禮、賊曹劉偉德、主記史丁子嗣、記室史張仲然、議生袁祕等七人，擢刃突陳〔一〕，與戰並死〔二〕。（姚・王・汪・黄）

——范書袁閎傳注

〔一〕陳，即陣，古通用。

〔二〕時黄巾軍擊汝南，太守趙謙出戰，大敗，祕等即死于是役。

一七〇　觀字孝起，南頓人也。（姚・王・汪・黄）

——范書袁閎傳注

張酺傳

一七一　青字公然，東郡聊城人也〔一〕。（姚・王・汪・黄）

——范書張酺傳注

〔一〕青，王青，乃東郡郡史，張酺爲太守，以其三世死節，上疏薦舉。事見范書酺傳。

周景傳

一七二　景字仲嚮，少以廉能見稱，以明學察孝廉，辟公府。後爲豫州刺史，辟汝南陳蕃爲别駕，潁川李膺、荀緄、杜密、沛國朱寓爲從事，皆天下英俊之士也。稍遷至尚書令，遂登太尉。（孫・王・

汪・黄）

一七三　周景爲豫州刺史，辟汝南陳蕃爲别駕，蕃不肯就見。景題别駕輿曰：「陳仲舉座也。」不復更辟。蕃〔惶〕懼〔一〕，起視職。（姚・王・汪・黄）

——吴志周瑜傳注

——書鈔卷七三（2）　○　御覽卷二六三

〔一〕據御覽卷二六三補。

陳寵傳

一七四　陳咸字子成〔一〕，爲廷尉監，執法多恩，議人常從輕比，多所全活，皆稱其恩。（姚・王・汪・黄）

——書鈔卷五五（2）　○　御覽卷二三一

〔一〕陳咸乃陳寵之曾祖。又御覽卷二三一作「字子威」。

一七五　沛國陳咸爲廷尉監。王莽篡位，還家，杜門不出。莽改易漢法令及臘日，咸常言：「我先

祖何知王氏臘乎！」（姚・王・汪・黃）

——類聚卷五　○　白帖卷四　御覽卷三三

一七六　陳寵爲廣漢太守，先是洛縣城南〔一〕，每陰雨常有哭聲聞於府中，積數十年。寵問而疑其故，使吏按行。還言：「衰亂時，此下多死亡者，而骨骸不得葬（儨）〔二〕，儻在於是？」寵愴然矜之，即勅縣盡收斂葬之。自是哭遂絕。（孫・王・汪・黃）

——御覽卷五五四

〔一〕「洛」當作「雒」，屬廣漢郡，乃郡及益州刺史治所在。

〔二〕「儨」乃涉下文「儻」字而衍。

一七七　孝章皇帝賜諸尚書劍，手自置姓名：「尚書陳寵，濟南鍛成。」〔一〕（孫・王・汪・黃）

——文選卷三五張景陽七命注

〔一〕天游按：范書本傳作「椎成」。然東觀記、袁紀、漢官儀皆作「鍛成」。惠棟曰：「蒼頡書，鍛，椎也。」則鍛可作椎解，字不得通，當以「鍛成」爲是。

班超傳

一七八　永平五年，班超兄固被召詣校書，超與母隨至洛陽，家貧，常爲傭書以供養。久傭嘗苦，輟業投筆歎曰：「大丈夫無它志略，獨當效傅介子、張騫立功異域，以取封侯〔一〕，安能久事筆硯乎！」（王・汪・黄）

——御覽卷四八四

〔一〕傅介子，昭帝時出使西域，殺樓蘭王，封義陽侯。張騫，武帝時鑿空西域，封博望侯。班書皆有傳。

一七九　班超爲都護，合三十年〔一〕。

——書鈔卷六三

〔一〕都護，西域都護，亦稱校尉。超自明帝永平十六年出使西域，至和帝永元十四年還洛陽，鎮護西域首尾近三十一年。

翟酺傳

一八〇　翟酺字子庶〔一〕，爲侍中。〔時尚書〕有缺〔二〕，詔將軍、大夫、六百石以上試對政事、天

文、道術，以高第者補之。由是酬對第一，拜尚書。（孫・王・汪・黄）

——書鈔卷六〇 ○ 御覽卷二一二

〔一〕御覽卷二一二引作「字子廣」，范書本傳作「字子超」，未知孰是。

〔二〕據御覽卷二一二補。

應奉傳 子劭

一八一 應奉字世叔，讀書五行俱下，終成名儒。（姚・王・汪・黄）

——書鈔卷九八 ○ 類聚卷五五 御覽卷四三二 又卷六一六

書鈔卷七九 初學記卷一七

一八二 奉少爲上計吏，許訓爲計掾，俱到京師。訓自發鄉里，在路晝頓暮宿，所見長吏、賓客、亭長、吏卒、奴僕，訓皆密疏姓名，欲試奉。還郡，出疏示奉。奉〔省讀之〕〔一〕，云：「前食潁川綸氏都亭，亭長胡奴名禄，以飲漿來，何不在疏？」座中皆驚。（姚・王・汪・黄）

——范書本傳注 ○ 書鈔卷七九

〔一〕據書鈔卷七九補。

一八三　奉年二十時〔一〕，常詣彭城相袁賀。賀時出行閉門，造車匠於内開扇半面視奉，奉即委去。後數十年於路見車匠，識而呼之。（姚・王・汪・黄）

——范書本傳注　○　御覽卷四三二　蒙求集注卷下

〔一〕周亮工同書首作「應奉凡所經歷，莫不暗記」。

一八四　應奉爲郡決曹史，行部四十二縣，口説罪繫姓名，坐狀輕重，無所遺脱。（汪）

——同書

一八五　〔延熹中〕〔一〕，〔武陵五溪蠻夷作難，詔遣車騎將軍馮緄南征，緄表應奉〕〔二〕。時詔奉曰：「蠻夷叛逆作難，積惡放恣，鑊中之魚，火熾湯盡，當悉燋爛，以刷國恥。朝廷以奉昔守南土，威名播越，故復式序重任。奉之廢興，期在於今。賜奉錢十萬，駮犀方具劍、金錯把刀劍、革帶各一。奉其勉之！」（姚・王・汪・黄）

——范書本傳注　○　御覽卷三四二　初學記卷二〇　文選卷二九張平子四愁詩注　御覽卷三四五

〔一〕據御覽卷三四二補。
〔二〕據初學記卷二〇補。

一八六　劭字仲遠〔一〕。（孫・王・汪・黄）

——范書本傳注

〔一〕范書本傳亦作「仲遠」。李賢曰：「謝承書、應氏譜并云『字仲遠』；續漢書、文士傳作『仲援』；漢官儀又作『仲瑗』，未知孰是。」天游按：隸續劉寬故吏碑作「南頓應劭仲瑗」。洪适曰：「漢官儀作『瑗』，官儀既劭所著，又此碑可據，則知『遠』、『援』皆非也。」洪説是。

奚延傳

一八七　奚延轉議郎〔一〕。徐州遭旱，延使持節到東海請雨，豐澤應澍雨，與京師同日俱霈，還拜五官中郎將。（孫・王・汪・黄）

——御覽卷一一

〔一〕范書本傳「奚」作「爰」。爰、奚形近易訛，當以范書爲是。

一八八　興字驥〔一〕。（孫・王・汪・黄）

——范書本傳注

〔一〕范書本傳曰延子字驥，不言其本名。

徐淑傳

一八九　淑字伯進，廣陵海西人也。寬裕博雅，好學樂道。隨父慎在京師，鑽孟氏易、春秋公羊傳〔一〕、禮記、周官，善論太公六韜〔二〕，交接英雄，常有壯志。舉茂才，除渤海脩令，遷琅邪都尉。——范書左雄傳注　○　范書本傳注

（姚・王・汪・黃）

〔一〕據范書本傳注補。

〔二〕「論」本作「誦」，據范書本傳注逕改。

一九〇　徐淑戎車首路〔一〕。——文選卷五九沈休文齊安陸昭王碑文注　○　又卷二七顏延年北使洛詩注

（孫・王・汪・黃）

〔一〕文選顏延年詩注「淑」誤作「俶」。

王充傳

一九一　王充字仲任，〔會稽〕上虞人〔一〕。少孤，鄉里稱孝。〔性好學〕〔二〕，到京師受業太學，博覽而不守章句。家貧無書，常遊洛陽市肆〔三〕，閲所賣書，目一見輒能誦憶，遂博通衆流〔百家之言〕〔四〕。（姚・王・王・黄）

——御覽卷四八四　〇　書鈔卷九七　初學記卷二四　御覽卷六一二　又卷四三二　書鈔卷九八　類聚卷五五　又卷三五　書鈔卷九九

〔一〕據初學記卷二四補。

〔二〕據書鈔卷九七補。

〔三〕據書林清話引揚雄法言曰：「好書而不要諸仲尼，書肆也。」可知書販售書於市，始於西漢也。

〔四〕據御覽卷六一二補。又書鈔卷九七作「百家之書」。

一九二　王充於宅内門户墻柱〔一〕，各置筆硯簡牘，見事而作，著論衡八十五篇。（姚・王・

汪・黃）

——類聚卷五八　○　初學記卷二一　書鈔卷一〇四　又卷九九
御覽卷八二七

〔一〕初學記卷二一、書鈔卷一〇四所引，「宅」均作「室」，「壚」皆作「墻」。而范書本傳「壚」作「牖」。又書鈔卷九九及同書均作「門墻屋柱」。疑此句當作「於室内門墻户牖屋柱」。

一九三　夷吾薦充曰〔一〕：「充之天才，非學所加，雖前世孟軻、孫卿，近漢揚雄、劉向、司馬遷，不能過也。」（姚・王・汪・黃）

——范書本傳注

〔一〕夷吾，謝夷吾也，會稽人，與充相友善。

明帝八王傳 陳敬王羡　羡子思王鈞

一九四　陳國户曹史高慎諫國相曰：「諸侯射豕，天子射熊，八彝六樽，禮數不同。昔季氏設朱干玉戚，以舞大夏。左傳曰：『惟名與器，不可以假人。』〔二〕奢僭之漸，不可聽也。」於是諫諍不合，爲

王所非，坐司寇罪〔二〕。（姚・王・汪・黄）

——范書本傳注

〔一〕見左傳昭公三十二年史墨答趙簡子問，亦見左傳成公二年仲尼之語。楊伯峻曰：「此或古人語，故史墨及孔丘皆言之。」

〔二〕王者，陳思王鈞也。時鈞行天子大射禮，故高慎諫之。

陳禪傳

一九五　陳禪爲州治中從事。刺史爲人所劾，受納贓賂。禪當傳拷，及至笞掠無算，五毒畢加，神意自若，辭對無屈〔一〕，事遂釋。（姚・王・汪・黄）

——御覽卷二一六三　○　書鈔卷七三

〔一〕書鈔卷七三及范書本傳「屈」皆作「變」。

一九六　陳禪字紀山，拜諫議大夫。永甯中，西南夷撣國獻幻人，〔能〕吐火〔一〕，自支解，易牛馬頭。於元日作之，帝〔與羣臣〕共觀之〔二〕。禪獨離席舉手諫曰：「昔齊作侏儒之樂，仲尼誅之〔三〕。帝王之廷，不宜設夷狄之技。」尚書陳忠劾奏禪曰：「昔四夷之樂陳於門〔四〕。今撣國萬里貢獻，非鄭

聲淫女之比。」詔左轉爲玄菟都尉〔五〕。（姚・王・汪・黄）

——書鈔卷五六

〔一〕據職官分紀卷六補。

〔二〕據范書本傳補。

〔三〕事見史記孔子世家。

〔四〕「四」原誤作「西」，逕改之。

〔五〕范書本傳作「玄菟候城障尉」。

陳龜傳

一九七　安帝時，尚書陳龜上表曰：「仁恩廣被，化流殊方，使老者以壽終，孤幼得保年，猶臨河轉石，易於反掌。」（姚・王・汪・黄）

——初學記卷六

一九八　陳龜表曰：「臣累世展鷹犬搏擊之用。」（孫・王・汪・黄）

——文選卷四四陳琳爲袁紹檄豫州注

橋玄傳

一九九　橋玄遷齊國相。郡有孝子爲父報仇，繫臨淄獄。玄愍其至孝，欲上讞減罪。縣令路芝酷烈苛暴，因殺之。懼玄收録，佩印綬欲走。玄自以爲深負孝子，捕得芝，束縛籍械以還，笞殺以謝孝子冤魂〔一〕。（孫·王·汪·黄）

——御覽卷四八一

〔一〕孫志祖案：「范書云『遷爲齊相，坐事爲城旦』，蓋即指笞殺縣令也。」

崔瑗傳子寔

二〇〇　崔瑗字子玉，講論六經，三辟公府，論議京師，談高妙〔一〕。安帝時舉奏事臣〔二〕。

——書鈔卷六八

〔一〕此句「談」上恐有脱字。

〔二〕疑「事臣」系「勢臣」之誤。天游按：范書本傳載，時閻顯以外戚入參政事，曾促安帝廢太子爲濟陰王，而以北鄉侯爲嗣。瑗以立侯不以正，知顯將敗，欲説顯令廢立，然顯醉不得見，而長史陳禪不敢爲之諫。適逢宦官孫程立順帝，瑗被斥而終不言其初謀，則瑗實未曾舉奏勢臣也。

二〇一　崔瑗爲濟北相，光禄大夫杜喬爲八使，徇行郡國，以臧罪奏瑗，徵詣廷尉。瑗上書自訟，得〔理〕出〔一〕。會病卒，臨終顧命子寔曰：「夫人稟天地之氣以生，及其終也，歸精於天，還骨於地，何〔地〕不可藏形骸〔二〕，勿歸鄉里。」〔寔奉遺令，遂留葬洛陽〕〔三〕。（姚・王・汪・黄）

——書鈔卷九二　〇　御覽卷五五四

〔一〕據御覽卷五五四補。

〔二〕同右。

〔三〕同右。

二〇二　初，崔寔父卒，標賣田宅，起冢塋，立碑頌，葬訖，資産竭盡，因窮困以榷酤鬻爲業，時人多以此譏之。寔終不改，亦取足而已，不致盈餘。（孫・王・汪・黄）

——御覽卷五五四

周燮傳

二〇三　燮居家清處，非法不言，兄弟父子室家相待如賓，鄉曲不善者皆從其教。（姚・王・汪・黄）

——范書本傳注

黄憲傳

二〇四　黄憲同郡陳蕃〔拜太尉〕〔一〕，臨朝而歎曰：「叔度若在〔二〕，不敢先佩印綬矣。」（姚・王・汪・黄）

——書鈔卷五〇　○　又卷五一　初學記卷一一　御覽卷二〇七

〔一〕本作「爲三公」，據其他三引而改。

〔二〕叔度，憲之字。書鈔卷五一、初學記卷一一「叔度」均作「黄憲」。

徐穉傳子胤

二〇五　徐穉字孺子，豫章南昌人，清妙高跱，超世絶俗。（姚・王・汪・黄）

——世説新語德行注　○　史略卷二

二〇六　稺少爲諸生，學嚴氏春秋、京氏易、歐陽尚書，兼綜風角、星官、算歷、河圖、七緯、推步、變易，異行矯時俗。〔家貧〕〔一〕，〔常身躬耕，非其衣不服，非其食不食，穅秕不厭〕〔二〕。〔恭儉義讓，所居〕閭里〔三〕，服其德化。有失物者，縣以相還，道無拾遺。四察孝廉，五辟宰府，三舉茂才。（姚·王·汪·黄）

——范書本傳注　〇　御覽卷四二五　又卷四七四

〔一〕據御覽卷四七四補。

〔二〕據御覽卷四二五補。

〔三〕據御覽卷四七四補。

二〇七　屢辟公府，不起。時陳蕃爲太守，以禮請署功曹，稺不免之，既謁而退。蕃在郡不接賓客，唯稺來特設一榻，去則懸之。後舉有道，拜太原太守，皆不就。（孫·王·汪·黄）

——御覽卷四七四　〇　文選卷三〇沈休文和謝宣城詩注　書鈔卷七七　御覽卷七〇六　緯略卷四　書鈔卷三四

二〇八　桓帝徵徐稺等不至，因問陳蕃曰：「徐稺、袁閎、韋著誰爲先後？」蕃對曰：「閎生公族，聞道漸訓。〔著〕長於三輔仁義之俗〔一〕，所謂不扶自直，不鏤自雕。至於稺者，爰自江南卑薄之

域〔二〕，而角立傑出，宜當爲先。」（王・汪・黄）

——御覽卷四四五

〔一〕據范書本傳補。

〔二〕「域」原誤作「城」，逕據范書正之。

二〇九　徐穉字孺子，公車五徵，皆不〔降志〕（至）〔一〕。其有喪，負笈赴弔於萬里之外〔二〕。（孫・汪・黄）

——書鈔卷一三五　○　御覽卷七一一　又卷八一九　世説新語德行注

〔一〕據御覽卷七一一改。

〔二〕按御覽卷七一一作「行五里也」，汪、黄二輯均作「百里」，與陳、俞本同。而孔本及御覽卷八一九、世説新語德行注、淵海卷七九皆作「萬里」，今從之。

二一〇　穉〔前後爲州郡選舉〕〔一〕，諸公所辟，雖不就，有死喪，負笈赴弔。常於家豫炙雞一隻，以一兩緜絮漬酒中，暴乾以裹雞，徑到所（起）〔赴〕冢隧外〔二〕，以水漬緜，使有酒氣，斗米飯，白茅爲藉，以雞置前，醊酒畢，留謁即去，不見喪主。（姚・王・汪・黄）

——范書本傳注　○　世説新語德行注　文選卷五五劉孝標廣絶交論注　御覽卷五六一　又卷八一九　書鈔卷一四五

〔一〕據文選卷五五劉孝標廣絶交論注補。其中「爲」字，乃依世説新語德行注補。

〔二〕據其他五引改。

二一一　徐孺子嘗爲太尉黄瓊所辟，不就。及瓊卒，歸葬。穉乃負糧徒步到瓊所赴之，設雞酒脯祭，卒哭而去，不告姓名〔一〕。——書鈔卷八九

〔一〕此條與前條異，而與范書同。其意一也，而文語不當重複如此，或此引出自范書而編者偶誤書，亦未可知。

二一二　胤少遭父母喪，致哀毁瘁，嘔血發病。服闋，隱居林藪，躬耕稼穡，勤則誦經，貧寠困乏，執志彌固，不受惠於人。（王・汪・黄）——范書本傳注

李曇傳

二一三　曇少喪父，躬事繼母。繼母酷烈，曇性純孝，定有恪勤，妻子恭奉，寒苦執勞，不以爲怨。得四時珍玩，先以進母。與徐孺子等海内列名五處士焉。（姚・王・汪・黄）——范書徐穉傳注

姜肱傳

二一四　姜肱字伯淮，〔彭城人〕〔一〕，博古五經〔二〕，兼明星緯。——書鈔卷九六　○　御覽卷四二〇

〔一〕據御覽卷四二〇補。

〔二〕書鈔標目「古」作「通」。

二一五　祖父豫章太守，父任城相。（姚・王・汪・黄）——范書本傳注

二一六　肱性篤孝，事繼母恪勤。母既年少，又嚴厲。肱感凱風之孝〔一〕，兄弟同被而寢，不入房室，以慰母心也。（姚・王・汪・黄）——范書本傳注　○　蒙求集注卷下

〔一〕乃詩邶風之一章，序曰：「凱風，蓋孝子也。衛之淫風流行，雖有七子之母，猶不能安其室。故美七子能盡其孝道，以慰其母心而成其志爾。」

二一七　肱與季江俱乘車行，適野廬，爲賊所劫，取其衣物，欲殺其兄弟。肱謂盜曰：「弟年幼，父

母所憐愍，又未聘娶，願自殺身濟弟。」季江言：「兄年德在前，家之珍寶，國之英俊，乞自受戮，以代兄命。」盜戢刃曰：「二君所謂賢人，吾等不良，妄相侵犯。」棄物而去〔一〕。肱車中尚有數千錢，盜不見也，使從者追以與之，亦復不受。肱以物經歷盜手，因以付亭長而去〔二〕。（姚・王・汪・黄）

——范書本傳注

〔一〕御覽卷四二〇引作「賊遂兩釋，但奪衣資」，與本傳注異。

〔二〕御覽卷四二〇又曰：「既至，郡中見肱無衣，怪問，肱託以他辭，終不言。盜聞而感悔，後乃就精廬，求見徵君。肱與相見，皆叩頭謝罪，而還所略物。肱不受，勞以酒食而遣之。」天游按：此引皆同范書本傳，與本傳注迥異，當乃御覽編者誤標謝書也，故不録其引於正文。

二一八　靈帝手筆下詔曰：「肱抗陵雲之志，養浩然之氣，以朕德薄，未肯降志。昔許由不屈，王道爲化；夷、齊不撓，周德不虧。州郡以禮優順，勿失其意。」（姚・王・汪・黄）

——范書本傳注

二一九　姜肱桓帝時再以玄纁聘，不就。即拜太中大夫。詔書至門，肱使家人對云「久病就醫」，遂羸服閒行，竄伏青州界中，賣卜給（衣）〔食〕〔一〕，召命得斷，家亦不知其處，歷年乃還。（孫・王・汪・黄）

——御覽卷七二五

〔一〕據汪輯改。

申屠蟠傳

二三〇　陳留申屠蟠恥郡無處士，遂閉門養志，〔居蓬萊之室〕〔一〕，依大桑樹以爲棟梁。（姚・王・汪・黄）

——類聚卷八八　〇　御覽卷九五五　事類賦注卷二五　范書本傳注　書敍指南卷一六

〔一〕原作「蓬户萊室」，今據范書本傳注改補。

二三一　蟠前後徵辟，文書悉挂於樹，初不顧眄。（姚・王・汪・黄）

——范書本傳注

二三二　詔書令郡以禮發遣，蟠到河南萬歲亭，折轅而旋。（姚・王・汪・黄）

——范書本傳注

二三三　申屠蟠英姿卓犖。（孫・王・汪・黄）

——文選卷五〇范蔚宗後漢二十八將傳論注

謝承後漢書卷四

楊震傳長子牧孫奇　中子秉　秉子賜　賜子彪

二二四　楊震客居湖縣，立精舍，家貧，常以種藍爲業。（姚・王・汪・黄）

——御覽卷一八一

二二五　楊震常客於湖，不答州郡禮命數十年，衆人謂之晚貴〔一〕，而震志愈篤。後有鸛雀銜三（鱣）〔鱓〕魚飛集講堂前〔二〕，都講取魚〔三〕，進曰：「蛇鱓者，卿大夫服之象也。數三者，法三台也。先生自此升矣。」時年過五十，乃始仕州郡。（孫・王・汪・黄）

——御覽卷九三七　○　范書本傳注

〔一〕范書本傳作「晚暮」。

〔二〕范書本傳作「鱣」。注曰：「續漢及謝承書『鱣』字皆作『鱓』，然則『鱣』、『鱓』古字通也。」故據以復其舊，下同。又鱓即鱔魚，形似蛇，黄地黑紋，色象卿大夫之服，故都講言之。

〔三〕都講者，替座師主持講學之人。漢時生徒非必由座師親授，常由弟子以次相傳授，又往往擇其精學者爲都講，答難釋疑。范書侯霸傳言「霸篤志好學，師事九江太守房元，治穀梁春秋，爲元都講」是也。又郭丹「從師長安，常爲都講，諸儒咸敬重之」，亦其例也。

二二六　弘農楊震字伯起，常種藍自業，諸生恐震年大，助其功傭，震喻而罷之。（孫・王・汪・黄）

二二七　薦楊仲桓等五人，各從家拜博士〔一〕。（姚・王・汪・黄）

——御覽卷九九六

〔一〕時震任太常。又楊仲桓即陳留楊倫。

范書本傳注

二二八　震臨殁，謂諸子以牛車薄簀，載柩還歸。（姚・王・汪・黄）

范書本傳注

二二九　楊震卒，未葬，有大鳥五色，高丈餘，〔兩翼長二丈三尺，人莫知其名〕〔一〕，從天飛下，到震棺前，舉頭悲鳴，淚出霑地。至葬日，沖升天上。（姚・王・汪・黄）

——類聚卷九〇　〇　范書本傳注　太平廣記卷四六三

〔一〕據范書本傳注補。

二三〇　楊奇字公挺，震之玄孫。少有志節，不以家勢爲名，交結英彦，不與豪右相交通，於河南

緱氏界中立精舍，門徒常二百人。（孫・王・汪・黄）——御覽卷一八一

二三一　楊奇字公偉〔一〕，弘農人。〔通經，才性敏暢。入補〕侍中〔二〕，天子所問，引經據義，靡事不對。靈帝嘗問：「朕何如桓帝？」對曰：「陛下躬秉藝文，聖才雅藻，有優先帝，禮善慎刑，或未之有。今天下以陛下准桓帝，猶謂堯舜比德者也。」上不悦其言，謂曰：「奇所謂楊震子孫，有强項遺風，想死後又當致大鳥也。」（姚・王・汪・黄）——御覽卷四二七　○　書鈔卷五八

〔一〕按書鈔卷五八作「字公綽」，上條又作「字公挺」，未知孰是。

〔二〕據書鈔卷五八補。

二三二　楊秉字叔節，拜侍御史，執法省門，多所彈糾，名由此顯，京城咸稱有宰相之才。（孫・王・汪・黄）——書鈔卷六二

二三三　楊秉歷牧四州〔一〕，計日受俸，廪禄不入私門。（姚・王・汪・黄）——書鈔卷七二

〔一〕歷牧豫、荆、徐、兖四州。

二三四 秉免歸，雅素清儉，家至貧窶，并日而食。任城故孝廉景慮齎錢百餘萬，就以餉秉，秉閉門，距絶不受。（姚・王・汪・黄）

——范書本傳注 ○ 書鈔卷七二

二三五 秉奏：「參取受罪臧累億〔一〕。牂柯男子張攸，居爲富室，參横加非罪，云造訛言，殺攸家八人，没入廬宅。又與同郡諸生李元之官，共飲酒，醉飽之後，戲故相犯，誣言有淫慝之罪，應時捶殺。以人臣之勢，行桀紂之態，傷和逆理，痛感天地，宜當糺持，以謝一州。」（姚・王・汪・黄）

——范書本傳注

〔一〕參，侯參，太常侍侯覽之兄，時任益州刺史。

二三六 京兆尹袁逢於長安客舍中，得參重車三百餘乘，金銀珍玩，不可稱記。（姚・王・汪・黄）

——范書本傳注

二三七 楊賜字伯欽〔一〕，拜光禄勳，〔位特進〕〔二〕。嘉德殿前有青赤氣，詔遣中使問賜祥異禍福所在，以賜博學碩德之儒，故密諮問。賜曰：「爲明主所諮問，豈得不盡情極言其要。」上疏曰：「按春秋讖云：『天投蜺〔三〕，海内亂。』今妾嬖閹尹共專國政之所致也。」（姚・王・汪・黄）

——書鈔卷五三 ○ 初學記卷一二 御覽卷二二九

〔一〕天游按：袁紀作「子猷」，范書本傳作「伯獻」，而蔡中郎集所載之太尉楊公碑及文烈楊公碑均作「伯猷」。諸載各異，恐當以

「伯猷」爲是。

〔二〕據初學記卷一二補。

〔三〕「蛻」原誤作「黿」，據初學記卷一二逕改。

二三八　楊賜讓還侯爵，朝廷重違其志。（孫・王・汪・黄）

——文選卷四六任彦昇王文憲集序注

二三九　楊彪見漢祚將移，遂稱脚攣不復行。積十餘年後，子脩爲曹操所殺，操見彪問曰：「公何瘦〔之〕甚〔一〕？」對曰：「愧無日磾先見之明〔二〕，猶懷老牛舐犢之愛。」操爲之改容。（孫・王・汪・黄）

——御覽卷三七八　〇　又卷四三二

〔一〕據御覽卷四三二補。

〔二〕金日磾爲武帝光禄大夫，時長子弄兒與宫人戲，日磾惡其淫亂而殺之。武帝爲之泣，已而心敬日磾。事見漢書本傳。

張綱傳

二四〇　漢安元年，選遣八使，巡行風俗。餘人受命之部，而張綱獨理輪於洛陽都亭〔一〕，曰：「豺

狼當路，安問狐狸！」遂奏大將軍梁冀無君之心十五事，皆臣子所切齒者也。（姚·王·汪·黄）

——類聚卷二〇

〔一〕王先謙後漢書集解引蘇輿説曰：「案孫子九地篇『方馬埋輪』注：『埋輪，持不動也。』馬融傳『埋根行道，以先吏士』注：『埋根，言不退。』傳亦謂駐車輪於此，不肯之部，非真埋之於地也。」

王龔傳子暢

二四一 王龔幹事，遂陟鼎司。（王·汪·黄）

——文選卷三七劉越石勸進表注

〔一〕據汪輯補。

二四二 〔暢〕拜南陽太守〔一〕，下車振厲威風。（姚·王·汪·黄）

——書鈔卷七四

二四三 王暢拜南陽太守〔一〕，羊皮庇身，車毀不改，馬羸不易。（姚·王·汪·黄）

——書鈔卷七五

〔一〕陳、俞本「暢」誤作「賜」。黄輯據以作王賜傳，非。

二四四　王暢爲南陽太守，作飯鹽豉菜茹。（孫・汪・黄）

——御覽卷八五〇

二四五　王暢拜南陽太守，計日受俸，以作乾飯，不噉魚肉。（姚・汪）

——書鈔卷七五（2）

二四六　表受學於同郡王暢〔一〕。暢爲南陽太守，行過乎儉。表時年十七，進諫曰：「奢不僭上，儉不逼下，蓋中庸之道。是故蘧伯玉恥獨爲君子〔二〕，府君若不師孔聖之明訓，而慕夷齊之末操，無乃皎然自遺於世。」暢答曰：「以約失之者鮮矣〔三〕。且以矯俗也。」（姚・王・汪・黄）

——魏志劉表傳注　〇　文選卷四〇任彦昇百辟勸進今上牋注

〔一〕表，劉表，與暢同爲山陽郡人。

〔二〕李善注曰此句系王暢誅劉表之語，誤。

〔三〕出論語里仁篇。

种暠傳 子拂

二四七　種暠爲益州刺史。時永昌太守鑄黄金爲文蛇，以獻梁冀。暠糺發逮捕，馳傳上言，而三

府畏懦，不敢案之。冀由是銜怒於暠。（孫・王・汪・黄）

——御覽卷六四一

二四八　種拂遷宛令。吏好因暇遊戲，飲樂市廛，爲百姓所患。拂見之，必下車公謁之也。

——書鈔卷七八

陳球傳 子瑀　弟子珪　珪子登

二四九　祖父屯，有令名。（姚・王・汪・黄）

——范書本傳注

二五〇　陳球字伯真，拜將作大匠。桓帝崩，營陵寢，球躬親作事，爲士卒先，百工畢力。（姚・王・汪・黄）

——職官分紀卷二二　○　書鈔卷五四

二五一　宗琳字伯真〔一〕，橋玄表琳明法律，徵拜廷尉正。（姚・王・汪・黄）

——書鈔卷五五　○　御覽卷二三一

〔一〕天游按：御覽卷二三一作「陳琳」，姚輯作「宗琳」，而黄輯則從御覽。汪文臺以爲二者「皆字之誤」，故逕作「陳球」。按范書橋玄傳曰：「素與南陽太守陳球有隙，及其公位，而薦球爲廷尉。」與書鈔引略同。汪說是。今仍其舊而明其誤。

二五二　瑀舉孝廉，辟公府，洛陽市長。後辟太尉府，未到。永漢元年，就拜議郎，遷吴郡太守，不之官。（姚・王・汪・黄）

二五三　球弟子珪，字漢瑜。舉孝廉，劇令，去官。舉茂才，濟北相。珪子登，字元龍。學通今古，處身循禮，非法不行，性兼文武，有雄姿異略，一領廣陵太守。（姚・王・汪・黄）

——范書陳球傳注

劉陶傳

二五四　劉〔陶〕（騊駼）除樅陽長〔一〕，以病免，吏民思而歌之，曰：「悒然不樂，思我劉君，何時復來，安此下民。」（姚・王・汪・黄）

——類聚卷一九

〔一〕據汪輯改。又范書劉陶傳「樅陽」作「順陽」，未知孰是。

劉瑜傳

二五五　父祥爲清河太守〔一〕。（姚·王·汪·黄）

——范書本傳注

〔一〕范書本傳「父祥」作「父辯」，未知孰是。

謝弼傳

二五六　弼字輔鸞〔一〕，東郡濮陽人〔二〕。（姚·王·汪·黄）

——范書本傳注

〔一〕范書本傳作「字輔宣」。

〔二〕范書本傳作「武陽人」。天游按：續漢郡國志犍爲有武陽縣，非東郡所屬，恐當以謝書爲是。又東郡有東武陽，或范書因東郡而誤脱一「東」字，亦未可知。

二五七　「蛇者，陰氣所生，龍之類也。龍有鱗，甲兵之符也。」〔一〕（姚·王·汪·黄）

——范書本傳注

〔一〕此乃建寧中青蛇見前殿，弼所上封事中語。

虞詡傳

二五八　羌攻城〔一〕。（汪）

——御覽卷三四八引續漢書條注

〔一〕御覽引續漢書原文作「虞詡爲武都太守，虜來攻城，詡出戰」云云。

二五九　虞詡字（叔）〔升〕卿〔一〕，拜司隸校尉。時中書侍郎張防專用權勢〔二〕，詡輒按之，而屢寢之不下。詡乃自繫，言：「防弄國威柄，臣不忍與之同朝，謹自繫以聞。」防流涕訴帝，詡坐輸左校，二日之中，傳考四獄。孫程知詡以忠獲罪，言之而得免。

——書鈔卷六一

〔一〕據范書本傳改。虞詡祖父經以己決獄六十年，寬恕如于公，于公之子可位至丞相，故其子孫亦當官至九卿，故字詡曰升卿。

〔二〕「中書侍郎」當系「中常侍」之訛。

二六〇　寧陽主簿詣闕，訴其縣令之枉〔一〕，（責）〔積六〕、七歲不省〔二〕。主簿乃上書曰：「臣爲陛下〔子，陛下〕爲臣父〔三〕。臣章百上，終不見省，豈可北詣單于以告怨乎？」帝乃大怒〔四〕。（姚・

王・汪・黄）

——書鈔卷一〇三（2）

〔一〕「之杜」原誤作「杜」，據通典卷三三逕改。

〔二〕據通典卷三三改補。

〔三〕據通典卷三三補。其引未言出謝書，汪輯注之，非。

〔四〕有司本劾以大逆，後帝納詡諫，免其誅，僅笞之而已。

傅燮傳

二六一　傅燮字南容，北地靈州人也。本字幼起，慕南容三復白圭〔一〕，乃改焉。（孫・王・汪・黄）

——御覽卷三六三

〔一〕李賢曰：「家語子貢對衛文子曰：『一日三復白珪之玷，是南宮縚之行也。』王肅注云：『玷，缺也。詩云：「白珪之玷，尚可磨也。斯言之玷，不可爲也。」一日三復，慎之至也。』」

二六二　〔傅〕（李）燮爲議郎〔一〕。會西羌反〔二〕，邊章、韓遂作亂隴右，徵發天下，役賦無已。司徒崔烈以爲宜棄涼州，燮厲色言曰：「斬司徒，天下安！」尚書郎楊贊奏燮廷辱大臣，帝以問燮，燮曰：「涼州天下衝要，國家藩衞，今牧御失和，使一州叛逆。烈爲宰相，不念爲國思所以弭之之策，乃欲割棄一方萬里之土，臣竊惑之。若烈不知之，是極蔽也；知而故言，是不忠也。」帝從燮議。由是朝廷重其方略，每公卿有缺，爲衆議所歸。（孫・王・汪・黄）

——御覽卷四二七　〇　文選卷三〇謝靈運擬魏太子鄴中集詩第五首注

〔一〕據汪輯改。黄奭曰「案袁宏後漢紀二十五，是傅燮事，此作李燮誤。」

〔二〕「反」原誤作「及」，逕改之。

蓋勳傳

二六三　父字思齊，官至安定屬國都尉。（姚・王・汪・黄）

——范書本傳注

二六四　蓋勳遷潁川太守，民吏歎咏，不容於口。（姚・汪・黄）

——書鈔卷七六

臧旻傳

二六五　旻有幹事才〔一〕，達於從政，爲漢良吏。初從徐州從事，辟司徒府，除盧奴令，冀州舉尤異，遷揚州刺史，丹陽太守。是時邊方有警，羌胡出寇，三府舉能，遷旻匈奴中郎將。討賊有功，徵拜議郎。還京師，見太尉袁逢，逢問其西域諸國土地風俗、人物種數，旻具答言西域本三十六國，後分爲五十五，稍散至百餘國。其國大小，道路近遠，人數多少，風俗燥溼，山川草木鳥獸異物名種不與中國同者，悉口陳其狀，手畫地形。逢奇其才，嘆息言：「雖班固作西域傳，何以加此？」旻轉拜長水校尉，終太原太守。（姚・王・汪・黄）

——魏志臧洪傳注　○　范書臧洪傳注　書鈔卷六三　御覽卷二一七八

〔一〕旻，臧洪之父。

馬融傳

二六六　馬融字季長，年十三，明經，爲太子舍人，校書東觀〔一〕。（姚・王・汪・黄）

——書鈔卷六六

〔一〕按袁、范書皆言融拜校書郎中後，始校書東觀。疑書鈔有脱文。

二六七　融爲校書郎，又拜郎中〔一〕。（姚・王・汪・黄）

——范書本傳注

〔一〕天游按：范書本傳作「校書郎中」，注引續漢書與謝書同。集解引洪頤煊曰：「隲傳『郎中馬融』，龐參傳『校書郎中馬融』，并不稱校書郎。」又袁紀亦曰：「轉爲中郎，校書東觀十餘年。」然文獻通考曰：「以郎居其任則謂之校書郎，以郎中居其任則謂之校書郎中。」此説甚是。校書郎中一職始於東漢，范書文苑傳曰：「建初中，肅宗博召文學之士，以毅爲蘭臺令史，拜郎中，與班固、賈逵共典校書。」則至遲章帝時已有校書郎中一職。又校書郎一職亦始於東漢。范書賈逵傳載，永平中，逵「拜爲郎，與班固並校秘書」。又漢書敍傳亦曰，永平中，班固「爲郎，典校秘書」。則至遲明帝時即有校書郎一職。據謝承書、續漢書，則馬融當先爲校書郎，復爲校書郎中。此二職至漢末喪亂之際，始廢不復置。

蔡邕傳

二六八　勳字君嚴〔一〕。（王・汪・黄）

——范書本傳注

〔一〕勳，邕之六世祖。

二六九　蔡邕字伯喈，以治書御史遷尚書，三月之間，周歷三臺〔一〕，選侍中〔二〕。（姚・王・汪・黄）

——書鈔卷六〇　〇　初學記卷一一　御覽卷二一二

〔一〕天游按：范書本傳與張璠紀並作「三日之間」，而袁紀與謝書同。集解引柳從辰曰：「袁宏紀作『三月之間』是也。御覽二百十二、書鈔六十引謝承書亦作『三月』。遷轉雖速，亦嘗無一日一臺之理。范書既云周歷，則已歷三官，非未拜而又徙官，自不可以日計，作月固較長。」今按袁紀漢末之事，嘗取資張璠紀，其棄「三日」而作「三月」，必有所本，當依袁紀、謝書爲是。

〔二〕「選」，初學記卷一一作「遷」，是。

二七〇　蔡邕在王允坐，聞卓死，有歎惜之音。允責邕曰：「卓，國之大賊，殺主殘臣，天地所不祐，人神所同疾。君爲王臣，世受漢恩，國主危難，曾不倒戈，卓受天誅，而更嗟痛乎？」便使收付廷尉。邕謝允曰：「雖以不忠，猶識大義，古今安危，耳所厭聞，口所常玩，豈當背國而向卓也？狂瞽之詞，謬出患入，願黥首爲刑，以繼漢史。」公卿惜邕才，咸共諫允。允曰：「昔武帝不殺司馬遷，使作謗書，流於後世。方今國祚中衰，戎馬在郊，不可令佞臣執筆在幼主左右，後令吾徒並受謗議。」遂殺邕。（姚・王・汪・黄）

——魏志董卓傳注

二七一　蔡邕與袁公書曰：「酌麥醴，燔乾魚，樂亦在其中矣。」〔一〕（黄）

——文選卷二一應休璉百一詩注

〔一〕黄輯原注出文選任彦昇爲范尚書讓吏部封侯第一表注，非。此引「樂」上有「欣然」二字，黄輯亦脱。然文選注未言出謝書，書鈔卷一四八引亦同，疑黄輯誤引，録以俟攷。

左雄傳

二七二　左雄字伯豪，爲冀州刺史，不舉煙火，長食乾飯，〔十日一炊〕〔一〕。（姚・王・汪・黄）

——書鈔卷三八　〇　又卷七二　御覽卷四二五　又卷八五〇

〔一〕據書鈔卷七二補。

二七三　左雄字伯豪，拜尚書令，奏令崇經術，除郡國耆年六十已上爲郎，不滿四十，不得察舉，若茂異奇才，弗拘年齒。帝從之〔一〕。

——書鈔卷五九

〔一〕職官分紀卷八引曰：「左雄，順帝立，虞翻薦之曰：『今公卿拱默爲賢，盡節爲愚，至相戒曰：「白璧不可爲，容容多後福。」伏見議郎左雄，有王臣蹇蹇之節。』由是拜尚書令。奏崇經術，郡國耆儒年六十已上爲郎，不滿四十，不得察舉，若茂才異行，不拘年齒。帝從之。有廣陵孝廉徐淑，年未及舉，臺郎疑而詰之，對曰：『詔書曰有如顏子、子奇，不拘年齒，是故本郡以臣充選。』郎不就詰。雄詰之曰：『昔顏子聞一知十，孝廉聞一知幾邪？』淑不能對，乃譴去郡守。自是郡守莫敢輕舉。自雄在尚書，天下不敢妄選，十餘年間，稱爲得人。」其與范書多同，恐非謝書之舊，故録此以備攷。又其中「虞翻」系「虞詡」之誤。

二七四 劉據爲大司農，以職事被譴，將加捶撻。左雄諫曰：「九卿位亞三公，行則鳴玉。孝明永平始加撲罰，非古制也。」於是始免撲捶。（姚・王・汪・黃）

——書鈔卷五四

周舉傳

二七五 周舉字宣光。時詔遣八使巡行風俗，皆選有威名者，乃拜舉侍中，與杜喬、周翊〔一〕、馮羨、欒巴、張綱、郭尊〔二〕、太尉長史劉班分行天下，使同日而拜，號曰「八俊」。（孫・王・汪・黃）

——御覽卷二一九

〔一〕范書本傳「翊」作「栩」。

〔二〕范書本傳「尊」作「遵」。又時喬任侍中，翊守光禄大夫，羨前青州刺史，巴尚書，綱侍御史，尊兗州刺史也。

黃瓊傳孫琬

二七六　江夏黃琬，七歲，祖瓊爲魏郡太守，梁太后詔問日食之狀，未能對，琬跪而曰：「何不言日食之餘，如月之初？」（汪）

——開元占經卷九

二七七　黃琬拜豫州刺史，威邁百城。（孫・王・汪・黃）

——文選卷二五陸士龍答張士然詩注　○　文選卷二四曹植贈丁儀王粲詩注

二七八　黃他求没，將投骸虜庭。（孫・王・汪・黃）

——文選卷三七劉越石勸進表注

荀緄傳

二七九　荀緄字伯條〔一〕，拜尚書。緄性明亮，敏於衆職，以勖羣僚，秉機平正，直道而行。是時

内外公卿大夫，莫敢不憚。（姚・王・汪・黄）

——書鈔卷六〇　○　御覽卷二一二

〔一〕姚之駰案：「范荀淑傳：淑中子名緄，八龍之一，當即此也。又淑兄子昱亦字伯條，何命字竟相同與？又緄爲濟南相，畏憚宦官，爲子彧娶唐衡女，行事如此，公卿大夫安得憚之？豈别有一荀緄耶？」孫志祖案：「緄字仲慈，兄弟八人，字皆以慈次。陶潛曰八目，且官濟南相，不爲尚書也。此蓋别一荀緄。」

荀悦傳

二八〇　荀悦字仲豫，家貧無書，每閒行見篇牘〔一〕，一覽便能誦記。

——書鈔卷九八

〔一〕孔廣陶按：「今本范書訛作『每之人間，所見篇牘』，陳本從之謬矣。」

韓韶傳

二八一　韓韶字仲黄，潁川人。韶爲嬴長〔一〕，嬴鄰境歲饑，多被寇，廢耕桑，其民流入縣界，求索衣糧者衆。韶愍其饑困，開倉賑之，所稟贍萬餘户。主者争謂不可，韶曰：「長活溝壑之民，而以此伏罪，可含笑入地也。」（孫·王·汪·黄）

——御覽卷四一九

〔一〕「羸」原誤作「嬴」，據范書本傳及續漢郡國志逕改。

鍾皓傳

二八二　鍾皓字季明，潁川長社人。同郡陳寔年不及皓，引與爲友。皓爲郡功曹，會辟司徒府，臨辭，太守問誰可代卿者，皓曰：「明府必欲得其人，西門亭長〔陳寔可〕〔一〕。」寔聞之曰：「鍾君似不察人，不知何猶識我〔二〕？」（孫·王·汪·黄）

——御覽卷二六四

〔一〕據汪輯補。

〔二〕疑「猶」系「獨」之誤。汪輯改作「由」，恐非。

陳寔傳子紀

二八三　陳寔字仲弓，詣太學，郭林宗、陳仲舉爲親友。歸家，立精舍，講授諸生數百人。（孫・王・汪・黄）

——御覽卷一八一

二八四　陳寔遷太丘長，修德清淨，百姓以治。（孫・王・汪・黄）

——書鈔卷七八

二八五　陳紀字元方，遭父太丘長寔憂，嘔血絶氣。豫州嘉其至行，表上尚書，圖畫百城，以勵風俗。袁紹以太尉讓紀，紀不受。拜大鴻臚，卒官。子羣爲三公。天下以爲「公慚卿，卿慚長」。（孫・王・汪・黄）

——初學記一二　○　御覽卷二三二

李固傳 子燮　郭亮

二八六　〔李固，漢中人。父郃爲司徒〕〔一〕。固改易姓名，杖策驅驢，負笈追師三輔〔二〕，學五經，積十餘年。博覽古今，明於風角、星算、河圖、讖緯，仰察俯占，窮神知變。每到太學，密入公府，定省父母，不令同業諸生知是郃子。（姚・王・汪・黃）

——范書本傳注　○　書鈔卷九七　又卷一三五

〔一〕據書鈔卷九七補。

〔二〕書鈔卷一三五作「固嘗步行負笈，千里從師」。

二八七　五察孝廉，益州再舉茂才，不應。五府連辟，皆辭以疾。（姚・王・汪・黃）

——范書本傳注

二八八　孟子曰：「其進鋭者，其退速也。」〔一〕（孫・汪・黃）

——范書本傳注

〔一〕乃李固陽嘉二年京師地震對策中所引之語。范書本傳「孟子」作「老子」。二書皆有此文，或係古之俗語。

二八九　李固爲太尉，常食麥飯。（孫・王・汪・黄）

——御覽卷八五〇

二九〇　梁冀奏誅李固，固臨命與胡廣、趙戒書曰：「固受國厚恩，是以竭其股肱，不顧死亡，志欲扶王室，比隆文（王）〔宣〕〔一〕。何圖一朝梁氏迷謬，公等曲從，以吉爲凶，成事爲敗，漢家衰微，從此始矣。公等受主厚禄，顛而不扶，傾覆大事，後之良史，豈有所私？固身已矣，於義得矣，夫復何言！」廣、戒得書，悲慚，〔皆〕長歎〔二〕。（孫・王・汪・黄）

——御覽卷四一八　〇　又卷四九一

〔一〕據汪輯改。李賢曰：「文帝、宣帝皆羣臣迎立，能興漢祚者。」桓帝亦起自諸侯，故固方之以文宣。

〔二〕據御覽卷四九一補。

二九一　固臨終，勑子孫素棺三寸，幅巾，殯斂於本郡墝埆之地，不得還墓塋，污先公兆域。（姚・王・汪・黄）

——范書本傳注

二九二　亮字恒直，朗陵人也〔一〕。（姚・王・汪・黄）

——范書本傳注

〔一〕亮姓郭，固之弟子，年始成童，守固尸乞襚斂歸葬者。

二九三　郭諒師事杜喬〔一〕。李固之誅，詣闕上書，乞收斂，不聽，因往守視其喪，扇護蠅蟲。（姚・王・汪・黄）

——類聚卷九七

〔一〕疑此「諒」即「亮」之誤，而「杜喬」亦係「李固」之譌。汪輯別作郭諒傳，恐非。

二九四　固所授弟子，潁川杜訪、汝南鄭遂、河南趙承等七十二人，相與哀歎悲憤，以爲眼不復瞻固形容，耳不復聞固嘉訓，乃共論集德行一篇。（姚・王・汪・黄）

——范書本傳注

二九五　孌遠遁身於北海劇，託命滕咨家以得免〔一〕。（姚・王・汪・黄）

——范書本傳注

〔一〕按袁紀、范書、續漢書、華陽國志均作固門生王成攜其至徐州界，變姓名，爲酒家傭而脫險，與此異。

杜喬傳 楊章

二九六　楊章爲杜喬所辟，爲平原令，棄官還。聞固、喬暴尸，星行赴雒，著弊衣赤幘，守其屍，驅

護蠅蟲。天子嘉其忠義，聽殯斂之。（姚・王・汪・黄）

——類聚卷九七

吴祐傳 孫馮

二九七　真字夏甫〔一〕。（姚・王・汪・黄）

——范書本傳注

〔一〕真，黄真，陳留郡之小吏。吴祐舉孝廉，郡中爲祖道，祐越壇與真歡語，結友而别。故真後亦舉孝廉，除新蔡長。

二九八　祐遷膠東相，政事清浄，以身率下，褒賢賞善。

——書鈔卷七四

二九九　吴祐遷膠東相，民有詞訟，先令三老以孝悌喻解，祐身至閭里和之，吏民不忍欺。

——書鈔卷七五

三〇〇　吴祐遷膠東侯相。時濟北戴宏，父爲縣丞。宏年十六，從在丞舍。祐每行園，常聞諷讀之音，甚奇之，與爲友。宏卒成儒宗，知名東夏。（孫・汪・黄）

——類聚卷六五　〇　御覽卷八二四

三〇一　吴祐遷膠東相〔一〕，有〔男〕子母〔邱長與母〕俱行〔二〕，道遇賊〔三〕，姦辱其母，遂殺之。追捕得長，祐問長有子乎，曰有妻未有子。召長妻至獄，解桎梏，使同宿，遂孕。至冬行殺，長齒指斷，含血誓：「若生男，名曰吴生，以報吴君也。」（姚·王·汪·黄）

——書鈔卷七五

〔一〕當作膠東侯相，此係省文耳。

〔二〕據汪輯補。

〔三〕范書本傳「賊」作「醉客」。

三〇二　爲河間相。因自免歸家，不復仕，灌園蔬，以經書教授，年九十八卒。（孫·汪·黄）

——類聚卷六五　○　御覽卷八二四

三〇三　吴馮字子高〔一〕，〔輕財尚義，弘博愛士，賓客四方雲集〕〔二〕。爲州郡吏，休假先存恤行喪孝子，次瞻病畢，拜覲鄉里耆老先進，然後到家，名昭遠近。（姚·王·汪·黄）

——初學記卷二〇　○　御覽卷六三四

〔一〕職官分紀卷四二作「馮吴」，誤。王謨按：「范書吴祐傳：祐長子鳳，鳳子馮，鮦陽侯相。注引陳留耆舊傳『馮字子高』，即此吴馮也。」

〔二〕據職官分紀卷四二補。

延篤傳

三〇四　延篤字叔固〔一〕。孝桓皇帝拜〔篤爲〕侍中〔二〕，自在機密，常見進納，上數問政事得失，以經義古典，默諫帷幄，言不宣外。（姚・王・汪・黄）

——御覽卷四五二　○　書鈔卷五八

〔一〕范書本傳作「字叔堅」。此作「叔固」，係書鈔避隋文帝諱所致。

〔二〕據書鈔卷五八補。

三〇五　延篤遷京兆尹，正身率下，憂官如家，卹民如子，〔民不忍欺〕〔一〕。（姚・王・汪・黄）

——書鈔卷七六(2)　○　文選卷五三陸機辨亡論下注

〔一〕據職官分紀卷三八補。

三〇六　延篤遷京兆尹，勸民農桑，遂增户口，穀食豐饒，鄰郡老少歸之。（姚・王・汪・黄）

——書鈔卷七六(2)

三〇七　延篤爲京兆尹，三輔資其政教〔一〕。（姚・王・汪・黄）

——書鈔卷七六

〔一〕姚輯作「篤徙京兆尹，其政用寬仁，憂恤民黎，擢用長者，與參政事，郡中懽愛，三輔咨嗟焉」。與諸輯均異。天游按：其引或出范書本傳，姚輯不詳所出者，多與此同。故諸輯均棄其引而不録。

史弼傳

三〇八　弼年二十，爲郡功曹，承前太守宋訢穢濁之後，悉條諸生聚斂姦吏百餘人，皆白太守，埽迹還縣，高名由此而興。（姚・王・汪・黄）

——范書本傳注

三〇九　史弼遷山陽太守，其妻鉅野薛氏女，以三互自上〔一〕，轉拜平原相。（姚・王・汪・黄）

——范書蔡邕傳注

〔一〕李賢曰：「三互，謂婚姻之家及兩州人不得交互爲官也。」鉅野屬山陽郡，故弼依三互法自上以避。

三一〇　弼遷河東太守。弼知多權勢請託，乃預敕斷絶書屬。常侍侯覽果遣諸生齎書詣之，積日不得通。乃托以他事謁弼，弼怒曰：「太守忝荷重任，當選士報國。爾何人，爲詐無狀！」即考殺之。

——書鈔卷三七

趙嘉傳

三一一　趙嘉年四十餘〔一〕，重疾，乃遺令敕兄子曰：「可立一圓石於我墓前，刻之曰『漢有逸民，姓趙名嘉，有志無時，命也奈何』。」投筆而卒〔二〕。（姚・汪・黄）

——姚輯

〔一〕范書本傳曰：「趙岐字邠卿，京兆長陵人也。初名嘉，生於御史臺，因字臺卿。後避難，故自改名字，示不忘本土也。」

〔二〕黄奭按：「范稱某遺令，後疾愈，仕至太常，年九十餘卒，此誤。」此條汪輯注出書鈔卷一五八，非。疑姚輯實録自范書本傳，末句乃誤筆。今録而俟考。

皇甫規傳

三一二　皇甫規字威明，以先零陸梁，上疏自陳，乃以規爲中郎將，討降之。會軍士、郎將大疫，規親入巷〔一〕，巡視將士，三軍感悦。（姚・王・汪・黄）

——書鈔卷六三

〔一〕「巷」，范書作「菴廬」，汪輯從之，而姚、黄二輯作「巷廬」。又孫輯作「莽廬」，非。

張奐傳

三一三　張奐字然明，弘農華陰人。詣太學受業，博通五經。隱處在扶風郿縣界中，立清舍，斟酌法喬卿之雅訓，晝誦書傳，暮習弓馬。（王・汪・黄）

——御覽卷一八一

三一四　張奐遷安定屬國都尉，匈奴、羌豪帥感奐恩德，上馬二（千八）〔十〕匹〔一〕，先零酋長又遺金（樂）〔鐻〕八枚〔二〕，奐並受之，而召主簿於諸羌前，以酒酹地曰：「使馬如羊，不以入廐；使金如粟，不於入懷。」悉以金、馬還之。羌性貪〔而貴〕吏清〔三〕，前有八都尉，（九十）〔率〕好貨財〔四〕，爲所患苦。及奐正身潔己，威化大行。（姚・王・汪・黄）

——書鈔卷六三

〔一〕「千」乃「十」之誤，「八」係涉下文「八枚」而衍。據范書本傳改。
〔二〕據范書本傳改。
〔三〕據汪輯補。

〔四〕據范書本傳改。

三一五　張奐字然明，爲使匈奴中郎將，率步騎二萬，廣宣方略，大破鮮卑，匈奴惶懼，詣奐乞降，聲勢猛烈，狄戰慄不敢犯邊。時休屠等反，衆大懼，奐安坐幃中，與弟子講論自若，徐乃設奇破之。（姚·王·汪·黄）

——書鈔卷六三　〇　文選卷五七潘安仁馬汧督誄注

陳蕃傳 周璆　劉瓆　成瑨　朱震

三一六　陳蕃家貧，不好掃室，客怪之者，或曰：「可一掃乎？」蕃曰：「大丈夫當爲國掃除天下，豈徒室中乎！」（孫·王·汪·黄）

——類聚卷六四　〇　御覽卷一七四

三一七　陳蕃爲郡法曹吏。正月朝見太守王龔，客有貢白魚於龔者，龔曰：「汝南乃有此魚？」蕃曰：「魚大，且明府之德。」（孫·王·汪·黄）

——御覽卷九三六

三一八　蕃爲樂安郡守。周（瑜）〔璆字孟玉〕〔一〕，招命不肯至，惟蕃致焉，特爲置一榻，去則懸

之。（姚・王・汪・黄）

——書鈔卷七四　○　御覽卷七〇六　緯略卷四

〔一〕據御覽卷七〇六、緯略卷四改補。

三一九　陳蕃爲豫章太守，正雅矯俗，以禮導下。（姚・王・汪・黄）

——書鈔卷七五

三二〇　陳蕃爲太守，不接賓客，惟穉來特設一榻，去則懸之〔一〕。

——天中記卷四九

〔一〕此事與周璆事同。范書亦兩載之。蕃待穉以榻，乃任豫章太守時事。

三二一　陳蕃諫桓帝曰：「故皋陶戒舜『無畋遊』〔一〕，周公戒成王『無槃於遊田』〔二〕。虞舜、成王猶有此戒，況德不及二主者乎！夫安平之時，尚宜有節，況當今之世，有三空之危哉！田野空，朝廷空，倉庫空，是謂三空。加兵戎未戢，四方離散，是陛下焦心毀顔，坐而待旦之時也，豈宜揚旗曜武，騁心輿馬之觀乎？」（姚・王・汪・黄）

——御覽卷四五二　○　類聚卷二四　白帖卷三九

〔一〕范書本傳作「無教逸遊」。此引出自尚書咎繇謨，其文曰：「無教逸欲有邦。」

〔二〕見尚書無逸篇。

三二二　劉瓆字文理，平原人。遷太原太守。郡有豪强，中官親戚，爲百姓所患。瓆深疾之，到官，收其魁帥殺之，所臧匿主人，悉坐伏誅。桓帝徵詣廷尉，以瓆宗室，不忍致之于刑，使自殺。（姚·王·汪·黄）

——范書襄楷傳注

三二三　成瑨字幼平，弘農人。（姚·王·汪·黄）

——范書襄楷傳注

三二四　成瑨少修仁義，篤學，以清名見。舉孝廉，拜郎中，遷南陽太守。郡舊多豪强，中官黄門磐互境界。瑨下車，振威嚴以檢攝之。（姚·王·汪·黄）

——范書黨錮傳注

三二五　時桓帝美人外親張子禁〔一〕，怙恃榮貴，不畏法網。瑨與功曹岑晊捕子禁，付宛獄，笞殺之。桓帝徵瑨詣廷尉，下獄死。（姚·王·汪·黄）

——范書襄楷傳注　○　又黨錮傳注

〔一〕范書黨錮傳注作「桓帝乳母、中官貴人外親」。

三二六　李膺等黨事下獄。陳蕃上疏極諫曰：「臣聞聖明之君，委心輔佐；亡國之主，諱聞直辭。故湯武雖聖，而興於伊吕；桀紂迷惑，亡在失人。由此言之，君爲元首，臣爲股肱，同體相須，共成美惡者。伏見前司隸校尉李膺、太僕杜密、太尉掾范滂等，正身無點，死心社稷，以忠忤旨，橫加考案，或禁錮閉隔，或死徙非所，杜塞天下之口，聾盲一世之人，與秦焚書坑儒何以爲異？臣位列台司，憂責深重，不敢尸禄惜生，坐觀成敗。如不蒙採録，使身首分裂，異門而出，所不恨也。」帝諱其言切，託以蕃〔辟召〕非其人〔一〕，遂策免之。（王・黄）——御覽卷四五二

〔一〕據范書本傳補。

三二七　陳蕃既被害，友人陳留朱震，時爲銍令，聞而棄官，哭而收葬。（王・汪・黄）——御覽卷四〇七

三二八　震仕郡爲主簿。時户曹史袁叔稺以微愆，太守郭宗怒，閉閤罰之。衆皆悚懼，震排闥直入，乃前諫曰：「袁史則故御史珍之孫，獨何爲苛罰？脱有奄忽，如何入閤？」遂釋之。（姚・王・汪・黄）——書鈔卷七三

三二九　朱震又爲郡從事，曰：「震宿有負薪之憂，力疾就車，職重人輕，必不堪久。」時濟陰太守單匡，常侍弟，在官放恣〔一〕，〔種〕（單）患之〔二〕，辟震，請見曰：「當爲鷹犬。」（姚・王・汪・黄）——書鈔卷七三（3）

〔一〕「官」原誤作「宮」，逕正之。

〔二〕種，即第五種。據范書第五種傳及朱震傳改。時受第五種之委托而參預此事者，尚有州從事衛羽也，見本書種傳。

三三〇　朱震字伯厚，陳留人也。〔性剛烈〕〔一〕。初爲州從事，〔到府，此間三部督郵來謁，皆收送致，所得詞上尚書〕〔二〕。奏濟陰太守單匡贓罪，并連匡兄中常侍車騎將軍超。桓帝收匡下廷尉，以遣超獄謝。三府諺曰：「車如雞栖馬如狗，疾惡如風朱伯厚。」（姚・王・汪・黄）

——書鈔卷一三九　○　類聚卷九三　書鈔卷七三　御覽卷八九四　事類賦注卷二一

〔一〕據類聚卷九三、御覽卷八九四、事類賦注卷二一補。

〔二〕據書鈔卷七三補。其中「部」誤作「州」，逕改。

劉淑傳

三三一　劉淑字仲承，舉賢良方正，對策十二科，爲天下諸儒之表，擢爲議郎。（姚・王・汪・黄）

——書鈔卷五六

三三二　劉淑字仲承〔一〕，爲侍中，朝夕建議，竭忠於朝，補救二百餘事〔二〕，悉有篇章，朝廷有疑

事，密詔問焉。（姚・王・汪・黄）——書鈔卷五八　○　御覽卷二一九

〔一〕「淑」原誤作「升」，據御覽卷二一九逕改。
〔二〕御覽卷二一九「補救」作「補政」。

李膺傳子瑝

三三三　〔李膺〕出補蜀郡太守〔一〕，修庠序，設條教，〔申典禮〕〔二〕，明法令，威恩並行，〔下民悦之〕〔三〕。蜀之珍玩，不入於門。益州紀其政化，朝廷舉能理劇，轉烏桓校尉。（姚・王・汪・黄）——范書黨錮傳注　○　書鈔卷七五

〔一〕據書鈔卷七五補。
〔二〕同右。
〔三〕同右。

三三四　膺常率步騎臨陣交戰〔一〕，身被創夷，拭血進戰，遂破寇，斬首二千級。（姚・王・

汪・黃）

〔一〕時膺已任烏桓校尉，因鮮卑數犯塞，故出戰破之。

——范書黨錮傳注

三三五　李膺字元禮，拜司隸校尉。張讓弟翔爲野王令，貪殘無道，畏膺而逃，藏讓合柱中。膺率將吏，破柱取翔，出獄殺之。讓訴冤於帝，帝詔膺詰之。膺曰：「仲尼爲魯司寇，七日誅少正卯。今臣列官已積旬，懼以淹留爲愆，不意獲速疾之罪。留之五日，克殄大惡。」帝頃謂讓曰：「此爾弟之罪，司隸何愆？」自是宦侍屏氣，休沐不敢復出。帝問其故，並叩頭曰：「畏李校尉。」

——書鈔卷六一

三三六　學中諸生與李膺等更相褒重，莫不〔畏〕（思）其貶議〔一〕。時河南張成善説風角，推占當赦，遂教子殺人。李膺爲河南尹，督之，促收捕，既而逢宥獲免。膺愈憤，竟案殺之。初成以方伎交通宦官，帝亦頗訊其占，成弟子牢脩因上書誣告膺等多養太學遊士，交結諸郡生徒，更相驅馳，共爲部黨。於是天子震怒，班下郡國，逮捕黨人。（孫・王・汪・黃）

——類聚卷五二　○　御覽卷六五二

〔一〕畏、思形近而訛，據御覽卷六五二改。

三三七　脩子珪〔一〕。（姚・王・汪・黄）

——范書黨錮傳注

〔一〕范書黨錮傳「珪」作「瓚」。

劉祐傳

三三八　〔劉祐字伯祖，中山安國人〕〔一〕。宗室胤緒，代有名位。少修操行，學嚴氏春秋、小戴禮、古文尚書。仕郡爲主簿。郡將小子嘗出錢付之，令市買果實。祐悉以買筆〔墨〕書具與之〔二〕，因白郡將，言「郎君年可入小學，而但傲佷〔三〕，遠近謂明府無過庭之教，請出授書」。郡將爲使子就祐受經，五日一試，不滿呈限，白決罰，遂成學業，〔闔郡稱美〕〔四〕。（姚・王・汪・黄）

——范書黨錮傳注　○　書鈔卷七三　御覽卷九六四　書鈔卷一〇四

〔一〕據御覽卷九六四補。

〔二〕據書鈔卷七三、又卷一〇四、御覽卷九六四補。

〔三〕佷，戾也，音很。

〔四〕據書鈔卷七三補。

三三九　劉祐字伯祖〔一〕，補尚書郎。祐才辨有大筆，自在臺閣，陳國家故事，每有奏，決於口筆，爲羣僚所伏。（姚·王·汪）

——書鈔卷六〇

〔一〕「祐」原誤作「裕」，逕改之。

三四〇　劉祐字伯祖〔一〕，爲司隸校尉。權貴子弟罷職，遂還京師，輒改易輿服，隱匿財寶。（姚·汪·黄）

——書鈔卷六一

〔一〕「祐」原誤作「治」，「祖」誤作「拒」，皆逕改。

魏朗傳

三四一　魏朗補河内太守，以清嚴爲治，明審法令〔一〕，爲三河之表也〔二〕。（姚·王·汪·黄）

——書鈔卷七六　○　文選卷四六顔延之曲水詩序注　又卷五〇沈休文宋書謝靈運傳論注

〔一〕文選注二引「審」皆作「密」。

〔二〕三河者，河東、河內、河南三郡也。

三四二　魏朗字少英〔一〕，入爲尚書，再昇紫微，謇諤禁省，不屈豪右，爲百寮所服。以黨事免。朗性矜嚴，閉門整法，長吏希見，動有禮序，室家相待如賓，子孫如事嚴君焉。（姚·王·汪·黄）

——御覽卷二一二　○　初學記卷一一　書鈔卷六〇

〔一〕初學記卷一一作「字仲英」。

夏馥傳

三四三　陳留夏馥避黨事，遁迹黑山〔一〕。弟靖載絹往餉之於深陽縣客舍〔二〕，見馥顔色衰毁，不復識，聞其聲，乃覺之。（姚·王·汪·黄）

——御覽卷八一七

〔一〕范書本傳作「林慮山」。此山出煤炭，多冶家，馥曾爲傭，親突煙炭，故山亦稱黑山。

〔二〕范書本傳作「涅陽」，袁紀卷二二作「滏陽」。天游按：馥亡命林慮山，不當復出南陽郡之涅陽。惠棟曰：「魏郡鄴縣有滏水，或是滏水之陽。案漢末林慮、鄴縣皆屬魏郡。馥入林慮山，静追之滏陽山中，爲得其實。」惠説是。東漢無深陽，此當係滏陽之誤。又袁、范二書「靖」皆作「静」。

巴肅傳

三四四　〔巴〕（亹）肅爲河南尹〔一〕，正身奉職。（姚・王・汪）

——書鈔卷七六

〔一〕據俞本改。姚、王、汪三輯亦作「巴肅」。

范滂傳 宗資

三四五　滂，汝南細陽人〔一〕。父顯，故龍舒侯相。（姚・王・汪・黄）

——范書黨錮傳注

〔一〕天游按：張璠紀作「伊陽」。按續漢郡國志，汝南郡無伊陽，「伊」當是「細」之誤。然范書本傳作「征羌」，未知孰是。

三四六　范滂字孟博，汝南人。太守宗資署功曹。滂外甥西平李頌，公族子孫，頑嚚穢濁，爲鄉曲所弃。〔中〕常侍唐衡〔書求屬仕官〕〔一〕，資勑〔功〕曹召署文學史〔二〕，滂不肯聽。〔極久，衡復有書誚資〕〔三〕，資怒，召功曹書佐朱零，問不召頌意狀。零以告滂，滂曰：「答教當言，頌則滂之姊子，豈不樂其升進，但頌洿穢小人，不宜染汙朝廷〔四〕，不敢以位私人，是以不召。」零具答教如此。零入聞，資使伍伯亂捶困杖，言辭不懾，仰疾言曰：「范滂清議，猶利刃截腐肉。願爲明府所答殺，不爲滂所廢絶。今日之死，當受忠名，爲滂所廢，永成惡人。」滂正直謇諤，皆此類也。（姚・王・汪・黄）

——御覽卷二六四　○　又卷四二七　書鈔卷三七

〔一〕據書鈔卷三七及御覽卷四二七補。原作「屬其事」。
〔二〕據書鈔卷三七補。
〔三〕據書鈔卷三七、御覽卷四二七補。
〔四〕御覽卷四二七作「玷塵清朝」。

三四七　不義埽迹〔一〕。

——書鈔卷七七

〔一〕范滂任汝南功曹時之政績。

三四八　宗資字叔都，南陽安衆人也。家代爲漢將相名臣。祖父均，自有傳。資少在京師，學孟氏易、歐陽尚書。舉孝廉，拜議郎，補御史中丞、汝南太守。置范滂爲功曹，委任政事，推功於滂，不伐其美。任善之名，聞於海内。（姚・王・汪・黄）

——范書黨錮傳注

羊陟傳

三四九　羊陟字嗣祖，拜尚書令，明審選舉，旌賢退惡。（孫）

——書鈔卷五九

三五〇　羊陟遷河南尹，下車，計日受俸，嘗食乾飯茹菜。禁斷豪右囑託，書疏不與交通，斷理冤徒，進用善士，節操者旌表異行。（姚・王・汪・黄）

——類聚卷六　〇　書鈔卷七六（4）

張儉傳

三五一　張儉爲東部督郵。時中常侍侯覽殘暴百姓，儉舉劾覽，遏絶章奏，並不得通。遂上書告儉與同郡二十四人爲黨〔一〕。儉得亡命，止李篤家。外黄令毛欽操兵到門，篤引欽謂曰：「張儉知名天下，而亡非其罪，縱儉可得，甯忍執之乎？」欽因起撫篤曰：「蘧伯玉恥獨爲君子，足下如何自專仁

義？」篤曰：「篤雖好義，明廷今日載其半矣〔二〕。」欽歎息而去。（王·汪·黄）

——御覽卷四二〇

〔一〕按范書本傳，上書者乃儉鄉人朱並，以性佞邪爲儉所棄。

〔二〕「廷」原誤作「延」，逕正。

三五二　張儉爲山陽督郵，清潔中正，疾惡若讎。（姚·王·汪·黄）

——書鈔卷三六　○　文選卷五六潘安仁楊荆州誄注　又卷三七孔文舉薦禰衡表注

陳翔傳

三五三　陳翔遷定襄太守，寬猛俱濟。（姚·王·汪·黄）

——書鈔卷七五

三五四　陳（朔）〔翔〕遷揚州刺史〔一〕，貶黜姦慝，不畏强禦。（姚·王·汪·黄）

——書鈔卷七二

〔一〕王謨按：「范書本傳：翔由定襄太守遷揚州刺史。此陳朔當即陳翔。翔、朔字體相類，書鈔誤作『朔』。」今據以改。

孔昱傳

三五五　〔孔昱七世祖霸，成帝時歷九卿，封褒成侯〕〔一〕。（孫）

——范書孔昱傳及注

〔一〕李賢曰：「前書孔霸字次儒，即安國孫，世習尚書。宣帝時爲太中大夫，授太子經，遷詹事，高密相。元帝即位，霸以師賜爵關内侯，號褒成君。薨，謚曰烈君。今范書及謝承書皆云成帝，又言封侯，蓋誤也。詹事及相俱二千石，故曰歷卿。」此文據范書本傳引，恐與謝書微異。

檀敷傳

三五六　敷與子孫同衣而行，并日而食。（姚・王・汪・黄）

——范書黨錮傳注

劉儒傳

三五七　林宗歎儒有珪璋之質〔一〕，終必爲令德之士。（姚・王・汪・黄）

——范書黨錮傳注

〔一〕李賢注引詩大雅卷阿之「如圭如璋，令聞令望」，以釋「珪璋之質」。汪輯誤引入正文，今刪。

三五八　廣漢儒叔林爲東郡太守，烏巢於廳事屋梁〔一〕，兔産於牀下〔二〕。（姚・王・汪・黄）

——類聚卷九二　〇　御覽卷九〇七　又卷九二〇　事類賦注卷二三

〔一〕御覽卷九〇七、事類賦注卷二三「烏」上有「赤」字。

〔二〕姚輯作廣漢儒傳。汪輯入劉儒傳。孫志祖案：「御覽引謝書作『儒叔林』，豈此人姓儒，廣漢乃地望乎？又范書黨錮傳有劉儒字叔林，東郡陽平人，不爲東郡太守，疑非其人。」王謨按：「此當是廣漢人，名儒，字叔林，此誤脱姓耳。注以『儒』爲姓，亦非。」黄奭按：「藝文一引，御覽二引，觀事類賦，則爲儒叔林可據。廣漢是郡縣名，非姓廣名漢儒也。」又湯球按：「汪君以范書劉東郡人，未嘗爲東郡太守，疑各書誤引，不知各書上明標廣漢，則劉係益州人，非兗州人。范不言爲東郡太守，疑脱。」天游按：姚輯作廣漢儒傳，非。此人必廣漢人，故得任東郡太守。范書既言劉儒爲東郡人，自不當任東郡太守。疑此非一人。其係儒叔林抑或名儒字叔林，實難做定論，故暫附入劉儒傳以俟攷。

賈彪傳

三五九　賈彪〔字偉節〕〔一〕，補新息長，〔政多奇異〕〔二〕。民貧困，多不養子。賈彪到任，嚴其制，〔有犯者以殺人罪罪之，縣境震慄〕〔三〕，人養〔子〕者數千〔四〕。皆曰：「賈父所生。」男名「賈男」，女名「賈女」，以此豐丁口也。（姚・王・汪・黄）

——書鈔卷七八　○　御覽卷二六七　書鈔卷三五

〔一〕據御覽卷二六七補。

〔二〕同右。

〔三〕同右。又書鈔卷七八作「與殺人同」。

〔四〕據書鈔卷三五、御覽卷二六七補。

郭泰傳茅容　宋果　賈淑

三六〇　遭母憂，歐血發病，歷年乃瘳。（姚・王・汪・黄）

——范書本傳注

三六一　泰之所名，人品乃定，先言後驗，衆皆服之。故適陳留則友符偉明〔一〕，遊太學則師仇季智〔二〕，之陳國則親魏德公〔三〕，入汝南則交黃叔度〔四〕。初，泰始至南州，過袁奉高〔五〕，不宿而去。從叔度，累日不去。或以問泰，泰曰：「奉高之器，譬之氿濫〔六〕，雖清而易挹。叔度之器，汪汪若千頃之陂，澄之不清，擾之不濁，不可量也。」已而果然，泰以是名聞天下。（姚・王・汪・黃）

——范書本傳注

〔一〕偉明，符融之字。

〔二〕仇覽字季智，一名香。

〔三〕魏德公，即魏昭，陳國之孝童子，以爲「經師易遇，人師難遭」，甘願爲泰洒掃以從學者。事見袁紀卷二三。

〔四〕黃叔度，即黃憲也。

〔五〕袁奉高，乃袁閬也。

〔六〕廿二史考異卷一二曰：「仇濫，謂仇泉、濫泉也。」天游按：氿，音軌，詩大東傳曰：「側出曰氿泉。」濫，音檻，正出之泉也。辭見詩大雅瞻卬，解見爾雅釋水。

三六二　郭泰拔申屠子龍於漆工之中〔一〕，嘉許偉康於屠酤之肆〔二〕。（孫・王・汪・黃）

——御覽卷八二八

〔一〕申屠子龍，即申屠蟠也。汪、黃二輯作「子陵」，甚謬。

〔二〕許偉康，不詳何人之字，事迹亦無攷。

三六三 茅容字季偉，陳留人。〔年四十餘，耕於野。時〕與等輩避雨樹下〔一〕，衆皆箕踞相對，容〔獨〕危坐愈恭〔二〕。郭林宗見而奇之，共與言，因請寓宿。旦日，容殺雞爲黍，林宗謂爲己設，既而以供其母，自以菜蔬與林宗同飯。林宗起拜之曰：「卿賢乎哉！」因勸令學，卒以成德也。（姚・王・汪・黃）

——御覽卷八四七　○　初學記卷一七　書鈔卷一四三

〔一〕據初學記卷一七補。又「雨」誤「西」，據初學記卷一七、書鈔卷一四三逕改。

〔二〕據初學記卷一七補。

三六四 宋果字仲文〔一〕。（姚・汪・黃）

——范書郭泰傳注

〔一〕范書郭泰傳作「字仲乙」。

三六五 淑爲舅宋瑗報讎於縣中〔一〕，爲吏所捕，繫獄當死。泰與語，淑懇惻流涕。泰詣縣令應操，陳其報怨蹈義之士。被赦，縣不宥之，郡上言，乃得原。（姚・王・汪・黃）

——范書郭泰傳注

〔一〕淑，賈淑，林宗與之同鄉。

三六六　太原郭長信、王長文、長文弟子師、韓文布、李子政、曹子元、定襄周康子、西河王季然、雲中丘季智名靈舉。子師位至司徒，季然北地太守，其餘多典州郡者〔一〕。（姚・王・汪・黄）

——范書郭泰傳注　○　雲谷雜記

〔一〕皆郭泰所識之士。其中王子師，即王允。又余寅同姓名録卷二引謝書曰：「林宗適陳留則友符偉明，遊太學則師仇季智，之陳國則視魏德公，入汝南則交黄叔度。然不特此，又左原以犯法見斥，勸之責躬。茅容初以危坐，又以草蔬同飯，歎其賢。又豫識史叔賓之敗，惜邊讓未聞道，俱陳留人也。楊氏孟敏墮甑不顧而異之，勸令遊學知名。拔鄢陵庾乘初傭，後號徵君。訓扶風宋果以義方，後以烈氣聞，官并州刺史。母憂，受鄉人賈淑之吊，淑改過自厲，終成善士。謂濟陰黄允雖有才，終失之，卒以遺婦事廢於時。謂召陵謝甄不入道，以細行不慎毁棄。識晉陽王柔以仕進顯，柔弟澤以經術通。又識張孝仲於芻牧之中，范特祖於郵置之役，召公子、許偉康於屠酤，司馬子威于卒伍。同郡郭長信、王長文、長文弟子師、韓文布、李子政、曹子元、定襄周康子、西河王季然、雲中丘季智、郝禮真等六十人，並以成名。」四庫提要稱此書「捃摭詳備，足稗考證，故未可以晚出廢之也」。其説雖是，然此引恐多有增益，已非謝書之舊，録此備攷。

三六七　泰以建甯二年正月卒，自弘農函谷關以西，河内湯陰以北，二千里負笈荷擔彌路，柴車葦裝塞塗，蓋有萬數來赴。（姚・王・汪・黄）

——范書本傳注

符融傳 馮岱

三六八　融見林宗，便與之交。又紹介於膺，以爲「海之明珠，未燿其光；鳥之鳳皇，羽儀未翔」。膺與林宗相見，待以師友之禮，遂振名天下，融之致也。（姚・王・汪・黄）

——范書本傳注

三六九　文經、子艾〔一〕，曜名遠近，聲價已定，徵辟不就，療病京師，不通賓客。公卿將相大夫遣門生旦暮問疾，郎吏公府掾屬雜坐其門，不得見也。（姚・王・汪・黄）

——范書本傳注

〔一〕文經姓晉，子艾姓王，二者沽名釣譽，紅極一時。融察其非真，以語李膺，後果廢棄。

三七〇　〔馮〕（馬）岱字德山〔一〕，辟司徒劉寵府，與四府掾屬並詣臺，集議邊事〔二〕。（姚・汪・黄）

——書鈔卷六八

〔一〕據陳、俞本改。

〔二〕孔本下本有「上奉議邊」四字，係衍文，陳、俞本亦删之。

三七一　馮岱字德山，性忼慨，有文武異才。既到官，融往相見，薦范冉爲功曹，韓卓爲主簿，孔伷爲上計吏。（姚・王・汪・黄）

——范書本傳注

三七二　潁川張元祖，志行士也，來存融，弔其妻亡〔一〕。知其如此，謂言：「足下欲尚古道，非不清妙，且禮設棺槨，制杖章〔二〕。孔子曰：『吾從周。』〔三〕」便推所乘贏牛車，命融以給殯。融受而不辭也。（姚・王・汪・黄）

——范書本傳注

〔一〕時融遭黨事禁錮，妻亡，欲仿古亡者，棄之中野，即土埋藏。

〔二〕黄奭曰：「『章』下疑脱『明』。」而汪輯改「章」爲「衰」，是。

〔三〕見論語八佾篇。

許劭傳

三七三　許劭〔字子將，汝南平輿人〕〔一〕。仕郡爲功曹，抗忠舉義，進善黜惡，正機執衡，允齊風俗，所稱如龍之升，所貶如墮於淵，清論風行，所吹草偃，爲衆所服，〔多所賞識，拔樊子昭於未聞，天

下咸稱許郭〔二〕。（孫・王・汪・黄）

——御覽卷二六四　〇　又卷四四二　書鈔卷七七

〔一〕據御覽卷四四二補。

〔二〕同右。汝南先賢傳言樊子昭乃鬻幘之賈販。又郭指郭泰，亦善拔賢士，劭與之齊名。

竇武傳 胡騰

三七四　竇武上表曰：「今冬大寒過節〔一〕，毒害鳥獸，爰及池魚，城傍松竹，皆爲傷絶。」（姚・王・汪・黄）

——初學記卷三

〔一〕指延熹九年事。

三七五　竇武上疏曰：「奉承詔命，精爽隕越。」（孫・王・汪・黄）

——文選卷三七劉越石勸進表注

三七六　騰辟荆州部南陽從事〔一〕，遇孝桓帝南巡，又爲護駕到南陽，騰自表上言：乘輿所幸，便爲

京師。臣請荆州刺史比於司隸校尉，臣職比於都官從事也。（姚・王・汪・黄）

——書鈔卷七三（2）

〔一〕胡騰字子升，少師事竇武，後爲武大將軍府掾。武死，騰攜武孫輔逃奔零陵，養爲己子。建安中，劉表始命輔復本姓。

三七七　爲荆州從事，萬事既辨，一州肅然，百僚敬服其能。（姚・王・汪・黄）

——書鈔卷七三

皇甫嵩傳

三七八　皇甫嵩請冀州一年田租，以贍飢民。百姓歌曰：「天下亂兮市爲墟，母不保子妻失夫，賴得皇甫復汝居。」（姚・王・汪・黄）

——類聚卷一九

三七九　皇甫嵩字義真，拜車騎將軍，討平凉羌胡，選將士梟騎萬隊，戎車三千，公卿百僚皆祖送于平樂觀，大會。既御天下命，又臨虜廷，掃殄羌賊，靡有孑遺，卒整二州，獻捷振旅。（姚・王・汪・黄）

——書鈔卷六四（2）

三八〇　皇甫嵩爲三公，以身起於汗馬，常折節下士。（王・汪・黄）

——御覽卷四七五

朱儁傳 子皓

三八一　爲郡主簿，太守尹端被坐討賊失利〔一〕，罪當棄市。儁乃羸服齎金到京師，賂主史得免，儁乃不言。（姚・王・汪・黄）

——書鈔卷七三

〔一〕所討者，許昭也。

三八二　朱儁宣國威靈，審示禍福。（孫・王・汪・黄）

——文選卷四九干寶晉紀總論注

三八三　朱皓德行純懿，文學優裕。（孫・王・汪・黄）

——文選卷二八陸士衡樂府吳趨行注　○　又卷四七袁彦伯三國名臣序贊注

董卓傳

三八四　董卓獲山東兵，以豬膏塗布十餘匹，用纏其身，然後燒之，先從足起。（孫・王・汪・黄）

——御覽卷八二〇

三八五　董卓死，陝中諸將後共相要遣使詣長安相聞，求乞大赦。尚書令王允等以爲殺卓時已赦，今復求，一歲不可再赦。李傕等曰：「京師不赦我，我當死，不若決之。若攻長安克之，則可大得天下。不克，則盡鈔取三輔婦女財物，西上隴，歸鄉里，作賊延命，尚可數年。」於是帥兵西向長安。（孫・王・汪・黄）

——御覽卷六五二

三八六　獻帝幸弘農，郭汜虜略百官婦女，有美髮者，皆斷取之。（孫・汪・黄）

——御覽卷三七三

張温傳

三八七　張温以司空加車騎將軍征韓遂。丙辰，引温見於崇德殿，温以軍禮，長揖不拜。（孫・王・汪・黄）

——御覽卷二九六

劉虞傳

三八八　虞父舒，丹陽太守。虞通五經，東海恭王之後。（姚・王・汪・黄）

——范書本傳注

三八九　劉虞爲幽州刺史，常着氈裘。（孫・王・汪・黄）

——御覽卷六九四

公孫瓚傳

三九〇　公孫瓚爲郡主簿，太守遭徙日南，瓚舉觴北芒上，泣辭於母墓，曰：「昔爲人子，今爲人臣。太守遭事，遠送日南。〔日南多〕瘴氣〔一〕，懼不得還。」太守會赦。（姚・王・汪・黄）

——書鈔卷七三

〔一〕據范書本傳補。

三九一　公孫瓚非紹〔一〕，立劉伯安〔二〕，斂其衆攻紹。（孫・王・汪・黄）

——文選卷四四陳琳爲袁紹檄豫州注

〔一〕紹，袁紹。

〔二〕伯安，劉虞字。

陶謙傳趙昱

三九二　〔趙昱字元達〕〔一〕，年十三，母嘗病，經涉三月。昱慘戚消瘠，至目不交睫，握粟出卜，祈禱泣血，鄉黨稱其孝。就處士東莞綦母君〔公立精舍〕〔二〕，受公羊傳，兼該羣業。至歷年潛志，不窺園圃，親疎希見其面。時入定省父母，須臾即還。高潔廉正，抱禮而立，清英儼恪，莫干其志；旌善以興化，殫邪以矯俗。州郡請召，常稱病不應。國相檀謨、陳遵共召，不起，或興盛怒，終不迴意。舉孝廉，除莒長，宣揚五教，政爲國表。會黄巾作亂，陸梁五郡，郡縣發兵，以爲先辦。徐州刺史巴祗表功第一，當受遷賞，昱深以爲恥，委官還家。徐州牧陶謙初辟别駕從事，辭疾遜遁。謙重令揚州從事會稽吴範宣旨，昱守志不移，欲威以刑罰，然後乃起。舉茂才，遷廣陵太守。賊笮融從臨淮見討，迸

入郡界。昱將兵拒戰，敗績見害〔三〕。（姚・王・汪・黄）

——魏志陶謙傳注 ○ 御覽卷三七四 又卷一八一 范書陶謙傳注

〔一〕據御覽卷三七四補。

〔二〕據御覽卷一八一補。

〔三〕姚之駰按：「笮融敗走廣陵，昱待以賓禮。融利廣陵資貨，乘酒酣殺昱，放兵大掠，非拒戰敗績也。范説爲是。」

袁紹傳 胡母班

三九三 班〔一〕，王匡之妹夫。董卓使班奉詔到河内，解釋義兵。匡受袁紹旨，收班繫獄，欲殺之以徇軍。班與匡書云：「自古以來，未有下土諸侯舉兵向京師者。劉向傳曰『擲鼠忌器』，器猶忌之，况卓今處宫闕之内，以天子爲藩屏。幼主在宫，如何可討？僕與太傅馬公、太僕趙岐、少府陰脩俱受詔命〔二〕。關東諸郡，雖實嫉卓，猶以銜奉王命，不敢玷辱。而足下獨囚僕於獄，欲以釁鼓，此〔何〕悖暴無道之甚者也〔三〕！僕與董卓有何親戚，義豈同惡？而足下張虎狼之口，吐長蛇之毒，恚卓遷怒，何其酷哉！死，人之所難，然恥爲狂夫所害。若亡者有靈，當訴足下於皇天。夫婚姻者，禍福之機，今日著矣。曩爲一體，今爲血讐。亡人子二人〔四〕，則君之甥，身没之後，慎勿令臨僕尸骸也。」匡得

書，抱班二子而泣。班遂死於獄。（姚・王・汪・黄）

——魏志袁紹傳注　○　范書本傳注

〔一〕班，胡母班也。

〔二〕范書紹傳作「遣大鴻臚韓融、少府陰循、執金吾胡母班、將作大匠吴循、越騎校尉王瓌譬解紹等諸軍」。天游按：范書趙岐傳載，岐與馬日磾出使山東，乃李傕專政時之事，班書所言恐誤，當以范書爲是。又廿二史考異卷一二曰：「獻帝紀『循』皆作『脩』。魏志亦作『吴脩』。當以『脩』爲正。」錢説是。

〔三〕據范書袁紹傳注補。

〔四〕范書袁紹傳注作「亡人二女」，誤。

三九四　胡母班書曰：「董卓起朔垂。」〔一〕（孫・王・汪・黄）

——文選卷三七劉越石勸進表注

〔一〕汪輯補入上條「況卓」之後，恐是。

三九五　匡少與蔡邕善。其年爲卓軍所敗，走還泰山，收集勁勇，得數千人，欲與張邈合。匡先殺執金吾胡母班。班親屬不勝憤怒，與太祖并勢，共殺匡。（孫・王・汪・黄）

——魏志武帝紀注

三九六　袁紹以曹操爲東郡太守，劉公山爲兗州〔一〕。公山爲黄巾所殺，乃以操爲兗州刺史。

（孫·王·汪·黄）

——文選卷四四陳琳爲袁紹檄豫州注

〔一〕劉公山者，劉岱也。

三九七　操得兗州，兵衆强盛，内懷反紹意。（孫·汪·黄）

——文選卷四四陳琳爲袁紹檄豫州注

三九八　操圍吕布於濮陽，爲布所破，投紹。紹哀之，乃給兵五千人，還取兗州。（孫·王·汪·黄）

——文選卷四四陳琳爲袁紹檄豫州注

袁術傳

三九九　袁術在壽春，百姓以桑椹乾爲飯〔一〕。（黄）

——書鈔卷一五六

〔一〕孔本作「漢書」之文，誤。黄輯據陳本作謝書，今從之。

謝承後漢書卷五

循吏傳

四〇〇　南陽（范）〔茨〕充爲（吳）桂陽太守〔一〕，教民植桑絺紵之屬，養蠶織履，民得利益。

——御覽卷八二五

（孫・王・汪・黃）

〔一〕茨、范形近而訛，據范書循吏傳及注引東觀記改。又桂陽郡乃荆州之郡，非吳地之郡，「吳」係衍文，故删。

四〇一　龍丘萇，吳郡人，篤志好學。王莽簒〔位〕〔一〕，隱居大山〔二〕，以耕稼爲業，公車徵〔三〕，不應。更始時，任延年十九，爲東部尉，折節下士，鍾離意爲主簿，自請萇爲門下祭酒。教曰：「龍丘先生，清過夷、齊，志慕原憲〔四〕，都尉洒掃其門，猶懼辱之，何召之有！」〔五〕（汪・黃）

——天中記卷四〇

〔一〕據御覽卷五〇二補。

〔二〕按范書本傳作「太末」，係縣名，屬會稽郡，境有龍丘山，乃龍丘萇隱居處。此作「大山」，誤。

〔三〕「徵」原誤在「不應」下，據御覽卷五〇二改。

〔四〕原憲字子思，孔子弟子。孔子卒，亡于草澤，不以無財貧賤爲病，而以學道不能行之爲恥，故子貢曾爲此而自慚。事見史記仲尼弟子列傳，亦載莊子讓王篇。

〔五〕此條御覽卷五〇二引作謝沈書，汪、黄兩輯入謝承書，恐非。二謝書易相混，古已有之，至清因推崇承書而愈甚。天中記引作承書，疑其實出自御覽，今據以録而俟攷。

四〇二 許荆字子張。少喪父，養母孝順。家貧爲吏，無有船車，休假，常單步荷擔上下，清節稱於鄉里。（姚・王・汪・黄）

——初學記卷二〇 ○ 御覽卷六三四 范書循吏傳注

四〇三 許荆兄子〔世〕常報讎殺人〔一〕，怨家會衆操兵至荆家，欲殺之。會荆始從府休歸，與相遇，因出門解劍長跪曰：「前無狀相犯，咎皆在荆不能相教。兄既早歿，一子爲嗣，如令死者〔二〕，傷其滅絶。今願殺身，代之塞咎，雖死已往，猶謂更生。」怨家扶起荆曰：「許掾，郡中稱爲賢，吾何敢相侵。」因遂委去。（姚・王・汪・黄）

——初學記卷一七 ○ 文選卷四六任彦昇王文憲集序注 御覽卷五一二 又卷四一六

〔一〕據文選卷四六任彥昇王文憲集序注及御覽卷五一二補。

〔二〕「令」原誤作「全」，依御覽卷五一二逕改。

四〇四　郴人謝弘等不養父母，兄弟分析，因此皆還供養者千有餘人〔一〕。（姚・王・汪・黄）

——范書循吏傳注

〔一〕時荆爲桂陽太守。耒陽蔣均兄弟争財，訟於荆。荆以教化不行乞詣廷尉受罪，均兄弟感悔，故謝弘等聞而感化，俱還供養。

四〇五　孟嘗遷合浦太守。郡不産穀，而海出珠寶，〔舊採珠以易米食〕〔一〕。宰守貪求，〔使民採珠，積以自入〕〔二〕，不知〔紀〕極〔三〕，珠遂漸徙於交阯。行旅不至，民皆饑死。嘗革易前弊，不逾歲而〔去〕珠皆還〔四〕。上聞徵之，嘗歸，民（交）〔吏〕攀〔車〕戀之也〔五〕。（姚・王・汪・黄）

——書鈔卷七五　○　類聚卷八四　事類賦注卷九　書鈔卷三五　又卷七六

〔一〕據類聚卷八四補。

〔二〕同右。

〔三〕據范書循吏傳補。

〔四〕據書鈔卷三五、類聚卷八四補。

〔五〕據書鈔卷七六改補。

四〇六　「非腹背之毛，羽翼之佐也。」〔一〕（姚・汪・黃）

——書鈔卷四九

〔一〕乃尚書楊喬薦孟嘗書之文。

四〇七　遷張掖太守〔一〕。歲飢，開倉賑民，一郡得全，順帝嘉之。

——書鈔卷七四

〔一〕太守者，第五訪也。

四〇八　劉寵遷會稽太守，簡煩除苛。

——書鈔卷七五

四〇九　劉寵爲司徒，臥麤布被。（姚・王・汪・黃）

——書鈔卷五二　〇　類聚卷四七　御覽卷二〇七　書鈔卷三八

四一〇　仇覽字季智，一名香，陳留考城人也。（孫・王・汪・黃）

——御覽卷六一〇

四一一　覽爲縣陽遂亭長〔一〕，好行教化。人羊元凶惡不孝〔二〕，其母詣覽言元〔三〕。覽呼元，誚責元以子道，與一卷孝經，使誦讀之。元深改悔，到母牀下，謝罪曰：「元少孤，爲母所驕。諺曰：『孤犢觸乳，驕子罵母。』乞今自改。」母子更相向泣。於是元遂修孝道，後成佳士。（姚・王・

——范書循吏傳注　○　御覽卷六一〇

汪・黄）

〔一〕范書循史傳作「蒲亭長」。

〔二〕孔平仲珩璜新論曰：「仇覽傳爲蒲亭長，化不孝陳元。謝承以爲陽遂亭長，化不孝子羊元。地名人名皆不同。」惠棟曰：「汝南先賢行狀作『孫元』。」三者未知孰是。

〔三〕御覽卷六一〇「言」作「告」。

四一二　琅邪蕫种〔一〕，爲不其令，赤雀乳廳〔事〕前桑上〔二〕，民爲作歌頌。（孫・王・汪・黄）

——類聚卷九九　○　御覽卷九二二　事類賦注卷一九　范書循吏傳注

〔一〕天游按：范書循吏傳作「童恢」，注曰謝書作「僮种」，均與類聚、御覽、事類賦注引異。王楙野客叢書曰：「考碑乃姓黄耳。」惠棟曰：「案不其令蕫君闕。蕫字從艹從童。又南陽正街碑云：『以府丞蕫察』。則蕫與董通。恢，蓋姓蕫也。集韻及漢隸字源亦皆以蕫爲董也。」則王楙説非。又傳注「蕫」作「僮」，亦誤。

〔二〕據御覽卷九二二及事類賦注卷一九補。

四一三　吴郡沈豐爲零陵太守〔一〕，到官一年，甘露降泉陵、洮陽五縣〔二〕，流被山林，膏潤草木。

（姚·王·汪·黃）

——類聚卷九八 ○ 御覽卷一二 事類賦注卷三

〔一〕汪輯此條多據東觀記以補，重蹈陳禹謨妄補書鈔之覆轍，頗失當。又孫志祖按：「御覽卷一六〇引東觀記云『豐字聖達』。南史沈約傳作『酆字聖通』。又按豐乃章帝時人，時未有吴郡，史家追書之也。」又豐及百里嵩、巴祗、王阜四人，汪輯依惠棟補注入循吏傳，今亦從之。

〔二〕「洮陽」本作「佻陽」，據續漢郡國志逕改。

四一四 沈豐爲零陵太守，爲政慎刑重殺，愛民養化〔一〕。（姚·王·汪·黃）

——書鈔卷七五

〔一〕諸輯均入上條，而脱注出處。又「零」原誤作「廣」，據上條逕改。

四一五 爲零陵太守，吏有陰過，長假還家。（王·汪·黃）

——書鈔卷七四

四一六 沈豐爲零陵守，有三黃龍望府中〔一〕。（姚·汪·黃）

——書鈔卷七五

〔一〕此條俞本未注書名。孔本亦然，又僅作「黃龍望虎」，「虎」當係「府」之訛。今依三輯例，暫列于此以俟考。

四一七　甄豐惻隱之恩，發於自然〔一〕。（孫・王・汪・黃）

——文選卷四二吳質答東阿王書注

〔一〕汪輯疑「甄」係「沈」之譌，附於豐傳。今從之。

四一八　陳留百里嵩，字景山，爲徐州刺史。境遭旱，嵩〔出巡〕行部〔一〕，傳車所經，甘雨輒澍〔二〕。東海（金）〔合〕鄉、祝其二縣〔三〕，僻在山間，嵩傳駟不往，二縣不得雨。父老干請〔訴曰：「人等是公百姓，獨不迂降。」乃迴赴之〕〔四〕，嵩曲路到二縣，入界即雨，〔隨車而下〕〔五〕。（姚・王・汪・黃）

——御覽卷二五六　○　類聚卷五○　御覽卷一○　書鈔卷三五　類聚卷二　事類賦注卷三

〔一〕據書鈔卷三五、御覽卷一○、事類賦注卷三補。

〔二〕「澍」本作「霔」。集韻曰：「澍或作霔。」類聚卷五○作「注」，亦可通。類聚卷二則作「至」，誤。

〔三〕據御覽卷一○、事類賦注卷三及續漢郡國志改。

〔四〕據事類賦注卷三補。御覽卷一○亦有此句，無末「之」字。

〔五〕據事類賦注卷三、御覽卷一○補。

四一九　百里嵩爲徐州刺史，甘露再降廳事前樹。（姚・王・汪・黄）

——類聚卷九八

四二〇　山陽百里嵩爲濟南相〔一〕，甘露降於郡。安帝嘉之〔二〕，徵拜大鴻臚。（姚・王・汪・黄）

——類聚卷九八　○　御覽卷二三二

〔一〕御覽卷二三二引作「白嵩字季山」，誤。

〔二〕御覽卷二三二作「安帝嘉其致瑞」。下句無「祥」字。

四二一　祇爲別駕〔一〕，躰素清白〔二〕，以儉厲俗，在官不迎妻子，俸禄不使有餘。（姚・王・汪・黄）

——書鈔卷七三

〔一〕祇爲別駕，諸引唯此一見，「在官」以下與他引作揚州刺史時事迹同，疑其有訛。

〔二〕躰，體之俗字。汪輯作「休」，誤。

四二二　巴祇字敬祖，爲揚州刺史，在任不迎妻子〔一〕，俸禄不使有餘〔二〕。（姚・王・汪・黄）

——書鈔卷七二　○　又卷三八(2)　御覽卷二五六

〔一〕書鈔卷三八作「在官」。

〔二〕此條以下，諸輯合爲一條，文字多異，且諸條出處和次第均難明晰，不如分引之，故作如下編。

四二三　勃海巴祇字敬祖〔一〕，爲揚州刺史，黑幘毀壞，不復改易，〔以水澡傅膠墨用之〕〔二〕。（姚・王・汪・黃）

——書鈔卷一二七（2）　○　書鈔卷三八　類聚卷五○　御覽卷二五六　又卷六八七　書鈔卷七二

〔一〕書鈔卷一二七陳本作蔡祖事迹，孫、黃二輯皆據以作蔡祖傳，誤。今從孔本。

〔二〕據書鈔卷三八補。説文曰：「澡，洗也。」又類聚卷五○作「以水滲曝用之」。

四二四　巴祇爲揚州刺史，夜與士對坐〔一〕，處暝暗之中，不燃官燭。（姚・王・汪・黃）

——書鈔卷三八　○　又卷七二　類聚卷八○　初學記卷二五　御覽卷二五六　又卷八七○　類聚卷五○

〔一〕類聚卷八○、初學記卷二五、御覽卷八七○諸引「士」作「客」。

四二五　王阜幼好經學，年十一，辭父母欲出就學，父母以阜少，不允。竊書負笈，乘跛馬，從安定受韓詩。年十七，經業大就，聲聞鄉里〔一〕。（姚・王・汪・黃）

——書鈔卷一三九

〔一〕孔本引書作東觀記，文字多舛訛，語頗費解。而陳本作謝承書，故諸輯均據以引。然文句雖簡略可讀，恐非謝書之舊，録此以備攷。

酷吏傳

四二六　勑令詣太官賜食〔一〕。宣受詔出，飯盡，覆杯食機上。太官以狀聞。上問宣，宣對曰：「臣食不敢遺餘，如奉職不敢遺力。」（姚・王・汪・黄）

——范書酷吏傳注

〔一〕時宣格殺湖陽公主蒼頭，帝敕叩頭謝主，宣不從。彊使頓之，宣兩手據地，終不肯伏。帝以其彊直不阿，循法無私，故賜食。

四二七　有白馬一匹，蘭輿一乘〔一〕。（姚・王・汪・黄）

——范書酷吏傳注

〔一〕宣卒，所遺之物唯此。姚之駰按：「宣身歿之後，一寒至此，真無欲可知，故能作彊項令也，無欲則剛。」

四二八　黄昌字聖真，會稽人。得珍玩可食之物，歸以進母。

——緯略卷六

四二九　黄昌，夏多蚊，貧無幬，傭債爲作幬。（孫・汪・黄）

——御覽卷六九九

四三〇　昌爲宛陵令〔一〕，嚴毅好發姦伏。有盜車蓋者，昌不言，密令人至賊家，掩取之，悉收一家，一時殺之，百姓戰懼，咸稱明也。（姚·汪·黄）

——姚輯

〔一〕范書酷吏傳作「宛令」。又此條汪輯曰出白帖，未注卷數，實非。黄輯出姚本，汪輯當亦出姚本，出處尚俟攷。

四三一　黄昌爲蜀郡太守，未至蜀郡，時有謡曰「兩日出天兮」〔一〕。（姚·王·汪·黄）

——書鈔卷七六

〔一〕姚、汪等輯作「兩日出，天兵戢」。然天中記卷一八作「兩日出天」，與書鈔引同。

四三二　黄昌，會稽人，爲蜀郡太守。初昌爲州書佐，其婦遇賊，轉入蜀，爲人妻。其子犯事，詣昌〔自訟〕〔一〕。昌疑母不類蜀人，因問所由，對曰：「妾本會稽戴次公女，州書佐黄昌之妻也。妾歸家，爲賊所掠，遂至此。」昌驚呼，前曰：「何以知？」曰：「左足心有黑子，常自言當爲二千石。」昌乃出足，因相持悲泣，還爲夫妻，竟以禮重焉。（姚·王·汪·黄）

——書鈔卷七六

〔一〕據范書酷吏傳補。

四三三　陽球爲司隸校尉，虎視帝宇。（孫·王·汪·黄）

——文選卷六左太沖魏都賦注

宦者傳

四三四　曹節弟破石，爲越騎校尉。越騎營五伯妻有美色〔一〕，破石從求之，五伯不敢逆，妻執意不肯〔行〕〔二〕，遂自殺。其縱暴無道，多此類也。（姚・王・汪・黃）

——書鈔卷六一　○　御覽卷二四二　又卷四三九

〔一〕五伯，即伍伯。中華古今注曰：「五人爲伍，長爲伯，故稱伍伯。」

〔二〕據御覽卷二四二、又卷四三九補。

四三五　呂强上疏曰：「苟寵所愛，私擢所幸，不復爲官擇人，反爲人擇官也。」（孫・王・汪・黃）

——文選卷四九干令升晉紀總論注

儒林傳

四三六　劉昆遷弘農太守。先是崤險，驛道多虎災，行旅不通〔一〕。昆爲政三年，化大行，虎皆負

子渡河而去。（姚・王・汪・黄）

——書鈔卷七五

〔一〕「行旅」原誤倒，逕正之。

四三七　戴憑字次仲，〔汝南郡舉明經，徵博士，拜郎中〕〔一〕。〔詔公卿大會，羣臣皆就席，憑獨立。世祖問其意，對曰：「博士説經皆不如臣，而坐居臣上，是以不得就席。」帝令與諸儒難説，帝善之〕〔二〕。拜侍中，領虎賁中郎將。正旦朝賀，百僚（舉）〔畢〕會〔三〕。帝令羣臣諸王（皆）〔能〕説經〔史〕者〔四〕，更相難詰，義有不通，輒奪其席，以益通者。憑遂重坐五十餘席，故京師爲之語曰〔五〕：「解經不窮戴侍中。」（姚・王・汪・黄）

——書鈔卷五八　○　類聚卷六九　又卷五五　書鈔卷九八　又卷一三三　初學記卷二五　御覽卷七〇九　又卷六一五　初學記卷二一

〔一〕據初學記卷二五補。

〔二〕據類聚卷六九補。

〔三〕據汪輯改。

〔四〕據書鈔卷九八改補。初學記卷二五「經」下亦有「史」字。

〔五〕類聚卷五五、御覽卷七〇九「語」作「議」；御覽卷六一五作「諺」。

四三八　孫期字仲式〔一〕，事母至孝，牧豕於大澤中，賣之以奉供養。遠人從其學者，皆執經追於澤畔。（孫・王・汪・黄）

——御覽卷八三三

〔一〕范書本傳作「仲彧」。

四三九　震字仲威〔一〕。光武嘉其仁義，拜震郎中。後以公事左遷淮陽王廄長。（姚・王・汪・黄）

——范書儒林傳注

〔一〕震，禮震，平原人。歐陽歙下獄當斷，時震年十七，上書求代歙死。

四四〇　張馴字子儁，與蔡邕共定六經。拜侍中，典領秘書。馴儒雅敏達，有智慧。（姚・王・汪・黄）

——書鈔卷五八

四四一　尹敏字功季〔一〕，治尚書。初拜郎中。帝以敏博通經記，令校圖讖。（姚・王・汪・黄）

——書鈔卷六三

〔一〕范書及東觀記均作「幼季」。幼、功形近易誤，作「幼」是。

四四二　周防及守近甸，嘉瑞表應。（孫·王·汪·黄）

——文選卷三八任彦昇爲齊明帝讓宣城郡公第一表注

四四三　包咸字子良，吴郡曲阿人〔一〕。爲諸生，受業長安。王莽末，嘗負笈追師。（姚·王·汪·黄）

——書鈔卷一三五

〔一〕范書本傳「吴郡」作「會稽郡」。天游按：會稽郡治在吴。順帝時分會稽郡十三城置吴郡，曲阿即其一。然包咸死於明帝永平八年，時郡未分，仍稱會稽。此作吴郡，乃史家追敍所致。

四四四　包咸字子良，爲赤眉所得，咸晨夕誦經，賊異而遣之〔一〕。

——書鈔卷九八

〔一〕汪輯言此條出類聚，未詳卷數。孔注曰出類聚卷五五，然上海古籍出版社之類聚排印本無此引。

四四五　包咸字子良，明魯詩、論語，駐東海，立精舍講授。（姚·王·汪·黄）

——初學記卷二一

四四六　包咸爲吴郡主簿，有好馬，太守黄讜借乘行春，及歸放就，甚奇之。（姚·王·汪·黄）

——書鈔卷七三

四四七　包咸字子良，永平五年，遷大鴻臚。每進見，錫以几杖，入屏不趍〔一〕，贊事不名，經傳有

疑，輒遣小黄門就舍即問〔二〕。顯宗以咸有師傅恩，而素清苦，常時賞賜珍玩束帛，奉禄增於諸卿。（孫・王・汪・黄）

——御覽卷四七四

〔一〕趍，趨之俗字。

〔二〕「問」原誤作「門」，據范書本傳逕改。

四四八 杜撫字叔和，犍爲武陽人。少有高才，受業於薛漢，定韓詩章句〔一〕。（姚・汪・黄）

——姚輯

〔一〕出處不詳，汪、黄二輯皆本姚輯，今録而俟攷。

四四九 趙曄字長君，會稽山陰人。少嘗爲縣吏，奉檄送督郵。曄心恥斯役，遂棄車馬去，到犍爲詣杜撫受韓詩〔一〕。（姚・王・汪・黄）

——書鈔卷一〇三

〔一〕姚之駰按：「范書又載南陽馮良事，與長君事前後雷同，不知何以一時有此二士？」

四五〇 秦氏季代有魯人高堂伯〔一〕。（孫・王・汪・黄）

——史記儒林傳索隱

〔一〕史記儒林傳曰：「言禮自魯高堂生。」索隱引謝書此文，且曰：「則『伯』是其字，云『生』者，自漢已來儒者皆號『生』，亦『先生』省字呼之耳。」班、范二史亦均作「高堂生」。此當系儒林董鈞傳前之小序之文。

四五一　何休字劭公，雅有心思，研精六經。

——書鈔卷九七

四五二　何休字劭公，以春秋駮漢事，妙得公羊本意，作公羊墨守、左氏膏肓、穀梁廢疾。

——書鈔卷九六　〇　又卷九五(3)

四五三　許慎字叔重，性淳篤，少博學經籍，馬融常推敬之。時人爲之語曰：「五經無雙許叔重。」(孫·汪·黄)

——御覽卷四九五

文苑傳

四五四　香代爲冠族，葉令況之子。(姚·王·汪·黄)

——范書文苑傳注

四五五　黄香字文彊。除郎〔一〕，以父老求歸供養。徵拜郎中，詔書召黄香在殿下，問：「父年幾

何？何故不入公府？」（姚・汪・黄）——書鈔卷六三

〔一〕職官分紀卷四九作「除郎中」，無「徵拜」以下。

四五六　黄香知古今，羣書無不涉獵。帝以香先帝所異，每有疑，帝時特訪問。又詔香詣東觀，讀所未嘗見書。（王・汪・黄）

四五七　黄香爲魏郡太守，到官，不遣吏歸鄉，摘發姦邪，立决詞訟。（姚・王・汪・黄）——御覽卷六一二

四五八　葛龔以善文記知名。——書鈔卷七四

四五九　南郡王逸素與英善〔一〕，因與其書，多引古譬喻，勸使就聘。英順逸議，談者失望。（姚・王・汪・黄）——書鈔卷一〇三

〔一〕英者，樊英也。習京氏易，兼明五經。又善風角、星筭、河洛七緯，推步災異，見方術傳。——范書樊英傳注

四六〇　王延壽有儁才。父逸欲作魯靈光殿賦，令延壽往録其狀。延壽因韻之，以簡其父。父

曰：「吾無以加也。」時蔡邕亦有此作，十年不成，見延壽賦，遂隱而不出。（汪）

——王十朋蘇詩注

四六一　侯瑾字子瑜，傭作爲資，暮（還，輒）爇柴讀書〔一〕。（姚・王・汪・黄）

——書鈔卷九八　○　御覽卷六一六

〔一〕據御覽卷六一六補。孔廣陶曰：「考爇即然之古文耳。」又御覽卷六一六「柴」作「火」。

四六二　第五永爲督軍御史，督使幽州。蔡邕等天下名才士人皆會，祖餞於平樂館〔一〕。高彪送永在坐，因援筆書牘〔二〕。（姚・王・汪・黄）

——初學記卷二一

〔一〕范書本傳作「長樂館」。孫志祖曰：「作平樂館是。」

〔二〕范書本傳曰：「議郎蔡邕等皆賦詩，彪乃獨作箴。」

四六三　禰衡與黄祖子射尤善。衡與俱讀蔡邕所作碑文，射愛其文，恨不寫取。衡謂射曰：「吾雖一遇，猶識其言，其缺兩字不明。」因書出之。射寫還比校，皆無所誤，惟兩字缺。（姚・王・汪・黄）

——初學記卷一七

獨行傳

四六四　彭脩字子陽，會稽人。年十五，時父爲郡吏，得休，與脩歸，道爲盜所劫，脩困迫，乃拔佩刀前持盜曰：「父辱子死。」盜相謂曰：「此童子，義勇士也，不宜逼之。」遂辭謝而去。（孫・王・汪・黄）

——御覽卷四三四

四六五　彭脩，會稽人，仕郡爲功曹。時西部都尉宰晁行太守事，以微過收吳縣獄吏〔一〕，將殺之。主簿鍾離意爭諫甚切，晁怒，使收縛意。脩排閤直入，拜於庭曰：「明府發雷霆於主簿，請聞其過。」晁曰：「受教三日〔二〕，初不奉行。廢命不忠，豈非過邪？」脩因拜曰：「昔任座面折文侯〔三〕，朱雲攀毀欄檻〔四〕，自非賢君，焉得忠臣！」遂原意，罰貸獄吏。（孫・王・汪・黄）

——御覽卷二六四

〔一〕「微」原誤作「徵」，據汪輯逕改。

〔二〕「教」原誤作「殺」，逕改。

〔三〕李賢引呂氏春秋曰：「魏文侯飲，問諸大夫曰：『寡人何如主也？』任座曰：『君不肖君也。克中山，不以封君之弟，而以封君之子，是以知君不肖君也。』」

〔四〕李賢曰：「前書成帝時，朱雲上書，請以尚方斬馬劍斬張禹。上欲殺之，雲攀折殿檻。西京雜記云：『攀折玉檻』。」

四六六　彭修字子陽。海賊丁義欲向郡，郡内驚惶，莫敢扞禦。太守〔秘君〕聞修義勇〔多謀〕〔一〕，請守吴令。身與義相見，宣國威德，賊帥將解。民歌之曰：「時歲倉卒，盜賊從横，大戟强弩不可當，賴遇賢令彭子陽。」（姚・王・汪・黄）

——書鈔卷三九　○　御覽卷三五二　書鈔卷三五

〔一〕據御覽卷三五二補。

四六七　彭修州辟從事。時賊張子林等數百人作亂，修與太守俱出討賊。賊望見車馬，競交射之，飛矢雨集。修以身障扞太守，而爲流矢所中死，太守得全。賊素聞其恩信，即殺弩中修者，餘悉皆降散，言曰：「自爲彭君故降，不爲太守服也。」（王・汪・黄）

——御覽卷四二〇

四六八　燕字少卿〔一〕，其先出自周平王之後。漢興，紹嗣封爲正公，食采於汝墳也。（姚・王・汪・黄）

——范書獨行傳注

〔一〕燕，周嘉之高祖父。

四六九 爲太守（張）〔何〕敞主薄〔一〕，汝陽劇賊欲斬太守，嘉抱之號泣，得以生易死也。（孫・黄）

——書鈔卷七三

〔一〕此言周嘉事也。「張」改「何」，據范書獨行傳。

四七〇 周暢字伯時，性仁慈，爲河南尹。永初二年，夏旱，久禱無應。暢自收葬洛陽城旁客死骸骨，凡萬餘人，應時澍雨，歲乃豐稔。（姚・王・汪・黄）

——御覽卷二五二 ○ 事類賦注三 御覽卷一一

四七一 范式字巨卿，山陽金鄉人。少遊太學，與汝南張劭爲友。劭字元伯，二人並告歸鄉里。〔春別京師〕〔一〕，式謂元伯曰：「後二年當還，將過拜尊親，見孺子焉。」乃共剋〔以秋爲〕期〔二〕。至〔九月十五〕日〔三〕，〔殺鷄作黍〕，二親笑曰：「山陽去此幾千里，何必至？」元伯曰：「巨卿信士，不失期者。」〔言未絕而〕巨卿果到〔四〕。升堂拜母，飲盡懽而別。（姚・王・汪・黄）

——御覽卷四〇七 ○ 文選卷二六范彦龍贈張徐州稷詩注 御覽卷八五〇 書鈔卷一四四

〔一〕據文選卷二六范彦龍贈張徐州稷詩注補。

〔二〕據文選卷二六范彦龍贈張徐州稷詩注補。

〔三〕據書鈔卷一四四補。文選注及御覽卷八五〇亦同。

〔四〕據文選卷二六范彥龍贈張徐州稷詩注補。

四七二　〔仕郡爲功曹〕〔一〕，後元伯寢疾篤，同郡郅君章、商子徵晨夜省視〔二〕，元伯臨（盡）〔終歎〕曰〔三〕：「恨不見死友。」尋卒。式夢見元伯玄冕垂纓，〔屣履〕而呼曰〔四〕：「吾死，當以某日葬，〔永歸黃泉。子不我忘〕〔五〕，豈能相及？」式覺而悲，〔馳往〕赴之〔六〕，便服朋友之服，投其葬日。未届而喪已發，引至壙將窆，而柩不肯進。其母撫之曰：「元伯豈有望也？」〔妻曰：「亡者有遺恨，必待范先生耳。」〕〔七〕停柩移時，見有素車白馬哭而來，母曰：「必巨卿也。」既至，叩喪言曰：「行矣元伯，死生異路，永從此辭。」會葬者千人，皆揮涕。式執紼引柩，乃前進。式留止冢次，修墳樹而退。（姚·王·汪·黃）

——御覽卷四〇七　〇　又卷三九七　類聚卷七九　書鈔卷一三九　類聚卷二一

〔一〕據類聚卷七九、御覽卷三九七補。

〔二〕范書獨行傳及御覽卷三九七均作「殷子徵」。

〔三〕據御覽卷三九七改補。

〔四〕據御覽卷三九七補。

〔五〕據類聚卷七九補。

〔六〕同右。

〔七〕據書鈔卷一三九補。

四七三 范式嘗至京師，受業太學。時諸生長沙陳平子同在學，與式未相見，而平子被病曰：「山陽范式，列士也，可託死。吾歿，但以尸埋巨卿户前。」〔一〕乃裂素爲書遺巨卿。既終，妻從其言。式行適還，〔省〕（有）書見瘞〔二〕，愴然感之，向墳揖哭，爲死友。乃營護〔平子〕妻兒〔三〕，身自送喪於臨湘，未至四五里，乃委素書於柩上，哭别而去。（姚・王・汪・黄）

——御覽卷四〇七

〔一〕此平子對妻之遺言。

〔二〕據范書改。

〔三〕據范書補。

四七四 范式爲荆州刺史。友人南陽孔嵩，貧有親老，乃變名姓，傭於新野縣。縣吏遣嵩爲式導騶，式見而識之，呼嵩把臂，謂曰：「子非孔仲山耶！」對之歎息。式勑縣代嵩，嵩以傭未竟，不肯去。（孫・王・汪・黄）

——御覽卷四〇七

四七五　孔嵩字巨山〔一〕，與范式俱在太學。嵩家貧，傭爲新野阿里街〔卒〕〔二〕。（姚・王・汪）

——書鈔卷六七

〔一〕范書獨行傳作「字仲山」，上條亦然。此「巨」恐系涉范式字巨卿而誤。

〔二〕據職官分紀卷四二補。

四七六　王嬰字仲豪，與同郡范巨卿爲友。其與友交，推誠據信，不負言誓。（姚・王・汪・黄）

——初學記卷一八

四七七　南陽李善，本濟陽李元家奴。元遭病死，唯有孤孫續，有貲千萬。奴婢欲謀殺續，分其財産。善夜抱續，逃瑕丘界，親自哺養，乳爲生湩，遂至成長。（孫・王・汪・黄）

——御覽卷三七一

四七八　吴郡張業字仲叔，爲郡門下掾。〔送〕（逐）太守歸鄉里〔一〕，至河内遇賊，業拔劍與賊交戰而死。子武時幼，不識父，傷父喪不還，每至節日，持業遺劍至河内，到業死處醊祭，悲哀感動路人。（姚・王・汪・黄）

——御覽卷三四二　〇　事類賦注卷一三

〔一〕據事類賦注卷一三改。

四七九　吴郡陸閎爲潁川太守，致鳳凰甘露之瑞。（姚・王・汪・黄）

——類聚卷九八

四八〇　陸續字智幼〔一〕，世爲族姓。祖父閎建武中爲尚書令，美姿貌，喜著越布單衣，上見而好之。自是帝敕會稽郡令歲獻越布焉〔二〕。（姚・王・汪・黄）

——書鈔卷一二八　○　御覽卷六九一　又卷八二〇

〔一〕范書獨行傳作「字智初」，是。

〔二〕御覽卷八二〇作「吴郡本不獻越布，陸閎美容儀，常衣越布單衣，明帝好之，因勑郡獻越布，由此始也」。按范書獨行傳，「明帝」系「光武」之誤。此引多有改竄，已非謝書之舊。又天中記卷二一引曰：「陸閎字子春，吴縣人，暢之子也。世爲族姓，篤行好學，聰明有令德。欲尚寧平公主，辭疾不應。建武中，爲尚書令。閎姿容如玉，喜着越布單衣，光武升臺，見而偉之，歎曰：『南方固多佳人。』自是常敕會稽郡獻越布焉。」與諸輯所引異，録此備攷。

四八一　（南陽）〔吴郡〕陸續〔初〕仕郡户曹史〔一〕。時饑荒，太守尹興使續於都亭賦民饘粥。續悉令簡閲其人，訊以名氏。事畢，興問所食幾何，續因口説六百餘人，皆分別姓字，無有差謬，興異之。（姚・王・汪・黄）

——御覽卷八五九　○　書鈔卷一四四　御覽卷四三二

〔一〕據御覽卷四三二改補。

四八二　陸續詣詔獄，其母至京師餉食。續對餉泣〔不自勝〕〔一〕，曰：「續母來。」使者問其故，答曰：「續母作羹，截肉未嘗不方斷，葱寸寸無不同，是以知母來。」（孫・王・汪・黄）

——御覽卷八六一　○　書鈔卷一四四

〔一〕據書鈔卷一四四補。

四八三　戴封字平仲，年十五，詣太學，師事東海申君。申君卒，送喪到東海。道經其家，父母以封當還，豫爲娶妻。封蹔過拜親，不宿而去。（孫・王・汪・黄）

——御覽卷六一一

四八四　戴封字平仲，遷西華令。其年大旱，禱請不獲，乃積薪坐其上以自焚。火起而大雨，遠邇歎服。遷中山（令）〔相〕〔一〕。（姚・王・汪・黄）

——初學記卷二　○　白帖卷二　御覽卷一一　事類賦注卷三

〔一〕據白帖卷二、御覽卷一一、事類賦注卷三改。

四八五　李元字大遜〔一〕，陳留人也。事母至孝，家貧，兄弟六人，同衣而出入〔二〕。（汪・黄）

——初學記卷一八

〔一〕范書獨行傳作「李充」，汪輯據以改，是。今仍其舊。

〔二〕本條中華書局排印本作後漢書之文，恐當入無名氏類中。今暫依汪、黄二輯，録此以俟攷。

四八六　陳重同舍郎有歸寧者，誤持鄰舍郎絳去〔一〕，嫌重取，重不申曲直，置絳還之。去郎還，得絳，甚愧於重。（孫・王・汪・黄）

——御覽卷八一四

〔一〕范書獨行傳「絳」作「絝」。

四八七　陳重字景公，豫章宜春人。舉孝廉，在郎署。有郎負息錢數十萬，債主日至，煎求無已。重乃密以錢代還。郎後覺知，而厚辭謝之。重曰：「非我之爲，將有同姓名者。」終不言惠。（孫・王・汪・黄）

——御覽卷四〇三

四八八　豫章雷義字仲公，嘗濟人死罪。人後以金二斤謝之，〔義〕不受〔一〕，〔金主〕候義不在〔二〕，〔默〕投金囊於承塵之上〔三〕。〔後葺治屋，得金，主已死，義乃以付縣曹〕〔四〕。（姚・王・汪・黄）

——書鈔卷一三二　○　御覽卷八一〇　事類賦注卷九

〔一〕據御覽卷八一〇、事類賦注卷九補。

〔二〕同右。

〔三〕同右。

〔四〕同右。

四八九　雷義舉茂才，讓於〔友人〕陳重〔一〕，刺史不聽，義遂佯狂〔披髮走〕〔二〕，不應命。鄉里爲之語曰：「膠漆自謂堅，不如雷與陳。」（姚・王・汪・黄）

——類聚卷二一　〇　御覽卷四〇七　書鈔卷七九　御覽卷四二四　又卷七三九　又卷七六六

〔一〕據御覽卷四〇七補。

〔二〕據書鈔卷七九、御覽卷四〇七補。

四九〇　范丹字史雲〔一〕，陳留人也。爲郡功曹，每休假上下，常單步策杖。同類以車牛與之，不取。（姚・王・汪・黄）

——初學記卷二〇　〇　御覽卷六三四

〔一〕按范書作「范冉」，注曰「或作丹」。惠棟曰：「衆漢書及貞節先生碑皆作『丹』，獨范史作『冉』，疑誤。」

四九一　范丹博通羣藝。（孫・王・汪）

——文選卷三六任彦昇宣德皇后令注

四九二　范丹姊病〔一〕，往看之。姊設食，丹以姊婿不德，出門留二百錢〔二〕。姊使人追索還之，丹不得已受之。閭里中芻藁僮僕更相怒曰：「言汝清高，豈范史雲輩，而云不盜我菜乎？」丹聞之曰：

「吾之微志，乃在僮豎之口，不可不勉。」遂投錢去。（孫・王・汪・黃）

——御覽卷四二五 ○ 又卷五一七

〔一〕御覽卷五一七「丹」作「冉」，諸引作「冉」者，惟此一見。

〔二〕御覽卷五一七作「二百錢」。

四九三 范丹與王奂親善〔一〕，奂後爲漢陽太守，丹於道候別之。奂曰：「行路倉卒，非陳闊之所，可共到前亭宿息，以敍分隔。」丹曰：「今子遠適千里，會面無期，如其相追，將有慕貴之譏矣。」便起告違，拂衣而去。奂瞻望弗及，丹長逝不顧。（姚・王・汪・黃）

——類聚卷二九

〔一〕范書獨行傳注引謝承書作「奂字子昌，曾爲考城令，遷漢陽太守」。孫志祖按：「范冉遺命敕其子曰：『知我心者李子堅、王子炳也。』子炳即奂字，與謝書異。又范書仇覽傳云：『時考城令河內王渙，政尚嚴猛。』疑即此人。『渙』與『奂』小異耳，非廣漢之王渙。」

四九四 范丹字史雲，〔爲萊蕪長，遭黨錮〕〔一〕，所居單陋，有時絕糧。閭里歌之曰：「甑中生塵范史雲，〔釜中生魚范萊蕪〕〔二〕。」（姚・王・汪・黃）

——類聚卷六 ○ 御覽卷七五七 又卷三七

〔一〕據御覽卷七五七補。

〔二〕同右。

四九五　范丹字史雲，朝議欲以爲侍御史，因遁身逃命於梁、沛之間，徒行弊服，賣卜於市。（孫・黃）

——御覽卷七二五

四九六　會稽戴就〔字景成〕〔一〕，爲郡倉曹掾。太守爲州所奏，〔就〕見收持〔伏考，燒斧以着腋下，就罵獄卒：「此無火氣，何不熟燒！」〕〔二〕吏以鐵針刺手爪中，使以把土，就十爪皆墮地，終無撓辭。（孫・王・汪・黃）

——御覽卷四二〇　〇　又卷三七〇　又卷七六三

〔一〕據御覽卷七六三補。

〔二〕據御覽卷七六三補。

四九七　劉翊，潁川人。河南尹种拂嘗來臨郡，翊爲主簿，迎之到官，深敬待之。（孫・王・汪・黃）

——文選卷五八蔡伯喈陳太丘碑文注

四九八　潁陽劉翊〔字子相〕〔一〕，好振貧乏。陳國張季札弔師喪〔二〕，值冰寒車毀，牛病不能進，〔罷曳道路。翊行於汝南界中〕〔三〕，逢之，〔素與疏闊，下馬與語〕〔四〕，〔便〕推所乘〔牢〕車强牛與

之〔五〕，〔供其資糧，不告姓名〕〔六〕。季札後知是翊，還其車，閉門不受〔七〕。（姚・王・汪・黄）

——御覽卷七七五　○　事類賦注卷一六　御覽卷四二〇

〔一〕據御覽卷四二〇補。又其引下有「陳國人也」四字。按翊潁川潁陰人，見范書，此作潁川之潁陽人。二者雖異，非陳國人甚明。所謂陳國人者，張季札也，閲下文可知，故删而不補。

〔二〕諸引唯御覽卷四二〇作「張季禮」，與范書同。又事類賦注卷一六作「弔國喪」，亦與他引異。

〔三〕據御覽卷四二〇補。

〔四〕同右。

〔五〕同右。

〔六〕同右。

〔七〕孔本書鈔無此引，而陳本卷一〇〇有之，作「張季」，無「禮」亦無「札」字，餘與御覽卷七七五多同。汪輯注出書鈔卷一四〇，誤。今從孔本，僅於注中説明之。

四九九　劉詡曰〔一〕：「程夫人富貴參雲。」（孫・王・汪・黄）

——文選卷一六江文通別賦注

〔一〕劉詡疑是「劉翊」之誤。王謨按：「范書本傳亦載程夫人事，無此文。」

方術傳

五〇〇　汝南許陽曉以術承地脈〔一〕，太守鄧晨署爲平水掾，使治鴻郄陂。陂成，人譖陽，言取錢。晨繫陽於獄，户自開，械自解，晨釋之出。時日暮，陂上有火光引前，清德之感也。（孫・王・汪・黄）

——御覽卷七二

〔一〕范書方術傳作「許楊」。

五〇一　汝南周獲〔一〕，善占天文，爲郡門下掾。鮑昱爲汝南太守，時郡境大旱，昱自往問：「何以致雨？」獲曰：「急罷三部督郵，明府當自北出，到四十里亭，雨可致也。」昱從之，果得大雨。每行縣，輒軾其閭。（孫・王・汪・黄・鈴木）

——御覽卷一一

〔一〕范書方術傳作「高獲」，孫、王二輯從之。又天中記卷三亦作「高獲」，未知孰是。

五〇二　會稽謝夷吾，字堯卿，爲西部督郵。烏程長有罪，太守第五倫使夷吾往收之。到縣，入閤便大哭，以三百錢爲禮，便歸。倫問其故，對曰：「三十日中當死，故不收之。」至時，果如其言。

（汪・黃）

——御覽卷二五三

五〇三　倫甚崇其道德，轉署主簿，使子從受春秋，夷吾待之如師弟子之禮。時或游戲，不肯讀書，便白倫行罰，遂成其業。（姚・王・汪・黃）

——范書方術傳注

五〇四　〔謝夷吾爲壽張令〕〔一〕。縣人女子張雨，早喪父母，年五十，不肯嫁，留養孤弟二人，教其學問，各得通經。雨皆爲聘娶，皆成善士。夷吾薦於州府，使各選舉，表復雨門户。永平十五年，蝗發泰山，流徙郡國，薦食五穀，〔野無生草〕〔二〕，過壽張界，飛逝不集。（姚・王・汪・黃）

——范書方術傳注　〇　類聚卷一〇〇　書鈔卷三五

〔一〕據書鈔卷三五、類聚卷一〇〇補。

〔二〕據類聚卷一〇〇補。

五〇五　夷吾雅性明遠，能決斷罪疑。〔遷荆州刺史〕〔一〕，行部始到南陽縣，遇孝章皇帝巡狩，駕幸魯陽。有詔勑荆州刺史入傳録見囚徒，誡長史「勿廢舊儀，朕將覽焉」。上臨西廂南面，夷吾處東廂，分帷隔中央。夷吾所決正一縣三百餘事，事與上合。而朝廷歎息曰：「諸州刺史盡如此者，朕不

憂天下。」嘗以勵羣臣。〔恩化大行，百姓樂政〕〔二〕。（姚・王・汪・黄）

——范書方術傳注　○　書鈔卷七二

〔一〕據書鈔卷七二補。

〔二〕同上。

五〇六　遷鉅鹿太守，臨發陛見，賜車馬劍革帶，勑曰：「鉅鹿劇郡，舊難治，以君有撥煩之才，故特授任，當如刺史，勿毁前政也。」（姚・王・汪・黄）

——書鈔卷七五

五〇七　謝夷吾遷鉅鹿太守，郡吏稱善，省奢從約，事從清儉。（姚・王・汪・黄）

——書鈔卷七五

五〇八　李南明風角。太守馬稷坐事徵詣廷尉〔一〕，南通賀曰：「旦有善風。」（王）

——書鈔卷一五一

〔一〕王謨按：「范書南字孝山，丹陽句容人。少篤學，明于風角。和帝永元中，太守馬稜坐盜賊事被徵，當詣廷尉，吏民不寧，南特通賀。」天游按：御覽卷七三三引後漢書李南傳，「稷」亦作「稜」，恐當以作「稜」爲是。

五〇九　李南，少明風角。女亦曉家術，爲卷縣民妻。晨詣爨室，卒有暴風，婦便上堂，從姑求歸，辭其二親。姑不許，乃跪而泣曰：「蒙傳術，疾風卒起，先吹竈突及井，此禍爲女婦主爨者，妾將亡之

應。」因著其亡日。（孫・黃）

——類聚卷八〇

五一〇　汝南廖扶，畢志衡門，死葬北郭，號曰北郭先生。（孫・王・汪・黃）

——御覽卷一九三

五一一　樊英字季齊，順帝備禮徵拜五官中郎將。〔數月，英以病避位而歸〕〔一〕。（姚・王・汪・黃）

——書鈔卷六三

〔一〕據職官分紀卷三六補。又御覽卷二四一作謝沈書，汪輯據以引，誤。

五一二　喬字子松〔一〕，宛人也。學古文尚書、春秋左氏傳。常幽居修志，銳意典籍，至乃歷年身不出門，鄉里莫得瞻見。公車徵，不行，卒於家。（姚・王・汪・黃）

——范書方術傳注

〔一〕喬，孔喬也。

五一三　昺字子然〔一〕，鄭人也〔二〕。篤行好學，不羨榮祿。習魯詩、京氏易。室家相待如賓。州郡前後禮請，不應。舉茂才，除召陵令，不到官。公車徵，不行，卒。（姚・王・汪・黃）

——范書方術傳注

〔一〕昺，姓李。黃輯作「李炳」。
〔二〕姚輯「鄮」作「鄭」，誤。

五一四 宗字仲綏〔一〕，〔北海〕安丘人也〔二〕。善京氏易、風角、星筭，推步吉凶。常負笈荷擔，賣卜給食，瘠服間行，人莫得知。安帝詔公車徵，策文曰：「郎宗、李昺、孔喬等，前比徵命，未肯降意。恐主者玩弄，禮意不備，使難進易退之人龍潛不屈其身。各致嘉禮，遣詣公車，將以補察國政，輔朕之不逮。」青州被詔書，遣宗詣公車，對策陳災異，而爲諸儒之表。拜議郎，除吳令。到官一月，時卒暴風，宗占以爲京師有大火，定火發時，果如宗言。諸公聞之，表上，博士徵。宗恥以占事就徵，文書未到，夜懸印綬置廳上，〔乃負笈〕遁去〔三〕，終於家。子顗，自有傳。（姚・王・汪・黃）

——范書方術傳注　○　書鈔卷一三五(2)　御覽卷七一一

〔一〕書鈔卷一三五作「仲緩」。
〔二〕據書鈔卷一三五補。
〔三〕同右。天中記卷四九亦有「負笈」二字。

五一五 輔字公助〔一〕，平陸人也。學公羊傳、援神契。常隱居野廬，以道自娛。辟公府，舉有道，對策拜郎中。陳災異，甄吉凶，有驗，拜議郎，以病遜。安帝公車徵，不行，卒於家。（姚・王・汪・黃）

——范書方術傳注

〔一〕輔，王輔也。

五一六　穆嘗養猪，猪有病，使人賣之於市，語之云：「如售，當告買者言病，賤取其直，不可言無病，欺人取貴價也。」賣猪者到市即售，亦不言病，其直過價。穆怪之，問其故。齎半直追以還買猪人，告語云：「猪實病，欲賤賣，不圖賣者人相欺，乃取貴直。」買者言賣買私約，亦復辭錢不取。穆終不受錢而去。（姚・王・汪・黄）

——范書方術傳注

五一七　陳蕃、胡廣（伯）、范滂、公沙穆並以俊才舉孝廉〔一〕，除郎中，光禄勳主事。

——大唐六典卷一

〔一〕據職官分紀卷八改。

五一八　穆子孚，字允慈，亦爲善士。舉孝廉，尚書侍郎，召陵令，上谷太守。（姚・汪・黄）

——范書方術傳注

五一九　孟節能含棗核，不食可至五年〔一〕。（孫・王・汪・黄）

——御覽卷九六五

〔一〕按范書方術傳作「郝孟節」，其文與此引略同。孫、黄二輯作孟節傳，非。

逸民傳

五二〇　嚴遵雅性高厲〔一〕。（王・汪・黄）

——文選卷四七袁彦伯三國名臣序贊注

〔一〕王謨按：「范書嚴光字子陵，一名遵。」

五二一　高鳳字文通，南陽（蔡）〔葉〕人〔一〕。家以農畝爲業，而勤學專精讀誦。妻嘗之田，曝麥於庭，令鳳護之，懼鷄以竿授之。時天暴雨，而鳳持竿讀書，不覺潦水大至，流其麥矣。（孫・王・汪・黄）

——御覽卷六一一

〔一〕據范書本傳改。書鈔卷九七引文略異，孔本未詳何書，而陳本作謝漢書。

五二二　戴良有失父零丁〔一〕。（姚・汪・黄）

——姚輯

〔一〕孫志祖按：「戴良失父零丁，見御覽五百九十八卷。良字文讓，亦不云出謝書，恐與字叔鸞者非一人。」黄奭曰：「見姚本。姚氏又注云：『案良字叔鸞，汝南慎陽人。范獨載其事母一節，則必幼而失父者也。此未檢所出。近高宮詹士奇天禄識餘載之，與齊諧記有失兒女零丁句並列。注云：『零丁，今之尋人招子也。』案姚氏此條既云未檢所出，則不當採入，未可以高氏天祿識餘爲據也。姚又謂范獨載其母一節，則必幼而失父者也，獨不思良之曾祖父戴遵乎？據范書遵字子高，家富好給，食客常三四百人。夫曾祖父家富如此，則其祖其父可知。范以無事績可紀，且失其名與字，故不載焉，可據以爲失父之證。及檢御覽五百九十八云：「戴良字文讓，失父零丁曰……。」案御覽此事前引齊諧記國步山一條，云前後有失兒女者零丁有數十。後即載戴良失父零丁事，並即齊諧記中語也。案此二戴良名同而字不同，則是天祿識餘所載之戴良與齊諧記並列，蓋是字文讓之戴良，而非字叔鸞之戴良明矣。今以字文讓者誤作鸞叔，張冠李戴，而漫書於後漢書補逸之內，不亦見笑大方哉？且齊諧所云語雜詼諧，事之有無不可知，何得據以爲實？今姑附録於末，而考正之，以明姚氏之書不可信也。」天游按：錢鍾書管錐篇云，所謂戴良失父零丁，實「俳諧之作，儕輩弄筆相戲」之文，則戴文讓乃杜撰之人，本不足據。而歷來多有受惑而疑其爲東漢之戴良者，名家亦不例外，清嚴可均即言良一字文讓，且抄戴良零丁入全後漢文，失攷甚矣。今依黃輯例，録於此而明其僞。

五二三 法真隱居大澤，講論術藝，歷年不問園圃。（姚・王・汪・黃）

——類聚卷六五

五二四 「法真名可得而聞，身不可得而見。逃名而名我隨，避名而名我追。可謂百世之師矣！」〔一〕乃刊石頌之，號玄德先生。

——書鈔卷一〇二

〔一〕據范書逸民傳，此言乃法真友人郭正之讚語。

列女傳

五二五　曹壽妻〔一〕，班超之妹也。超字仲叔，扶風人，爲都護在絶域，年老思入關。妹乃上書曰：「妾兄超延命沙漠三十餘年，骨肉生離，不復相識。」書奏，帝乃徵還。（孫・汪・黄）

——御覽卷五一七

〔一〕曹壽字世叔，早卒。

五二六　汝南袁隗妻，馬融之女。少有才辯，融家世豐豪，裝遣甚盛。及初成禮，隗謂之曰：「婦奉箕箒而已，何乃過珍麗？」對曰：「慈親垂愛，不敢逆命。君欲效鮑宣、梁鴻之行者，妾亦請從少（紹）〔君〕、孟光之事〔一〕。」又問曰：「弟先兄舉，世以爲笑。今處姊未適人，而君先行，可乎？」對曰：「妾姊高行殊邈，未遇良匹，不如鄙薄，苟然而已。」又問：「南郡學窮道奥〔二〕，文爲辭宗，而所在之職〔三〕，輒以資財爲損，何耶？」對曰：「孔子大聖，不免武叔之毁；子路至賢，猶有伯寮之愬〔四〕。家君固其宜也。」（孫・汪・黄）

——御覽卷五一七

〔一〕據汪輯改。范書列女傳曰：少君，桓氏之女，爲勃海鮑宣妻。宣時從少君父學，甚清苦。少君裝送甚盛，宣不悦。少君遂悉歸侍御服飾，更著短布裳，與宣共挽鹿車歸鄉里，鄉邦稱之。又逸民傳曰：孟光壯肥而黑，梁鴻聘之。始盛妝入，鴻七日不答。孟光乃更爲椎髻，箸布衣，操作而前，梁鴻始喜。後雙雙隱居霸陵山中。

〔二〕馬融曾任南郡太守，故以「南郡」尊稱之。

〔三〕「職」原誤作「識」，據范書本傳改。

〔四〕論語子張篇曰：「叔孫武叔毁仲尼，子貢曰：『無以爲也。仲尼不可毁也。他人之賢者，丘陵也，猶可踰也。仲尼，日月也，無得而踰焉。』」又憲問篇曰：「公伯寮愬子路於季孫，子服景伯以告，曰：『夫子固有惑志於公伯寮，吾力猶能肆諸於朝。』子曰：『道之將行也與？命也。道之將廢也與？命也。公伯寮其如命何！』」

風教傳

五二七　告字君達，爲司徒虞延所辟。時隴西太守鄧融以職被罪，君達解其桎梏〔一〕。（姚·王·汪·黄）

——書鈔卷六八

〔一〕告，封告。俞本、孔本此條均作「封告傳」，而陳本作「風教傳」。洪飴孫史目表據陳本，列風教於謝書傳目中。疑封告、風教其音相仿,或係陳禹謨妄改亦未可知。今暫存此目以俟攷。又孫志祖按:「范書王丹傳云永平四年坐考隴西太守鄧融事無所據策免。又馮魴傳亦云永平四年坐考隴西太守鄧融聽任姦吏策免。鄧融不知緣何事被罪。王丹、馮魴皆以妄考策免，則鄧融之桎梏本非其罪可知。虞延爲司徒在永平八年，蓋此獄連年不決，久乃辯明其誣，故封告得解之也。」

謝承後漢書卷六

陳臨傳

五二八　陳臨字子然，爲蒼梧太守。人遺腹子報父怨，捕得繫獄，傷其無子，令其妻入獄，遂產得男。人歌曰：「蒼梧陳君恩廣大，令死罪囚有後代，德參古賢天報施。」（孫・王・汪・黄・俊）

——御覽卷四六五

五二九　陳臨爲蒼梧太守，推誠而理，導人以孝悌，臨徵去後，本郡以五月五日祠臨東城門上〔一〕，令小童潔服舞之。（姚・王・汪・黄）

——初學記卷四　○　御覽卷三一　事類賦注卷四

〔一〕姚之駰按：「范書闕。魏收五日詩云：『因想蒼梧郡，兹日祀陳君。』」

楊喬傳

五三〇　楊喬字聖達〔一〕，〔烏傷人也〕〔二〕。拜尚書侍郎，轉左丞。自在臺閣，閑練漢家故事，前後上表，陳國政便宜。（姚・王・汪・黄）　——書鈔卷六〇　○范書循吏傳注

〔一〕「喬」原誤作「高」，據汪輯逕改。下條同。

〔二〕據范書循吏傳注補。

五三一　楊喬字聖達，拜尚書。喬淵懿博雅，治術又辨，優納王事，明習國家典故。幹機密之職，夙夜周慎，退食自公。喬儀表偉麗，每朝賀，天威屬意，百寮側目。（孫・王・汪・黄）　——書鈔卷六〇

五三二　楊喬爲尚書，容儀偉麗，數上書言政事。桓帝愛其才貌，詔妻以公主。喬固讓，不聽，遂閉口不食，七日而死〔一〕。（姚・王・汪・黄）　——初學記卷一〇　○御覽卷一五二　又卷三七九

〔一〕惠棟曰：「案會稽典録曰『昔王景興問士于虞仲翔，仲翔對曰：「尚書烏傷楊喬，桓帝妻以公主，辭疾不納是也。」』」

五三三　楊喬曰：「猶塵附泰山，露集滄海，雖無補益，款誠至情，猶不敢嘿也。」（孫・王・汪・黄）

——文選卷三七曹子建求自試表注

五三四　楊喬曰：「侯生爲意氣刎頸〔一〕。」（孫・汪・黄）

——文選卷三一袁陽源傚白馬篇注　○　又卷二五盧子諒贈劉琨詩注

〔一〕侯生，魏隱士侯嬴，助信陵君竊符救趙者。其以信陵君至晉鄙軍日，北向自刎。事見史記魏公子列傳。

王防傳

五三五　王防字文始，爲尚書令，典任樞機，竭忠於國，數陳便益，譏判時政以爲闕失者，言旨切直，多見省納。（姚・王・汪・黄）

——書鈔卷五九

五三六　任防字文始〔一〕，爲司隸校尉，下車，嘗食乾飯，十日一炊，閉閤不通豪右，施設禁令案法，貴戚斂手，互相約敕，不敢干越。（姚・王・汪・黄）

——書鈔卷六一

〔一〕此任防恐與王防爲一人，汪輯入王防傳，今從之。

陳正傳

五三七　魯國陳正字叔方〔一〕，爲太官令。時黃門郎宿與正有隙，因進御食，以髮穿貫炙。光武見髮〔怒〕〔二〕，敕斬正。正已陛見，曰：「臣有當死罪三：黑山出炭，增冶吐炎，燋膚爛肉，而髮不銷，臣罪一也。拔出佩刀，砥礪五石，虧肥截骨，不能斷髮，臣罪二也。臣〔朗月書章奏，側光讀五經，且臨食〕〔三〕，與丞及庖人六目齊觀，不如黃門一人〔四〕，臣罪三也。」詔〔赦之〕〔五〕，敕收黃門〔六〕。（姚・王・汪・黃）

——書鈔卷五五　○　御覽卷二二九　又卷八六三　書鈔卷一四五

〔一〕姚輯作「陳正叔」，孫志祖據御覽較正之。汪輯作「陳正」，是。黃輯從姚輯，失攷甚矣。

〔二〕據御覽卷八六三補。同書、天中記卷三三、又卷四六皆然。

〔三〕據御覽卷二二九補。

〔四〕御覽卷八六三「一人」作「兩目」。

〔五〕據御覽卷二二九、又卷八六三補。

〔六〕天中記卷三三作「詔乃捨黃門而釋正」。又姚之駰按：「范書闕。光武之智豈不如孫權之辨鼠矢，將瑣瑣者不覺耳，至以髮故而戮人，恐暴君亦不爾，謝書過矣。又韓非子載晉文公譙掌人事，與此傳大同小異，言事偶相類，因脱胎舊文耶？」

嚴豐傳

五三八　豫章嚴豐字孟侯，爲郡主簿。太守賈萌舉兵欲誅王莽，有飛蜂附萌車衡，豐諫以爲不祥之徵，萌不從，果見殺〔一〕。（姚·王·汪·黄）

——事類賦注卷三〇　○　御覽卷九五〇

〔一〕王謨按：「前漢書王莽傳云：『傳莽首詣更始，懸宛市。曹部監杜普、陳定大尹沈意、九江連率賈萌皆守郡不降，爲漢兵所誅。』則萌死于更始建元以後，萌實助莽見誅。謝書謂討莽而死，事爲失實。」

許慶傳

五三九　許慶〔字子伯〕〔一〕，家貧，爲郡督郵，乘牛車，鄉里號曰「軺車督郵」。（姚·王·汪·黄）

——書鈔卷七七　○　御覽卷二五三　又卷四八七　又卷七七五

〔一〕據御覽之三引補。又陳本誤「慶」爲「處」。

五四〇　慶嘗與友人談論漢無統嗣，幸臣專勢，世俗衰薄，賢者放退，慨然據地悲哭。時人稱「許子伯哭世」。（孫・王・汪・黄）

——御覽卷二五三　○　又卷四八七

周稷傳

五四一　周稷爲功曹〔一〕，衣不覆軀。（姚・王・汪・黄）

——書鈔卷七七

〔一〕俞本作「周穆」，姚、王、汪三輯與之同。孔、陳本作「周稷」，黄輯與之同。孫志祖改姚輯「穆」作「稷」。今亦從孔本。

桓任傳

五四二　桓任後母生時，不食猪羊肉，故終身不以猪羊肉近口〔一〕。（姚・王・汪・黄）

——書鈔卷一四五

〔一〕王謨按：「隋書經籍志有桓任家傳。」今按：疑隋志之「任」係「氏」字之訛。

劉寵傳

五四三　安衆侯劉〔寵〕（崇）〔一〕，長沙定王五代孫，南陽宗室也。與宗人討莽有功，隨光武河北破王郎。朝廷高其忠壯，策文嗟歎，以厲宗室。安衆諸劉皆其後。（姚・王・汪・黄）

——范書李通傳注

〔一〕范書點校本校勘記曰：「集解引顧炎武説，謂『崇』當從漢表作『寵』。又引陳景雲説，謂崇死於莽未簒漢之先，建武二年，從父弟寵紹封，此傳寫誤也。今據改。」四輯均作「劉崇」，誤，今依校勘記改定。

羊茂傳

五四四　羊茂字季寶，豫章人。爲東郡太守，冬坐白羊皮，夏處丹板榻〔一〕，常食乾飯，出界買鹽豉，妻子不歷官舍。（姚・王・汪・黄）

——書鈔卷三八（2）　○　又卷七五　御覽卷四二五　又卷二一一　又卷八五〇

〔一〕書鈔卷七五、御覽卷二一一均作「單板榻」。

羊定傳

五四五　羊定字世德〔一〕，爲郡功曹，病困，被不覆軀，衣不周身。郡將賜大布被及襦袴，皆不受，執志而終。（孫・王・汪・黄）

——御覽卷二六四　〇　書鈔卷七七

〔一〕王謨按：「書鈔廉潔門引豫章彦士傳作羊茂，文並同。又被部引列士傳作林茂。御覽引列士傳作華茂。此引謝書又作羊定。皆疑有誤。今從江西通志采録。」按江西通志曰：「羊茂字季實，豫章人，爲郡功曹，布被不覆軀，布衣不周身。郡將察其廉，遺之布被衣袴，皆不受。」天游按：定字世德，茂字季寶，非一人明矣。孫、汪、黄三輯均作羊定傳，當是。江西通志晚出，轉引他書，多有文飾，頗經改竄，不足爲據。其誤「季寶」爲「季實」，即一例。王説非。又書鈔卷七七引作「華茂」，亦非。

王博傳

五四六　王博字季習，拜尚書，明敏習漢家舊事。在臺歷載，夙夜敬戒，内外不漏。（姚・王・

汪·黃）

——書鈔卷六〇

黃向傳

五四七 豫章黃向〔字文章，爲性廉潔〕〔一〕。〔常〕晨步〔行〕〔二〕，〔於〕路中得珠琪一囊〔三〕，可直三百餘萬〔四〕。〔募〕求得〔其〕主〔五〕，還之。主欲以半物謝向，向委去不顧〔六〕。（姚·王·汪·黃）

——御覽卷八〇二　〇　事類賦注卷九　御覽卷四二五

〔一〕據御覽卷四二五補。

〔二〕據御覽卷四二五補。

〔三〕同右。又「珠」作「金」。

〔四〕御覽卷四二五「三」作「二」。

〔五〕據右引補。

〔六〕孫志祖曰：「李瀚蒙求云『黃向訪主』，即指此事。」

五四八　黄向對策曰：「雷陳義重〔一〕，出則䨇升〔二〕。」（孫・王・汪・黄）

——文選卷四七陸機漢高祖功臣頌注

〔一〕雷，雷義；陳，陳重。事見雷義傳。

〔二〕䨇，雙也。見復古編。

五四九　黄向對策，以爲羣英之表。（王・汪・黄）

——文選卷五〇范蔚宗宦者傳論注　〇　又卷三〇謝靈運擬魏太子鄴中集詩注

陶碩傳

五五〇　河南陶碩（字公超）〔一〕，噉蕪菁羹，無鹽豉。（孫・汪・黄）

——書鈔卷一四四　〇　御覽卷八六一

〔一〕據御覽卷八六一補。

五五一　河南陶碩，鄉曲餉之，碩無所受，但食棗飲水，美談而已〔一〕。（姚・王・汪・黄）

——御覽卷九六五　〇　事類賦注卷二六　御覽卷四二五

〔一〕御覽卷四二五作「共談而已」，諸輯從之，似較「美談」爲佳。

韓崇傳

五五二　崇遷汝南太守。詔引見，賜車馬劍革帶。上仍敕崇曰：「汝南，心腹之地，位次京師也。」（姚・王・汪・黄）

——書鈔卷七四

五五三　韓崇爲汝南太守，遺妻子粗飯〔一〕，唯菜茹鹽豉而已。（孫・王・汪・黄）

——書鈔卷一四六

〔一〕「遺」本作「遣」，據陳、俞本改。

尹遼傳

五五四　〔潁川〕尹遼字公可〔一〕，爲徐州刺史，以小〔銅〕釜〔甑〕〔二〕，十日一炊。（姚・王・

汪・黄）

——書鈔卷三八　〇　御覽卷七五七

〔一〕據御覽卷七五七補。又「尹」本作「隱」，孔廣陶據古今圖書集成考工典改。姚、王二輯皆作「隱暹傳」。而孫志祖改姚輯作「尹暹傳」，黄輯從之。汪輯則據御覽作「馮暹傳」。三説各異，未知孰是。今暫從孔本。又俞本「公可」作「公向」，亦異。

〔二〕據御覽卷七五七補。

鄧儒傳

五五五　鄧儒字伯祖，補尚書令。正身機密，剪邪截曲，不撓强臣。（姚・汪・黄）

——書鈔卷五九

湛重傳

五五六　湛重字文疊，補大司農，在位歷載，家至貧困，妻子裾穀給之食也〔一〕。（姚・王・

汪・黃）

——書鈔卷五四

〔一〕孫志祖按：「廣韻湛字注：湛姓，後漢有大司農湛重。」王謨按：「湛重，豫章人。南昌耆舊記作『諶重』，云和帝時除薛令，以德行聞。未詳所據。」

沈景傳

五五七 沈景爲河間相，拜爲二千石，妻子不歷官舍，五日一炊。（姚・王・汪・黃）

——書鈔卷七五

五五八 沈景字張〔一〕，爲河間相，恒食乾糒。（孫・汪・黃）

——書鈔卷一四七 ○ 御覽卷八六〇

〔一〕按此當有脫文。

李鴻傳

五五九　李鴻字奉遜，體性仁孝，友于兄弟。弟育爲人所侵辱〔一〕，育後陰結客報怨，爲執法吏所得，當伏罪。時未有立嗣，鴻爲太尉掾，在京師，傷育以義刷恥，門户斷絶，自分代育，遂劾印還歸〔二〕。欲過家，恐見妻子，虧移其意。到縣北亭，預作記，乞代育。通記，便飲鴆而死。縣令省記，怛然驚感。（姚・王・汪・黄）

——初學記卷一七　〇　御覽卷四一六

〔一〕漢書王莽傳載莽末有鎮戎大尹李育；范書公孫述傳有述將軍李育，後降光武；范書儒林傳有李育，曾事東平王蒼；又王郎傳及袁紀均載有趙國大豪李育，爲王郎大司馬，此又有一李育，則漢時有五李育，先後同時。

〔二〕「劾」原誤作「刻」，據汪輯徑改。

周敞傳

五六〇　吴郡周敞，師事京房〔一〕。房爲石顯所譖繫獄市，謂敞曰：「吾死後四十日，客星必入天

市，即吾無辜之驗也。」房死後，果〔如房言〕〔一〕。〔敞上書陳其枉〕〔二〕。（姚・王・汪・黄）

——書鈔卷一五〇　〇　開元占經卷八二　御覽卷五　事類賦注卷二　御覽卷八七五　晏公類要卷二五

〔一〕孫志祖按：「姚云君明以元帝建昭二年死，距光武之興六十二年，豈敞暮年亦及事世祖邪？抑或謝書志天文，引此爲證也。志祖案：後漢董春亦詣京房受易，見本書。」君明乃京房之字。

〔二〕據御覽卷五補。

〔三〕據開元占經卷八二補。

五六一　蒼梧廣信女子蘇娥，行宿高安鵲巢亭〔一〕，爲亭長龔壽所殺，及婢，致富，取其財物，埋（致）〔置〕樓下〔二〕。交阯刺史周敞行部宿亭，覺壽姦罪，奏之，殺壽。（孫・王・汪・黄）

——文選卷三九江淹詣建平王上書注　〇　御覽卷一九四

〔一〕御覽卷一九四注曰：「列異傳云『鵠奔亭』。」按此注出李善注，文選正文作「鵠亭之鬼」，謝書作「鵲」，恐非。

〔二〕據御覽卷一九四改。

陳茂傳

五六二　〔汝南〕陳茂〔一〕，性永有異志〔二〕，交阯刺史吳郡周敞辟爲別駕從事。〔舊刺史行部，不渡漲海〕〔三〕。敞欲到朱崖、儋耳，茂諫曰：「不宜履險。」敞不服。涉海遇風，船欲顛覆。茂仗劍呵罵水神，風〔即止〕息得濟〔四〕。（姚・王・汪・黄）

——書鈔卷七三　〇　御覽卷六〇　類聚卷八　事類賦注卷六　文選卷一一鮑明遠蕪城賦注　又卷二二謝靈運游赤石進帆海注

〔一〕據類聚卷八、御覽卷六〇補。

〔二〕俞本「志」作「術」。

〔三〕據御覽卷六〇、事類賦注卷六補。

〔四〕據類聚卷八、御覽卷六〇補。又文選二引皆作「陳茂常度漲海」。

五六三　陳茂，豫州刺史周敞辟爲別駕從事，與俱行部。到潁川陽翟傳，傳中有置美酒一（押）〔柙〕〔一〕。敞去〔二〕，勑御騶載酒以行。茂見于外，取柙擊柱，破之。敞問茂：「刺史年老酒益氣，別駕破柙名亦何益？」茂答曰：「所過皆有，以明使君傳車騑驂〔榼〕載酒〔三〕，非宜也。」（孫・王・

汪・黃）

——御覽卷二六三　○　又卷七六一

〔一〕據御覽卷七六一改。

〔二〕「敞」誤作「敬」，徑改。

〔三〕據御覽卷七六一補。

陳宣傳

五六四　陳宣字子興〔一〕，沛國蕭人也。剛猛性毅，博學明魯詩。遭王莽簒位，隱處不仕。光武即位，徵拜諫議大夫。建武十年〔二〕，雒水出造津，城門校尉欲〔築〕（奏）塞之〔三〕。宣〔諫〕曰〔四〕：「昔周公卜雒，以安宗廟，爲萬世基，水不當入城門。如爲災異，人主過而不可辭，塞之無益。昔東郡金堤大決，水欲没郡，令、吏、民散走，太守王尊（亡）〔正〕身勑以住立不動〔五〕，水應時自消。尊，人臣，尚修正弭災，豈況朝廷中興聖主，天所挺授，水必不入。」言未絶，水去。上善其言。後乘輿出，宣列引在前，行遲，乘輿欲驅，鉤宣車蓋使疾行，御者墮車下。宣前諫曰：「王者承天統地，動有法度，車則和鑾，步則佩玉，動静應天。昔孝文時，邊方有獻千里馬者，還而不受。陛下宜上稽唐虞，下以文

帝爲法。」上納其言，遂徐行按轡。遷爲河堤謁者，以病免，卒於家。（姚・王・汪・黄）

——續漢五行志注　○　類聚卷八　御覽卷五九　又卷八七三　事類賦注卷七

〔一〕御覽卷五九作「字子輿」，又卷八七三作「字子建」，未知孰是。五行志注脱「字」字，逕補。

〔二〕姚之駰按：「古今注稱建武七年六月雒水盛溢，至津城門，帝自行水。謝書作十年，未知孰是。范五行志及帝紀均不載，此豈以其未入門邪？」孫志祖按：「范書光武帝紀建武七年有是夏連雨水語，應作七年是。」孫説是。又姚誤續漢志爲范五行志，亦非。

〔三〕據類聚八、御覽卷五九、又卷八七三、事類賦注卷七改。

〔四〕據右四引補。

〔五〕據右五引改。

戴禮傳

五六五　戴禮雅有威重，拜侍御史，以能治劇，出爲丹陽東都尉。（姚・王・汪・黄）

——書鈔卷六二

路仲翁傳

五六六　路仲翁好學〔一〕，家居，受學者自遠方而至〔二〕。徵博士。（姚・王・汪・黄）

——書鈔卷六七

〔一〕孫志祖曰：「姚云仲翁似以字行者。志祖案：謝書多稱人字，非以字行也。」

〔二〕「受」本作「授」，據姚、汪諸輯徑改。

李敬傳

五六七　〔汝南〕李敬遷趙國相〔一〕。其奴僕常於舍内鼠空穴中，得繫臂珠及璫懸珥相連。即出閣，問主簿，白言：「前相後夫人，諸侯女也。昔亡珠璣〔二〕，不知處所，疑子婦竊之，去婦殺婢。」即遣吏送珠付前相。相慚，乃還去婦〔三〕。（姚・王・汪・黄）

——書鈔卷一五八　○　類聚卷八四　御覽卷八〇二　事類賦注卷九

〔一〕據類聚卷八四、御覽卷八〇二補。

〔二〕類聚卷八四引作「昔亡三珠」。天中記卷一九亦然。

〔三〕類聚卷八四作「追去婦還」。

公孫曄傳

五六八　曄字春光，到太學，受尚書，寫書自給。（姚・汪・黄）

——書鈔卷一〇一

五六九　公孫曄拜博士、侍中，國有疑事，常使進見，問其得失，所陳皆據經依義，補益國家，深見省納。（孫・王・汪・黄）

——御覽卷二二九

五七〇　公孫曄爲司隸校尉。時京兆門晚開早閉〔一〕。（姚・王・汪・黄）

——書鈔卷六一

〔一〕唯汪輯作「早開晚閉」，非。

五七一　公孫曄字春光〔一〕，爲司隸校尉。下車減損隨車，坐席不遷，豪傑貴戚賓客絶其書疏，按

法捕治，無所迴避，京師宴然，强族由是斂手。（姚·王·汪·黄）

——書鈔卷六一

〔一〕陳本誤作「孫華」，姚輯、黄輯據以立孫華傳，非。

虔國傳

五七二　虔國遷日南太守，每行縣，有雁恒飛翔，隨車止國府，常〔在〕廳事中庭〔一〕。國病卒，雁飛隨喪到葬地，葬後棲於墓前樹上，二年乃去，時人嘉之。（姚·王·汪·黄）

——書鈔卷七五

〔一〕據汪輯補。

方儲傳

五七三　方儲字聖明，丹陽〔歙〕人也〔一〕。〔幼喪父〕〔二〕，〔事母孝〕〔三〕。除郎中，遭母憂〔四〕，

棄官行禮，負土成墳，種松柏奇樹千餘株，鸞鳥棲其上，白兔遊其下。（姚・王・黃・俊）

——初學記卷二八　○　御覽卷四一一　又卷九〇七　又卷九一六　類聚卷八八　又卷九〇　又卷九五　初學記卷二九　類林雜説卷一五　稽瑞　鳴沙石室古籍叢殘

〔一〕據御覽卷四一一、又卷九〇七補。

〔二〕據類聚卷九五、初學記卷二九、御覽卷四二一、又卷九〇七、又卷九一六補。

〔三〕據初學記卷二九補。

〔四〕類聚卷九〇、御覽卷四一一作「母終」；又御覽卷九一六作「母終日」；而初學記卷二九、御覽卷九〇七作「母死」；類林雜説卷一五作「遭母喪」，唯類聚卷八八與初學記卷二八同。

五七四　方儲字聖明，負笈到三輔，無術不覽。（孫・汪・黃）

——御覽卷七一一

五七五　方儲爲郎中。章帝使文郎居左，武郎居右。儲正住中，曰：「臣文武兼備，在所施用。」上嘉其才，以繁亂絲付儲使理，儲拔佩刀三斷之，對曰：「反經任勢，臨事宜然。」（姚・汪・黃）

——事類賦注卷一〇　○　御覽卷二一五　又卷三四五　又卷八一四

五七六　方儲字聖明，曉風角占候，爲句章長。時人田還，置餘粟一石及刀鋤於田陌〔一〕，明日求，亡去，疑其旁家〔二〕。儲曰：「此人非偷。」自呼縣功曹，謂曰：「君何取人粟，置家後積茭中？」功曹款服。後爲洛陽令。功曹是憲客，爲憲所諷，夜殺人，斷頭着奩中，置廐門下，欲令儲去官。儲摩死者耳邊問誰所殺。有頃曰：「死人言，爲功曹所殺。」收功曹，拷竟具服。（孫・汪・黄）

——御覽卷二六七　○　又卷八四○

〔一〕御覽卷八四○作「粟二石」。天中記卷四九亦然。

〔二〕御覽卷八四○「旁」作「鄰」。

五七七　儲，丹陽人，〔聰明〕〔一〕，善天文，爲洛陽令。章帝欲出南郊，儲上言當有疾風暴雨，乘輿不可出。上疑其妄，令儲飲酖而死。果有大雨暴風，〔洛中晝暝〕〔二〕。（姚・汪・黄）

——書鈔卷九○　○　御覽卷五二七

〔一〕據御覽卷五二七補。

〔二〕同右。

張修傳

五七八　張修字子慎〔一〕，拜尚書令，有故官下卿、刺史、二千石昔爲讒謗所廢慎固不順者，以次

徵用，奏罷中官貴臣弟子在官者治罪，國政肅清，朝無粃政。（姚・王・汪・黃）

——書鈔卷五九

〔一〕王謨按：「范書靈帝紀有使匈奴中郎將張修以罪下獄死，非此張修。」

傅賢傳

五七九　傅賢字仲舒，遷廷尉。賢〔素〕清廉正〔直〕（貞）〔一〕，自掌法官，無私（間）〔門賓客〕〔二〕。〔公卿燕飲，要請不往，自以家貧，無以報答其施也〕〔三〕。常垂念刑法，務從輕比。每冬至斷獄，遲迴流涕。〔在位四年，治獄稱平〕〔四〕。（姚・王・汪・黃）

——初學記卷一二　〇　書鈔卷五三（4）　御覽卷二三一　又卷四〇五

〔一〕據書鈔卷五三、御覽卷二三一、又卷四〇五改補。

〔二〕據書鈔卷五三、御覽卷二三一改補。

〔三〕據書鈔卷五三補。其中「要」、「答」二字據御覽卷二三一補。

〔四〕據書鈔卷五三及御覽卷二三一補。

五八〇　傅賢字仲舒，拜御史中丞，執憲公平，百僚敬服。以能治讞，遷□州刺史。（姚・汪・黄）

——書鈔卷六二

嚴翊傳

五八一　嚴翊遷潁川太守，掾吏有過，每閉閤自責。（姚・王・汪・黄）

——書鈔卷七四

陳囂傳

五八二　會稽陳囂〔一〕，少時於郭外水邊捕魚，人有盜〔取之〕者〔二〕，囂見，避於草中，追以魚遺之，盜慚不受，自後無復取焉。（姚・王・汪・黄）

——類聚卷九六　〇　御覽卷九三五

〔一〕御覽卷九三五作「囂」，他條亦然，此作「嚚」，誤。

〔二〕據御覽卷九三五補。

五八三　陳囂與鄉人紀伯爲鄰，伯夜竊囂藩地自益。囂見之，伺伯去，密移其藩一丈地以益伯。伯慚懼，還所侵，又却一丈二尺相避，凡廣三丈。太守高其義，名其閭爲「義里」。（孫・王・汪・黄）

五八四　陳囂字君期，明〔韓〕（緯）詩〔一〕，京師〔語〕（説）曰〔二〕：「關東説詩陳君期。」

——御覽卷四二四

——書鈔卷九六

〔一〕據東觀記改。

〔二〕同右。

五八五　陳囂字子公〔一〕，拜太中大夫。年七十，每朝賀，帝待以師傅之禮，賜几杖，入朝不趨，贊事不名。以病乞骸骨，以大夫位終。（姚・王・汪・黄）

——書鈔卷五六

〔一〕與上條作「君期」異。職官分紀卷四八作「子□」，似與此引同。按京師之語，當以「君期」爲是。

王譚傳

五八六　王譚字世容，除尚書郎，服事臺閣，傳習國典，議擬政事嘗依舊據法，爲三臺之表。（姚・

王・汪・黄）——書鈔卷六〇

劉陵傳

五八七 劉陵字孟高，爲侍中。車駕南郊，陵參乘。上起早，升輿伏，陵恭嗟曰：「陛下萬乘主，宜立正配天，雖尊神欲寢，不當上爲天地靈祇，下爲羣臣萬姓觀者乎？」上有愧色，曰：「敬受侍中斯言，以爲後戒。」（姚・王・汪・黄）——書鈔卷五八

五八八 豫章劉陵字孟高，爲長沙安成長〔一〕。先時多虎，百姓患之，皆徙他縣。陵之官，修德政，逾月，虎悉出界去，民皆還之。（姚・王・汪・黄）——事類賦注卷二〇　〇　御覽卷八九一

〔一〕王謨按：「江西通志引謝書云：「豫章艾人，和帝時爲安成長。」

刁曜傳

五八九　彭城刁曜字子卿〔一〕，爲漁陽相。前相所種菜，悉付還外。（孫・汪・黄）

——御覽卷九七六

〔一〕孫、黄二輯作朱躍傳，誤。

五九〇　刁曜遷魯相，修德化法教，以厲風俗，威恩並行。（姚・王・汪・黄）

——書鈔卷七五

五九一　刁曜遷（晉）〔魯〕相〔一〕，行縣，使三老執轡御車〔二〕，所頓亭傳，輒講經書。

——書鈔卷七五

〔一〕據上條改。

〔二〕「三」原誤「王」，逕改。

五九二　刁曜拜侍御史，自在朝廷，堂堂蹇諤，有〔鞭〕（鞭）臣之節〔一〕。（姚・王・汪・黄）

——書鈔卷六三

〔一〕據孔廣陶之校而改。姚、汪、黄三輯改作「邊」，誤。

董春傳

五九三　董春字紀陽，會稽餘姚人。少好學，師事侍中祭酒王君仲，受古文尚書。後詣京房授易，究極聖旨，條列科義。〔後還歸〕（還師）〔一〕，立精舍，遠方門徒學者常數百人。諸生每升講堂，鳴鼓三通，横經捧手，請問者百人，〔追隨上堂難問者百餘人〕〔二〕。（姚·王·汪·黄）

——初學記卷一八　○　御覽卷六一五　初學記卷二一　御覽卷四○四　書敍指南卷五

〔一〕據初學記卷二一、御覽卷六一五改。御覽卷四○四作「後還爲師」。

〔二〕據右二引補。

五九四　董春爲廬江太守，當官明亮，德政多奇，爲吏民者相美之也〔一〕。（姚·王·汪·黄）

——書鈔卷七五

〔一〕陳、俞本作「民吏稱之」。姚、汪二輯與之同。

張意傳

五九五　張意爲驃騎將軍，討東甌賊。意畫策，各修水戰之具，浮海就攻，一戰大破，所向無敵。

——書鈔卷六四

（姚・王・汪・黄）

鄧道傳

五九六　鄧道不應州郡旌命。（孫・王・汪）

——文選卷五三陸士衡辨亡論注

五九七　鄧道字子淵，天性通敏，以清廉正直爲行，又嚴毅不畏彊禦，宜治三輔。出爲左馮翊。

——職官分紀卷三八

五九八　鄧道出爲馮翊，下車治豪族大姓，號爲「豪强所病」。（姚・汪・黄）

——書鈔卷七五

五九九　鄧通字子淵〔一〕，遷越騎校尉，爲營吏士所敬畏，天下歎之。（姚・王・汪・黄）

——書鈔卷六一

〔一〕王謨按：「南昌耆舊記云：『鄧通字子淵，豫章西平人。沈毅有學行，官馮翊太守，不通賓客，京師號曰鄧獨坐。』太平寰宇記曰：『西平故城在武寧縣西二百九十七里。漢書云：鄧通，西平人。即此縣也。』此漢書謂謝承漢書。鄧道、鄧通當爲一人，今名從所見采録。」汪輯分作兩傳，今從王輯。

尹昆傳

六〇〇　汝南尹昆爲汝陰功曹。令新到官，問曰：「園中有桑，以飯蠶何如？」昆曰：「非初政所務。」令嘉其言。（姚・王・汪・黄）

——御覽卷九五五　○　類聚卷八八

六〇一　尹昆字□淵，爲侍御七日，特拜尚書僕射，詔曰：「惟君功曹時，以太守之術，克奬王室，其有録臺事，勿令謬誤。」（孫・王・汪・黄）

——書鈔卷五九

閔貢傳

六〇二　太原閔仲叔者，代稱節士，雖周黨之潔清〔一〕，自以弗及也。周黨見其含菽飲水，遺以生蒜，受而不食。（姚・王・汪・黄）

——御覽卷九七七

〔一〕「周」原誤作「同」，據范書周黨傳逕改。下同。

尹苞傳

六〇三　陳留尹苞字延博，與同郡范史雲善。二人俱貧，出入共一單衣，到人門外，苞年長，常先着單衣前入，須臾出，解與史雲。（姚・王・汪・黄）

——御覽卷六九一　○　事類賦注卷一二

六〇四　石苞字延博〔一〕，爲諸生，篤行清苦，學五經，徵拜議郎。（姚・王・汪・黄）

——書鈔卷五六

〔一〕王謨按：「書鈔引謝書有『石苞字延博』，蓋即尹苞之誤。」王説是。黄輯别作石苞傳，非。

張稷傳

六〇五　張稷字衛君，除尚書侍郎左丞。朝賀陛見，進對威儀，辭令辯達，明帝深奇異之，拜膠東相。（姚・王・汪・黄）

——書鈔卷六〇

謝承後漢書卷七

宋度傳

六〇六　宋度字叔平，除謁者。以詔書賜降（侯）胡，〔侯朝〕郎門〔一〕，門閉，度頓首讓胡掾，賜畢，奏罷大鴻臚。京師稱曰：「宋叔平一使，奏罷九卿〔二〕。」（姚・王・汪・黄）

——書鈔卷六二

〔一〕據汪輯删補。

〔二〕「奏罷」原誤倒，逕正之。

六〇七　豫章宋度字叔平，爲定陵令，素〔杯〕食麥飯〔一〕，〔飲酒〕〔二〕。（姚・王・汪・黄）

——書鈔卷三八　○　類聚卷七三　御覽卷七五九

〔一〕據類聚卷七三補。

〔二〕據御覽卷七五九補。

六〇八　豫章宋度拜（零）〔定〕陵令〔一〕。縣民杜伯夷清高不仕，度數就與高談，致棗（一）〔栗而已〕〔二〕。伯夷感德，詣縣，縣署功曹。（孫・王・汪・黄）

——書鈔卷九八　〇　事類賦注卷二七　御覽卷九六四

〔一〕據事類賦注卷二七、御覽卷九六四改。孫志祖按：「杜安字伯夷，潁川定陵人。下云『縣民杜伯夷』，則當作定陵無疑也。」又此二引皆作「宗度」，誤。

〔二〕據事類賦注卷二七、御覽卷九六四改。汪輯作「粟」，非。

六〇九　宋度遷長沙太守〔一〕。人多以乏衣食，産乳不舉。度切讓三老，禁民殺子，比年之間，養子者三千餘人，男女皆以「宋」爲名也。（姚・王・汪・黄）

——書鈔卷七五

〔一〕陳、俞本皆作「宗慶」，故諸輯均作宗慶傳。今依孔本，入宋度傳。

高吕傳

六一〇　高吕爲廣漢太守，朝省官事，晝講經典。（姚・王・汪・黄）

——書鈔卷七五

陳堪傳

六一一　陳堪字子游，仕郡爲五官掾。府君被章，詔徵廷尉，堪以五毒加身體，斷舌無辭。（姚・王・汪・黄）

——書鈔卷七七

華松傳

六一二　華松家本孤微，其母夜夢兩伍伯夾門，言司隸在此。松年十五，師事丁子然，學春秋。十九當冠，出，諸生曰：「此宰相之器也。」（孫・王・汪・黄）

——御覽卷三九八

六一三　華松字愛卿，擢爲司隸校尉。是時貴戚專勢，〔有司軟弱，莫敢糺罰〕〔一〕。松下車，閉閤不通私書，不與豪右相見，姦匿犯者輒死。定奏馬氏三侯，豪傑斂手，由是深見非恨也。（姚・王・汪・黄）

——書鈔卷六一　○　御覽卷二五〇

〔一〕據御覽卷二五〇補。

六一四　華松爲河南尹〔一〕，優賢養民，興教崇化。至其剪治强宗，威烈不虧，遂見譖毁。（姚・王・汪・黄）

——類聚卷六〇　書鈔卷七六(2)

〔一〕類聚卷六「松」本作「山松」。孔廣陶曰：「考翰苑新書前集卷七引北堂書鈔云『漢華松翦治强宗』，此宋人所見舊鈔『崧』作『松』。」故據以逕改。

許季長傳

六一五　許季長爲湖令，州郡皆被蝗災，過湖縣，飛去不入。（姚・王・汪・黄）

——類聚卷一〇〇

司馬苞傳

六一六　〔司馬〕苞〔字仲咸〕〔一〕。爲太尉，常食麤飯，著布衣，妻子不歷官舍。會司徒楊震爲樊

豐等所譖，連及苞，苞乞骸骨，未見聽，以疾薨也。（姚・王・汪・黄）

——范書安帝紀注　○　書鈔卷一四四　御覽卷八五〇

〔一〕據書鈔卷一四四補。又汪輯作「字仲成」。

張冀傳

六一七　豫章張冀字仲宗〔一〕，爲廣陵守。舉孝子吴奉爲孝廉。〔冀罷郡〕〔二〕，奉賫金爲禮，冀閉門不受，奉以囊盛金，夜投冀園中而逝。冀追不及，賫金至廣陵還奉。（姚・王・汪・黄）

——書鈔卷三八　○　御覽卷八一〇　事類賦注卷九

〔一〕御覽卷八一〇及事類賦注卷九「冀」皆誤作「載」。

〔二〕據事類賦注卷九補。「冀」原作「載」，逕改之。

許敬傳

六一八　許敬字鴻卿，汝南人，與同郡周伯靈爲交友。伯靈早亡，鴻卿育養其子〔一〕。（孫・王・

汪・黃）

——御覽卷四〇七

〔一〕原脱「鴻」字，據前文補。

六一九　許敬字鴻卿，其〔鄉〕吏有誣君者〔一〕，會於縣令坐，敬拔刀斷其席曰：「敬不忍與惡人同席。」（姚・王・汪・黃）

——類聚卷六九　〇　御覽卷七〇九

〔一〕據御覽卷七〇九補。

王況傳

六二〇　況字文伯，京兆杜陵人也。代爲三輔名族，該總五經，志節高亮。爲陳留太守。性聰敏，善行德教。永平十五年，蝗蟲起泰山，彌衍兗、豫，過陳留界，飛逝不集，五穀獨豐。章和元年，詔以況爲司徒〔一〕。（姚・王・汪・黃）

——范書虞延傳注

〔一〕困學紀聞卷一三曰：「光武紀『建武二十三年，陳留太守王況爲大司徒』。虞延傳注引謝承書曰：『況，章和元年爲司徒。』謝承書誤也。』翁元圻案：「謝承謂永平十五年，王況尚爲陳留太守，亦誤也。章懷引之而不正其誤，何歟？」又玉篇曰：「金玉之玉，點在中畫之下。音宿者，點在中畫之上。」按王況之王，音宿。

唐羌傳

六二二　〔汝南〕唐羌字伯游〔一〕，辟公府，補臨武長。縣接交州，舊獻龍眼、茘支及生鮮〔二〕，獻之，驛馬晝夜傳送之，至有遭虎狼毒害，頓仆死亡不絕。道經臨武，羌乃上書諫曰：「臣聞上不以滋味爲德，下不以貢膳爲功。故天子食太牢爲尊，不以果實爲珍。伏見交阯七郡獻生龍眼等，鳥驚風發。南州土地，惡蟲猛獸不絕於路，至於觸犯死亡之害。死者不可復生，來者猶可救也。此二物升殿，未必延年益壽。」帝從之。章報，羌即棄官還家，不應徵召，著唐子三十餘篇〔三〕。（姚・王・汪・黄）

——范書和帝紀注　○　類聚卷八七　御覽卷九七一

〔一〕據類聚卷八七、御覽卷九七一補。

〔二〕類聚卷八七「生鮮」作「生犀」。

〔三〕天中記卷五二引作：「舊南海獻龍眼茘枝，十里一置，五里一候，奔騰阻險，死者繼路。和帝時臨武長汝南唐羌以縣接南海，乃上書諫曰：『臣聞上不以滋味爲德，下不以貢膳爲功。故天子食太牢爲尊，不以果實爲珍。伏見交阯七郡獻生龍眼等，鳥驚風發。南州土地惡蟲猛獸不絕於路，至於觸犯死亡之害。死者不可復生，來者猶可救也。此二物升殿，未必延年益壽。』帝於是下詔曰：『遠國珍羞，本以薦奉宗廟，苟有傷害，豈有愛民之本，其勑太官勿復受獻。』由是遂省焉。」與和帝紀注異，當系陳耀文據范書和帝紀之文妄加增益删節所致。

王黨傳

六二二　王黨遷汝南太守，事無不敬，勞於求賢訪能〔一〕，化清於上，事緝於下。（姚・王・汪・黄）

——書鈔卷七五

〔一〕姚、汪、王三輯「事無」以下作「拔才禮士，不敢自專」，又「訪能」作「故能」。

陳禁傳

六二三　陳禁字子雅，拜尚書。公卿朝，日晏無詔。禁問臺上故事何時可罷，對言已食輒有詔罷，今已晏。禁曰：「寧可白耶？」尚書郎以上方宴樂，不敢白。禁使罷公卿。既罷，上問左右：「今未有詔而罷朝，何也？」尚書直對曰：「陳禁命罷。」上曰：「勿復問也。」禁在臺二年，嘗病，令、僕射數奏久病滿百日，請輒免。有詔賜金帛醫藥。（姚·王·汪·黄）

——御覽卷二一二

六二四 沛國陳禁〔一〕，性不好榮。建武〔三十年〕（中）〔二〕，拜議郎，引見賜食，禁陽〔稱〕眼目無所見〔三〕，以肉投羹中，出又撐柱乃歸。（姚·王·汪·黄）

——御覽卷七四三　〇　書鈔卷一四五

〔一〕書鈔卷一四五作「陳楚」。黄奭曰：「疑『楚』字誤。」孔廣陶曰：「謝書別有陳禁傳，不得相混。汪輯此條作陳楚傳。」天游按：陳禁、陳楚當系一人，禁、楚二字必有一誤。今依御覽，入陳禁傳，録書鈔之異以存疑。

〔二〕據書鈔卷一四五改。

〔三〕據書鈔卷一四五補。

李壽傳

六二五 李壽聰明智達，有俊才。太守黄讜高其名德，召署功曹。每進見，常薦達郡中善人有異

行者，讜輒序用。壽雖見優禮愈隆，壽意益下，其所致達，未嘗伐其功美。（姚・王・汪・黄）

——御覽卷二六四　○　書鈔卷七七

六二六　沛相李壽前後所上便宜，爲南宫故事。（王）

——玉海卷五一

六二七　李壽爲青州刺史〔一〕，〔發璽書〕於本縣傳舍〔二〕，乘法駕騑驂朱軒就路。其所經歷州縣，瞻察牧守長史政治優劣，若有惠愛節操清好未聞者，遠聽特表荐；有貴戚豪俠子弟在我貪殘爲人所疾者，有司畏忌不敢言舉者，亦當隨時案奏貶罰之。〔上言曰：「臣以爲政宜一統，雖非所部，夫東家有犬，不忍見西家之有鼠，臣之所見，敢不以聞。」〕〔三〕〔奏免四郡相，百城怖懼，悉豫棄官〕〔四〕。（姚・王・汪・黄）

——書鈔卷七二　○　類聚卷五〇　御覽卷二五四　晏公類要卷二

○　趙德麟侯鯖録卷三

〔一〕汪、黄二輯均作「李燾」。孔廣陶按：「類聚五十引『壽』作『燾』，翰苑新書前集卷七引，仍作『壽』。俞本作『燾』。然謝書本有李壽、李燾二人，每誤爲一，此則燾傳也。」天游按：上海古籍出版社排印本類聚、孔本書鈔、晏公類要、御覽均作「李壽」，孫志祖以爲當作李壽，王輯皆入李壽傳，今從之。

〔二〕據類聚卷五〇、御覽卷二五四補。

〔三〕據侯鯖録卷三補。其中脱「宜」字，「統」誤作「流」，皆據晏公類要卷二〇改補。

〔四〕據類聚卷五〇、御覽卷二五四補。

六二八　李壽爲青州刺史，奉法督察，朝廷聞之，以能治劇。（王・汪・黄）

——書鈔卷七二

石□傳

六二九　石□遷雁門太守，廣宣恩惠，懷柔殊俗，遠方皆服其德。（姚・王・汪・黄）

——書鈔卷七五

聞人統傳

六三〇　聞人統字文公〔一〕，爲郡督郵。家貧無馬，行則負擔，臥則無被，每以麕皮自覆，未嘗輕受人一湌之饋也。（姚・王・汪・黄）

——書鈔卷七七　○　御覽卷二五三

〔一〕御覽卷二五三「統」作「襲」。

施延傳

六三一　〔施〕延字君子，蘄縣人也〔一〕。少爲諸生，明於五經，星官風角，靡有不綜。家貧母老，周流傭賃，〔躬力供養〕〔二〕。常避地於廬江臨湖縣，種瓜〔自給〕〔三〕。後到吴郡海鹽，取卒月直，賃作半路亭父〔四〕，以養其母。是時吴會未分，山陰馮敷爲督郵，到縣，延持箒往，敷知其賢者，下車謝，使入亭，請與飲食〔訖〕〔五〕，脱衣與之，餉錢不受。順帝徵拜太尉，年七十六薨。（姚·王·汪·黄）

——范書陳忠傳注　〇　御覽卷八二九　又卷四八四

〔一〕據御覽卷四八四、八二九補。又御覽卷四八四「蘄縣」作「沛」。按蘄縣屬沛國，恐「蘄」上脱「沛國」二字。
〔二〕據御覽卷四八四補。
〔三〕同右。
〔四〕御覽卷八二九「父」作「下」。
〔五〕據御覽卷八二九補。

嵇詔傳

六三二　嵇詔字文肅〔一〕，爲范令，不入内舍，常臥廳事上。（姚・王・汪・黄）

——書鈔卷三六

〔一〕姚、王、汪三輯作□紹傳，黄輯作胡紹傳，前均有「會稽」二字。

胡邵傳

六三三　胡邵爲淮南太守，〔使鈴〕（羣）下閤外炊〔一〕，曝作乾飯，閤内不設釜甑。（孫・王・汪・黄）

——書鈔卷一四四　○御覽卷七五七　又卷八五〇

〔一〕據御覽卷七五七、又卷八五〇改補。鈴下乃下等隨從。范書酷吏周紆傳曰「又問鈴下」，注引漢官儀曰：「鈴下、侍閣、辟車，此皆以名自定者也。」

祝皓傳

六三四　祝皓字子春，志節抗烈，篤於仁義。爲吏歸休，先周旋鄉里，弔死問疾畢，乃還家。（姚・王・汪・黃）

——初學記卷二〇

虞承傳

六三五　虞承字叔明〔一〕，拜諫議大夫，雅性忠謇，在朝堂犯顔諫争，終不曲撓。散〔俸〕禄賑給諸生〔二〕，言德無比。（姚・王・汪・黃）

——初學記卷一二　○　御覽卷二二三　書鈔卷五六

〔一〕書鈔卷五六引作「叔郎」。

〔二〕據書鈔卷五六補。御覽卷二二三亦然。

陳長傳

六三六　陳長字君淵〔一〕，晝則躬耕，夜則賃書以養母。（姚・王・汪・黄）

——書鈔卷一〇一

〔一〕諸輯從陳、俞本，皆作陳常傳，未知孰是。又孔本「字」誤作「次」，逕改。

薛惇傳

六三七　汝南薛惇字子禮，爲北海長史。家貧，坐無完席。妻謂惇曰〔一〕：「君無俸禄給子孫，復無完席耶？」惇因更以善席與妻，自坐敗者，妻慚，不復敢言。（姚・王・汪・黄）

——書鈔卷一三三　〇　又卷三八　御覽卷三九三　又卷七〇九

〔一〕職官分紀卷四二「妻」下有「子」字。兩處皆然。

六三八　薛惇爲漢中太守，盛夏但坐板榻，上不用席，冬坐羊皮。河内高弘爲琅邪相亦然。

——書鈔卷一三三

徐栩傳

六三九　吳郡徐栩，爲小黄令。時陳留遭蝗，過小黄，飛逝不集。刺史行部，責栩不治，栩棄官，蝗應聲而至。刺史謝，令還寺舍，蝗即皆去。（姚・王・汪・黄）

——類聚卷一〇〇

六四〇　吳郡徐相爲長沙太守〔一〕，常食乾飯，不發烟爨。（姚・王・汪・黄）

——類聚卷八〇〇　御覽卷八七一

〔一〕疑徐相、徐栩爲一人，且當以徐栩爲是。

六四一　徐栩爲長沙郡將〔一〕，亡，遺言不受贈賻，有一匹私馬，賣以買棺。（姚・王・汪・黄）

——書鈔卷九二〇　御覽卷五五一

〔一〕御覽卷五五一「栩」誤作「珝」。

沈輔傳

六四二　沈輔字伯禽，會稽山陰人也。輔少儉約，約身以禮，喪父服闋，推讓祖考財產、田宅與親貧不足者。（姚・王・汪・黄）

——初學記卷二四

陳謙傳

六四三　陳謙字伯讓，拜御史中丞，執憲奉法，多所糾正〔一〕，爲百僚所敬〔畏〕〔二〕。尚書選舉，序位旌賢，常諮問謙。自陳蕃雖尊爲宰相，論議褒貶，每往質疑，皆服其清識高亮。（孫・王・汪・黄）

——御覽卷二二五　〇　書鈔卷六二

〔一〕書鈔卷六二「糾」作「繩」。

〔二〕據書鈔卷六二補。

六四四　陳謙字伯讓，爲御史中丞。同郡宣豐時爲衛尉〔一〕，司徒位缺，尚書欲案以補之，咨問於謙，謙正坐不答。豐亦因士大夫謂謙，謙曰：「位不可妄假人。三司位重，上和陰陽，下訓五品，豈可得處？宣豐何人，而欲居稷禼之官〔二〕。」傳語者愧而退。（姚·王·汪·黄）

——書鈔卷五〇

〔一〕「時」上有「自爲休健大夫」六字，疑系衍文，據陳、俞本删。

〔二〕稷禼，即尚書舜典所言之棄與契。舜命棄爲后稷，契爲司徒，此借以喻三公之職。

六四五　陳謙睎高視遠，清舉矯俗。（孫·王·汪·黄）

——文選卷一八成公綏嘯賦注

周乘傳

六四六　周乘爲交阯刺史，舉奏二郡穢濁太守〔一〕，屬縣解印綬棄官者四十餘城〔二〕。（姚·王·汪·黄）

——姚輯

〔一〕〔二〕系「七」之譌。交州郡七，共五十六縣，下既言「四十餘城」，則郡數亦必當作「七」。

〔二〕此條王、汪二輯注出類聚，而不詳卷數，遍查類聚並無此引。黄輯照姚輯録，今亦從之，存而俟攷。

蔣崇傳

六四七　蔣崇爲北海相，督郵闕，更選功曹吏徐蒙，曰：「無可爲督郵者，唯功曹耳。」崇遂署蒙，遣行縣，無犯所白。崇謂曰：「相以督郵爲耳目也。」（姚・王・汪・黄）

——書鈔卷七七

祝良傳

六四八　良字邵平〔一〕，長沙人，聰明博學，有才幹，以廉平見稱。（姚・王・汪・黄）

——范書龐參傳注

〔一〕天中記卷三作「字石卿」。

六四九　長沙祝良爲洛陽令〔一〕。常侍樊豐妻殺侍婢，置井中。良收其妻，殺之。（姚・王・汪・黄）

——類聚卷三五

〔一〕「祝」原誤作「視」，據御覽卷五〇〇引東觀記逕改。

六五〇　祝良爲梁州刺史，歷年無警。（孫·王·汪·黄）

——文選卷五六陸佐公石闕銘注

車章傳

六五一　梁國車章爲本縣功曹，令黄（拳）〔奉〕爲人所誣〔一〕，章證其無罪，當下筆立辭，乃以斧斫右手五指〔二〕，閉口死〔於〕獄中〔三〕。（孫·王·汪·黄）

——御覽卷四二〇　〇　又卷三七〇

〔一〕據御覽卷三七〇改。職官分紀卷四二亦作「奉」。

〔二〕御覽卷三七〇「右」作「左」，誤。

〔三〕據御覽卷三七〇補。

項誦傳

六五二　豫章項誦字叔和，爲郡主簿〔一〕。太守爲屬縣所誣，（章）〔項〕誦詣獄證〔二〕，要引自掾〔三〕，血出滂流，齒皆墮地，太守獲免。（孫・王・汪・黄）

——御覽卷三六八

〔一〕王謨引江西通志曰：「順帝時爲郡主簿，有風義。」又東觀記「項」作「須」，未知孰是。

〔二〕「項」作「章」，乃引者涉「豫章」而誤。

〔三〕御覽注曰：「掾，音斷。」天游按：東觀記作「引械自椓口」，疑此引有訛脱。

李光傳

六五三　汝南李光字伯明，爲兗州。母亡後歸，視牀處，得亡母亂髮，光持悲號，氣絶復續。（孫・王・汪・黄）

——御覽卷三七三

周滂傳

六五四　汝南周滂字次彦。世祖到常山，問可治兵者誰，滂舅以滂對。世祖見滂短小，以爲不能將帥。滂對有詞理，拜潁川府丞。（孫·王·汪·黄）

——御覽卷三七八

郭宏傳

六五五　郭宏爲郡上計吏。正月朝覲，宏進殿下，謝祖宗受恩，言辭辯麗。專對移時，天子曰：「潁川乃有此辯士耶？子貢、晏嬰何以加之！」羣公屬目，卿士歎伏。（孫·王·汪·黄）

——御覽卷四六三

六五六　郭宏爲郡上計吏，朝廷問宏潁川風俗所尚，土地所出，先賢將相儒林文學之士，宏援經以對，陳事答問，出言如浮，引義如流。（孫·王·汪·黄）

——御覽卷四六三

秦護傳

六五七　秦護清廉，不受禮賂。家貧，衣服單露，鄉人歌之曰：「冬無袴，有秦護。」（孫・王・汪・黃・俊）

——御覽卷六九五

殷亮傳

六五八　殷亮爲博士、講學大夫。諸儒論，勝者賜席，亮重八、九席。帝曰：「學不當如是也？」（孫・王・汪・黃）

——御覽卷七〇九

衞良傳

六五九　衛良字叔賢〔一〕，拜尚書令。每當選舉，常先諮訪，拔擢天下英俊，及二千石長吏，必依功次用之。州里同郡，雖有佳者，避遠嫌疑，猶後他州也。（黄）

——書鈔卷五九

〔一〕黄輯作「字叔寶」，下條亦然，皆誤。

六六〇　衛良字叔賢，拜尚書令。病，罷官還家。家無完席，賓客省之者，坐桑下談論，飲水去。（孫・王・汪・黄）

——御覽卷七〇九

周躬傳

六六一　汝南周躬爲櫟陽令，功曹萬良爲父報仇，自械詣獄。躬解械放良。後良賫縑五百餉躬，閉門不受。（孫・王・汪・黄）

——御覽卷八一八

李萇傳

六六二　李萇家晝則躬耕，夜則讀書，日爲母市斤肉、粱米作食。（孫・王・汪・黄）

——御覽卷八六三

陳曄傳

六六三　陳曄爲巫令，有惠政，桑生二萬餘株，民以爲給。（孫・王・汪・黄）

——御覽卷九五五

鍾□傳

六六四　汝南鍾南嚴海君〔一〕，少時鄉人有入其園竊菜者，明日拔菜，悉遺鄉里，鄉里人相約，無復取菜者。（孫・汪・黄）

——御覽卷九七六

〔一〕孫、黃二輯均作鍾南嚴傳。黃奭曰：「『海君』上疑脱『字』字。」然天中記卷四六「海君」作「府君」，當是。南嚴恐是鍾某之字，故從汪輯作鍾□傳。

費遂傳

六六五　江夏費遂字子奇，爲揚州刺史，悉出前刺史所種小麥、胡蒜付從事。（孫・王・汪・黃）

——御覽卷九七七

滕延傳

六六六　滕延拜京兆尹，旌善爲務〔一〕。（孫・王・汪・黃）

——文選卷三八傅季友爲宋公求加贈劉前軍表注

〔一〕范書侯覽傳曰：「延字伯行，北海人，後爲京兆尹，有理名，世稱長者。」

劉靚傳

六六七　劉靚方筴所載〔一〕，靡不必綜。（孫・王・汪・黄）

——文選卷六〇任彦昇齊竟陵王行狀注

〔一〕筴，即策。史記張耳陳餘列傳曰：「（張耳、陳餘）怨陳王不用其筴不以爲將而以爲校尉。」

謝承後漢書卷八

王閎傳

六六八　〔吴郡〕王閎字選公〔一〕，少爲府小吏，慷慨有大節。遷冀州刺史，冀部彊悍，又多豪傑，閎欲厲威，乘傳到州，彈治貪濁。閎性廉剋，不發私書，不交豪傑賓客，號曰「王獨坐」。（姚・王・汪・黄・鈴木）

——晏公類要卷二〇　〇　書鈔卷七二　類聚卷五〇　御覽卷二五四　書鈔卷三七

〔一〕據書鈔卷三七補。又其引作「字公選」，汪輯從之。然書鈔卷七二與晏公類要引同，恐當以「選公」爲是。汪文臺又曰：「閎，一作宏。按此非張步傳所見之王閎，亦非王允之弟王宏，何也？蓋此固吴郡人也。」天游按：所謂作「宏」者，指御覽卷二五四所引也。除汪氏所言王譚子名王閎外，王景之父亦名王閎，見范書循吏傳。加此王閎，則東漢有三王閎也。

六六九　吴郡王閎渡錢塘江，遭風船欲覆，閎拔劍斫水，罵伍子胥，水息得濟〔一〕。（孫・王・汪・

——類聚卷八　○　御覽卷六〇　事類賦注卷六
（黄・鈴木）

〔一〕按御覽卷六〇、事類賦注卷六、淵海卷四二均作「風息得濟」，恐是。又此條亦見陳本書鈔卷一五八，孔本無。

楊豫傳

六七〇　豫祖父惲，封平通侯。惲子會宗坐與臺閣交通，有罪國除，家屬皆徙酒泉郡〔一〕（孫・王・汪）

——匡謬正俗卷五

〔一〕顔師古曰：「按班書楊敞傳，其載惲與太僕戴長樂相失，惲與長樂皆免爲庶人。惲既失爵位，家居營産業，起室宅，以財自娛。其友人安定太守西河孫會宗與書諫戒之。惲内懷不伏，報會宗書，辭語不遜。宣帝見而惡之，惲坐腰斬，妻子徙酒泉郡。此惲先入爵位，然後被誅，妻子被徙。據敞傳及豫上書，數説皆同，更無所異，安得有子名會宗，襲爵國除被徙事乎？謝氏既不詳其本，稱引會宗，失於故實。又自載豫上書，與敍事相背，交爲矛盾，二三詭錯。」顔説是。又據顔説，謝書當載有楊豫所上之書，然無從徵引其全文，僅殘存於下條。

六七一　豫上書，乞還本土，其辭云：「臣祖父惲，念安社稷，忠不避難，指刺奸臣，實心爲國，遂致

死徙。」（孫・王・汪）

——匡謬正俗卷五

史循傳

六七二　太醫史循宿禁中，寒疝病發，求火不得，衆人以口更噓其背，至旦遂愈〔一〕。（孫・汪）

——本草綱目卷五二

〔一〕孫志祖按：「范書鄧訓傳注引東觀記，『史循』作『皮巡』。」四庫館臣輯東觀記即入鄧訓傳。

魏尚傳

六七三　魏尚字文仲，高皇帝時爲太史，曉鳥語〔一〕。（孫・汪）

——緯略卷八

〔一〕此條亦見明何孟春餘冬序録、余寅同姓名録，及清周亮工同書。

王奂傳

六七四　奂字子昌〔一〕，河内武德人。明五經，負笈追業。常賃灌園，恥交勢利。爲考城令，遷漢陽太守，徵拜議郎，卒。（姚・王・汪・黄）

——范書范冉傳注

〔一〕孫志祖以爲此王奂即范書仇覽傳所言之王奂，與廣漢之王涣異，説見范丹傳注。淵海卷四五注此條當出謝承書范丹傳。

高弘傳

六七五　高弘字伯武，河内山陽人。爲琅邪相。〔將〕到官〔一〕，自負笈，單步入界，〔隨路所經之處〕〔二〕，聽採風俗厚薄。（姚・王・汪・黄）

——書鈔卷一三五　〇　又卷七四　御覽卷七一一

〔一〕據書鈔卷七四補。

〔二〕同右。

六七六　弘字伯武，爲琅邪（郡）〔相〕〔一〕。〔妻子不歷官舍〕〔二〕，悉出舍中供設付外，冬坐羊皮，夏坐板榻，以桑杯盛漿水。（姚·王·汪·黄）

——書鈔卷三八　○　事類賦注卷二五　御覽卷九五五　又卷七五九　書鈔卷一四四

〔一〕據御覽卷七五九、事類賦注卷二五改。

〔二〕據御覽卷九五五、事類賦注卷二五補。

盛吉傳

六七七　〔會稽〕盛吉字君達〔一〕，爲廷尉，自掌憲，〔常懇惻垂念之〕〔二〕。〔每至冬節〕〔三〕，罪囚當斷，夜省坐狀，其妻執燭，吉持丹筆，夫婦相向垂涕〔而決罪〕〔四〕。（姚·王·汪·黄）

——書鈔卷五三　○　又卷一〇四　初學記卷一二　又卷二〇（2）蒙求集注卷下

〔一〕據書鈔卷一〇四、初學記卷二〇補。

〔二〕據初學記卷一二補。

〔三〕據初學記卷二〇補。書鈔卷一〇四作「每至寒節」。
〔四〕據書鈔卷一〇四、初學記卷二〇補。又諸引「涕」皆作「泣」。

朱寵傳

六七八　朱寵隱身草澤。（孫·王·汪·黄）
——文選卷三八任彦昇爲褚蓁讓代兄襲封表注

六七九　京兆朱寵字仲威〔一〕，爲太尉。家貧，食脱粟飯，臥布被，朝廷〔知之〕〔二〕，賜錦被粱肉，皆不敢當，〔臥兼布被〕〔三〕。（姚·王·汪·黄）
——類聚卷四六　〇　書鈔卷五一　又卷三八　初學記卷一一　御覽卷二〇七　又卷四三一　又卷七〇七　又卷八一五　事類賦注卷一〇　類聚卷七〇　書鈔卷一九

〔一〕書鈔卷三八作「字仲臧」，誤。
〔二〕據書鈔卷五一補。
〔三〕據御覽卷七〇七補。

許永傳

六八〇　許永字永先〔一〕，爲司隸校尉，督師京師。是時閹侍在內，貴幸用勢，永舉法無所迴避，捕治閹侍，京師號曰「許永光日」。於外見怨以宰臣〔二〕，遂見誣譖，當下廷尉。永謂友人曰：「永年當七十，庶幾以忠義致身，未得殲姦臣之首，而先賊受害，何能復入奏對刀筆吏豺狼之口！」遂仰藥而死。（姚・王・汪・黃）

——書鈔卷六一（3）

〔一〕姚輯作「字永先」，汪輯作「字游光」，且注曰：「原誤永光。」黃輯刪。

〔二〕諸輯「外」均作「是」。

六八一　靈帝光和中，武庫屋自壞。司隸許（冰）〔永〕上書曰〔一〕：「武庫，禁兵所在，國之禁，爲災深也。」（孫・王・汪・黃）

——初學記卷二四　○　御覽卷一九一

〔一〕據汪輯校改。

宣仲傳

六八二　宣仲爲長史，民扳留，改曰宜民〔一〕。（姚・王・汪・黄）

——續漢郡國志注

〔一〕劉劭注：「見李固傳，而志無此改，豈承之妄乎？」又汪文臺曰：「『宜』當作『宣』。」且改「史」爲「吏」，屬下句，「長」上補「臨涇」二字。天游按：臨涇乃安定郡治所在。續漢百官志曰：「郡當邊戍者，丞爲長史。」則原引不誤，汪輯所改妄矣。

嫣皓傳

六八三　吴郡嫣皓字元起。父爲南郡太守，坐事繫獄。皓懷小石，至公卿（間）〔門〕〔一〕，輒出石，叩頭其上，流血覆面，父（繫）〔遂〕得免〔二〕。（姚・王・汪・黄）

——御覽卷三七五　○　又卷五一　書鈔卷一六〇　事類賦注卷七

〔一〕據書鈔卷一六〇、御覽卷五一、事類賦注卷七改。

〔二〕同右。又書鈔卷一六〇「得免」作「薨」，誤。

六八四 吴郡嫣皓字元起，其母至婚家，醉嘔吐，恐食得毒，伏地嘗吐，仰曰：「吐寒耳，非毒也。」（孫・汪・黄）

——御覽卷七四三

六八五 嫣皓母灸瘡發膿，皓祝而愈之〔一〕。（孫・王・汪・黄）

——御覽卷七四二

〔一〕「祝」，汪輯以爲「呪」之誤，非。周禮卷五瘍醫曰：「瘍醫，掌腫瘍、潰瘍、金瘍、折瘍之祝藥。」注曰：「祝當爲注，讀如注病之注。注謂附著藥。」故此祝乃皓注藥于其母瘡中之意。

唐約傳

六八六 唐約字仲謙，拜尚書令。約先服事臺閣，閑習舊典，質素密静。自典樞機，數有直言美策，以稱於上。每作表疏，皆手自書之，不宣於外。處官不言貨利之事，當法不阿所私，京師詠曰：「治身無嫌唐仲謙。」（姚・王・汪・黄）

——書鈔卷五九

龔遂傳

六八七　龔遂字巨卿，拜尚書郎。性敏達，彌縫舊章，深識典故，每入奏事，朝廷所問，應對甚捷〔一〕。桓帝嘉其才，臺閣有疑事，百僚議不決，遂常擬古典，引故事，處當平決，口筆俱著，轉左丞。（姚・王・汪・黃）

——書鈔卷六〇　〇　緯略卷二

〔一〕陳、俞本作「應時建白」。緯略卷二作「因時捷對」。

六八八　龔遂拜尚書郎，桓帝嘉其才，又見衣服不鮮，左右稱其清儉，賜衣及車馬。

——書鈔卷六〇

周樹傳

六八九　樹八辟從事，達於法，善能解煩釋疑。（姚・王・汪・黃）

——書鈔卷七三（2）

六九〇　辟爲從事，刺史孟觀有罪，俾樹作章，陳事序要，得無罪也。（姚・汪）

——御覽卷七三

孔恂傳

六九一　孔恂字巨卿，新淦人。州别駕從事車前舊有屏星，如刺史車曲翳儀式。是時刺史行部，發去日晏，刺史怒，欲去别駕車屏星。恂諫曰：「明使君傳車自發晚，而欲徹去屏屋，毁國舊儀，此不可行。别駕可去，屏星不可省。」即投傳去。刺史追辭謝請，不肯還，於是遂不去屏星。（姚・王・汪・黄）

——續漢輿服志注

賀純傳

六九二　純字仲真，會稽山陰人〔一〕。少爲諸生，博極羣藝。十辟公府，三舉賢良方正，五徵博士，四公車徵，皆不就。後徵拜議郎，數陳災異，上便宜數百事，多見省納。遷江夏太守。（姚・王・

——范書李固傳注

汪・黄）

〔一〕吴志賀齊傳注引虞預晉書曰：「賀氏本姓慶氏。齊伯父純，儒學有重名，漢安帝時爲侍中、江夏太守。去官，與江夏黄瓊、廣漢楊厚公車徵，避安帝父孝德皇諱，改爲賀氏。」所言賀純即此人也。

張盤傳

六九三　張盤字子〔石〕（固）〔一〕，丹陽人。爲廬江太守。尋陽令嘗餉官柑一奩〔二〕，其小男年七歲，□就取一枚與之，盤奪取付外。卒以兩枚與之，盤奪兒柑，鞭卒曰：「何故行賂於吾子？」（姚・王・汪・黄）

——書鈔卷三八　○　類聚卷八六　御覽卷九六六（2）　事類賦注卷二七

〔一〕據類聚卷八六改。又諸引唯御覽卷九六六作「張磐」，與范書同，諸輯均據以作張磐傳。今仍書鈔等之舊，以存異文。

〔二〕御覽卷九六六其中一引「柑」作「橘」。

六九四　丹陽張盤字子石，以操行清廉見稱。爲廬江太守，京師諺曰：「聞清白，張子石。」（姚・

（王・汪・黄）

——書鈔卷三八

王威傳

六九五　王威爲汝南五官掾，太守郭公有罪當徵，怖欲自殺。威抱書自投火中而死，太守得解其罪。（姚・王・汪・黄）

——書鈔卷七七

抗徐傳

六九六　抗徐字伯徐，丹陽人。少爲郡佐史，有膽智策略，三府表徐有將率之任，特遷長沙太守。（姚・王・汪・黄）

——范書桓帝紀注

高幹傳

六九七　幹字元才，才志弘邈，文武秀出。父躬，蜀郡太守；祖賜，司隸校尉。（姚・王・汪・黄）

——魏志高柔傳注

陰修傳

六九八　南陽陰修爲潁川太守，以旌賢擢俊爲務。舉五官掾張仲方正，察功曹鍾繇、主簿荀彧、主記掾張禮、賊曹掾杜祐、孝廉荀攸、計吏郭圖爲吏，以光國朝。（姚・王・汪・黄）

——魏志鍾繇傳注

六九九　序曰：「陰修敷化二郡，威教克平。」（孫・王・汪・黄）

——文選卷三六王融策秀才文注　○　又卷五九沈休文齊安陸昭王碑文注

褚禧傳

七〇〇 褚禧字叔齊，陳留尉氏人。博聞廣見，聰明智達。（孫・王・汪・黄）

——文選卷五八王仲寶褚淵碑文注

姚俊傳

七〇一 姚俊尤明圖緯秘奥。（孫・王・汪・黄）

——文選卷一六潘安仁閒居賦注 〇 又卷四七夏侯孝若東方朔畫贊注

駱俊傳

七〇二 俊字孝遠，〔烏傷人〕〔一〕。有文武才幹，少爲郡吏，察孝廉，補尚書郎，擢拜陳相。〔人有產子，厚致米肉，達府主意，生男女者，以駱爲名〔二〕。值袁術僭號，兄弟忿爭，天下鼎沸，羣賊並起。陳與比界，奸慝四布，俊厲威武，保疆境，賊不敢犯。養濟百姓，災害不生，歲獲豐稔。後術軍衆飢困，就俊求糧。俊疾惡術，初不應答。術怒，密使〔部曲將張闓陽私行到陳，之俊所。俊往從飲酒，因詐〕（人）殺俊〔三〕。〔一郡吏人，哀號如喪父母〕〔四〕。（姚・王・汪・黃）

——吳志駱統傳注　○　范書明八王傳注

〔一〕據范書明八王傳注補。

〔二〕同右。

〔三〕據范書明八王傳注改補。

〔四〕據范書明八王傳注補。

董襲傳

七〇三　襲志節慷慨，武毅英烈。（姚・王・汪・黃）

——吳志本傳注

伍孚傳

七〇四　孚字德瑜，汝南吴房人。質性剛毅，勇壯好義，力能兼人。（姚·王·汪·黄）

七〇五　伍孚字德瑜，少有大節，爲郡門下書佐。其本邑長有罪，太守使孚出教，敕曹下督郵收之。孚不肯受教，伏地諫曰：「君雖不君，臣不可不臣，明府奈何令孚受教，敕外收本邑長乎？更乞授他吏。」太守奇而聽之。後大將軍何進辟爲東曹屬，稍遷侍中、河南尹、越騎校尉。董卓作亂，百僚震慄。孚著小鎧於朝服，裏挾佩刀，見卓，欲伺便刺殺之。語闋，辭去，卓送至閤中，孚因出刀刺之。卓多力，退却不中，即收孚。卓曰：「卿欲反耶？」孚大言曰：「汝非吾君，吾非汝臣，何反之有？汝亂國篡主，罪盈惡大。今是吾死日，故來誅姦賊耳，恨不車裂汝於市朝，以謝天下。」遂殺孚〔一〕。（姚·王·汪·黄）

——范書董卓傳注

——魏志董卓傳注

〔一〕裴松之曰：「謝承記孚字及本郡則與瓊同，而致死事乃與孚異也，不知孚爲瓊之别名，爲别有伍孚也？蓋未詳之。」姚之駰按：「范書孚事見董卓傳，與此略同，但官越騎校尉，非侍中耳。伍瓊則爲侍中。當卓欲徙都長安時，瓊與周珌同諫，遂受害。是瓊未死時，卓惡未至貫盈，何遽挾刀欲殺之？自殺瓊後，卓遷都掘陵，罪惡山積，王允、士孫瑞謀誅卓，而孚亦于閤中行刺，則孚與瓊自是兩人，特同郡耳，其同字或誤也。」

傅翻傳

七〇六　傅翻字君成〔一〕，轉諫議大夫，天性諒直，數陳讖言。武帝嘉之〔二〕。（孫・王・汪・黄）

——書鈔卷五六　○　初學記卷一二　御覽卷二二三

〔一〕「傅」原誤作「陳」，據初學記卷一二、御覽卷二二三逕改。陳本亦作「傅」。

〔二〕天游按：王輯據初學記卷一二引，而改「武帝」作「成帝」。孫志祖曰：「武帝疑光武之譌。」孫説是。陳本即作「光武郅壽」，其「郅壽」系衍文。

夏勤傳

七〇七　〔九〕江夏（劉）勤字伯〔宗〕〔一〕，家貧，作屩供食。常作一量屨斷，勤置不賣。出行，妻賣

以糴米。勤歸炊熟，怪問何所得米，妻以實告，勤責曰：「賣毀物，歉取其直也。」因棄不食。仕至司徒。（孫·王·汪·黄）

——御覽卷六九八

〔一〕孫志祖按：「夏勤字伯宗，九江壽春人。安帝永初元年，爲司徒。東京司徒無江夏劉勤其人，疑即夏勤之訛。」汪文臺亦曰：「惠氏後漢書補注作九江夏勤事。」故據以改補。

七〇八 夏勤從容議論。（孫·王·汪·黄）

——文選卷四六任彦昇王文憲集序注

孟政傳

七〇九 孟政字子節，地皇六年，爲府丞虞卿書佐。時太守缺，丞視事。毗陵有賊，丞討之，未到縣，道路逢賊，吏卒迸散，政操刀楯與賊相擊，丞得免難，政遂死於路〔一〕。（孫·王·汪·黄）

——御覽卷三五七

〔一〕孫志祖曰：「嚴氏元照曰：『案地皇是王莽紀年，謝書不當記前漢事，或其人尚逮東漢之世耳。』」

江漢傳

七〇　江漢字山甫〔一〕，遷丹陽太守。是時大江劇賊余來等劫擊牛渚、丹陽、邊水諸縣居民，毆略良善，經歲爲害。漢到郡，會集勁士，修整戰具，鉤鑲刀楯大戟長釾弓弩勁兵，轉送承接。余來亟戰失利，遂見梟獲。孝順帝喜其功，賜以劍珮。（孫・王・汪・黄）

——御覽卷三五七

〔一〕諸輯均作「子甫」，今依宋本御覽作「山甫」。

馬寔傳

七一　馬寔字伯騫，勤結英雄，所欲交接，負笈荷擔，不遠萬里。山陽王暢未仕時，寔慕（高）（嵩）名〔一〕，往見之。屆暢門，投刺，欲不肯見，使從者拒之，云行歷未旋。寔留連，日日往伺之，謂從者曰：「夫孝子事親，行不踰日〔二〕，而至今不歸，非孝子也。欲待與相見，如凶於路，往而不（反）（友）〔三〕，哭之以爲死交。」暢聞其言，歎息壯志，因執其手，揖引與入。美談畢，請入見母，飲宴定好而別。寔臨退，執暢手訣曰：「太上立德，其次立功。幸俱生盛明之世，免磚瓦之姿，託爲丈夫，當建名後載〔四〕，不可爲空生徒死之物，穢天壤之間。」（孫・王・汪・黃）

——御覽卷四〇七

〔一〕據汪輯改。
〔二〕論語里仁篇曰：「子曰：『父母在，不遠遊，遊必有方。』」
〔三〕據汪輯改。
〔四〕記纂淵海卷四八「後載」作「千載」。

范訓傳

七一二　范訓母亡，以布囊盛土，負以成壙〔一〕。（孫・王・汪・黃）

——御覽卷三七

〔一〕壙，墓穴也，見廣韻。記纂淵海卷七九其一引作「壙」，一引作「墳」。

司馬均傳

七一三　司馬均字少賓，東萊人〔一〕。（汪）

——汪輯

〔一〕未詳所出，録此存疑。

戎良傳

七一四　濟陰戎良字子恭，年十八，爲郡門下〔幹〕吏〔一〕。良儀容偉麗，太守諸葛禮使閤里寫書。從者誣良與婢通，〔良〕刳腹〔二〕，引出腸肝，示禮〔赤心〕〔三〕。（孫・王・汪・黄）

——御覽卷四三八　○　又卷三七一

〔一〕據御覽卷三七一補。

〔二〕同右。

〔三〕同右。

戴遵傳

七一五　戴遵字子高，富於貲産，輕財好義，賓客常三四百人。時人名之「關東大豪戴子高」。——御覽卷四七一

（孫・王・汪・黄）

楊淮傳

七一六　楊淮字伯川，拜尚書令，存心正直，選舉高妙，能進善疾惡，不爽毫釐。——書鈔卷五九（孫・黄）

施陽傳

七一七　施陽字季儒，爲監軍使，持節乘軒，從左監護騎到江夏郡，闢内門，陽殺牛設酒，交臂降

服。（峻）

——書鈔卷六三

宋登傳

七一八　宋〔登〕爲潁川太守〔一〕，市無二價，道不拾遺。（孫）

——書鈔卷七五

〔一〕據陳本補。

鮑季壽傳

七一九　鮑季壽爲沛相，下民歌曰「神君」。（峻）

——書鈔卷七五

趙峻傳

七二〇　峻字伯師，下邳（余）〔徐〕人也〔一〕。峻承豐疾世，履貧儉。少喪二親。爲邑功曹吏，無車馬，因相出饗，勑諸曹掾吏各自具車，不得共載從行。功曹書佐時召陳常曰：「相除録進。」峻□直，笈到，立傳學顔氏春秋、魯詩。

——書鈔卷一三九

〔一〕嚴可均曰：「考四録堂校刊書鈔本，『余之』作『徐人』。勞笙士讀書雜識卷二據後漢書順帝紀趙峻注云：『峻字伯師，下邳徐人也。』與此正合。『峻』當缺『趙』字。」今據嚴校而改。下文有訛脱。

張免傳

七二一　張免除新豐令，治爲三輔第一〔一〕。

——書鈔卷七八

〔一〕孔本曰出謝志，陳、俞本改作世語。今從孔本，且入謝承書。

劉旦楊魯傳

七二二　劉旦、楊魯並光和中畫手，待詔尚方，畫於鴻都學。——歷代名畫記卷四

蔣疊傳

七二三　蔣疊爲太僕，久居臺閣，明習故事。在九卿位，數言便宜，奏議可觀。——緯略卷二

殷輝傳

七二四　殷輝字子倫，汝南人。每得甘果，持歸進其母。——緯略卷六

董昆傳

七二五　董昆字文通〔一〕，初爲司農帑丞，得遷鉅鹿太守，載三車錢穀，所出給見在券，薛臣自隨。論者咸爲主内實貪穢，外求虛名，連車重載，此必不空。詔書后覆大司農帑藏錢穀，前主者有出入。徵見昆，討板悉載三車蒯，諸宮無它物。章帝嘉之，擢爲楚郡太守。

——書鈔卷一三九

〔一〕嚴可均曰：「案范書無此人。惟本鈔七十九孝廉篇引會稽先賢讚有『董昆字文通』五字，亦未嘗無其人也。但原鈔文理舛誤甚多，無從校改。」

商仁傳

七二六　商仁字季卿，徵拜大鴻臚卿，以年老乞骸骨，詔賜斗酒米帛，若經傳有疑，使小黃門就問之。

——職官分紀卷二〇　〇　錦繡萬花谷後集卷一一

張禹傳

七二七　張禹少作公府史〔一〕，給廷尉爲北曹史，每斷法決處事執平，爲京師所稱。明帝以其達法理，有張釋之之風，起拜廷尉。

——職官分紀卷一九

〔一〕按范書張禹傳，禹明帝時官至揚州刺史，不聞拜爲廷尉，此當別一張禹也。翰苑新書前集卷二二作「强禹」。

張諶傳

七二八　張諶少修志節，性聰明，有令才，鄉曲稱曰「神人」。除尚書侍郎左丞，朝賀陛見，進對威儀，辭言辯達，帝深奇之，特拜東海相。

——職官分紀卷八

東夷列傳

七二九　三韓俗以臘日，家家祭祀，俗云「臘鼓鳴，春草生」也。（孫・王・汪）

——御覽卷三三

散句

七三〇　佛以癸丑七月十五日寄生於淨住國摩耶夫人腹中，至周莊王十年甲寅四月八日〔始〕生〔一〕。（姚・王・汪・黄）

——歲華紀麗卷三　○　路史發揮卷三注

〔一〕據路史發揮卷三注補。又其注曰：「然莊王十年乃甲午，又非甲寅，甲寅又後二十年。此則腐儒習于妄説，屬意牽合，而不知所考者。蓋釋之徒欲蔑老子化胡之語，故推而上之于昭王之時。老者又不能以其道勝，復爲推曰老子以商王陽甲庚申之歲，降于玄妙之胎。紛紜誕妄，不可殫紀。」

七三一　銅人翁仲，翁仲其名也。（孫・王・汪・黄）

——史記秦始皇本紀索隱

七三二　莽時有奇士巨毋霸，臥則枕鼓，以鐵箸食。（孫・王・汪・黄）

——御覽卷七六〇

七三三　王公位二千石〔一〕，奕世相襲。（孫・王・汪・黄）

——文選卷五左太沖吴都賦注　〇　又卷六左太沖魏都賦注

〔一〕文選卷六魏都賦注作「王翁」。

七三四　西夷蠢動，姦雄碁跱。（孫・王・汪・黄）

——文選卷二〇潘安仁關中詩注

七三五　士庶流宕他州異境〔一〕。（王・汪・黄）

——文選卷四五皇甫士安三都賦序注　〇　又卷三五張景陽七命注

〔一〕文選卷三五七命注此句出「謝忱後漢書序」。

七三六　威令神行，征艾朔士。（孫・王・黄）

——文選卷五九沈休文齊故安陸昭王碑文注

七三七　免歸田里〔一〕。

——書鈔卷三二

〔一〕按范書和帝紀，永元元年冬十月令郡國弛刑輸作軍營，其徙出塞者，刑雖未竟，皆免歸田里。或書鈔所引四字，系謝承書和帝紀之文。

七三八　紫綬〔一〕。

〔一〕其注曰：「上謝承書周飭。」按范書無周飭，疑「飭」字有誤，俟考，亦暫入散句。

——書敘指南卷一

序傳

七三九　承父嬰〔一〕，爲尚書侍郎，服事丹墀，彌綸舊章。〔每讀高祖及光武之後將相名臣〕〔二〕，〔佐國翊治，謇諤諫争，諸節隱逸，儒林徵聘〕〔三〕，策文通訓，條在宫禁〔四〕，秘於有閣，（爲）〔唯〕承臺郎升復道取〔急〕〔五〕，得爲開覽，其餘他官，莫敢闚闞者也。（姚・王・汪・黄）

——書鈔卷六〇　○　文選卷二四陸士衡答賈長淵詩注

〔一〕王謨按：「吴志『謝夫人，會稽山陰人也。父煚，漢尚書郎、徐令』。注引『煚子承撰後漢書』云云。則文選注所引謝承書『承父嬰爲尚書侍郎』，即謝煚也。但謝書本文應自稱承父嬰，若出後人纂輯，自應改稱謝煚。注『嬰，一作煚』。姚本仍作『承父嬰』，且竟忘其爲謝承父，而别引承宫以承爲姓，又疑以承父爲複姓，胥失之矣。兹特訂正。」又翁注困學紀聞引閻若璩按曰：「嬰當作煚。」而盧弼曰：「官本『煚』作『煚』。沈家本曰：『作煚是。廣韻二十八梗，煚，俱永切，火也。』」

〔二〕據文選卷二四陸士衡答賈長淵詩注補。

〔三〕據職官分紀卷八補。

〔四〕文選卷二四陸士衡答賈長淵詩注「宫禁」作「南宫」。

〔五〕據文選卷二四陸士衡答賈長淵詩注改補。

七四〇　奧幼以仁孝爲行，明達有令才。奧弟貞，履蹈法度，篤學尚義。舉孝廉，建昌長，卒官。

——吴志謝夫人傳注

（孫・王・汪）

薛瑩後漢記

光武帝紀

〇〇一　光武征伐，嘗乘革車羸馬。公孫述破，益州送樂器、旅車〔一〕、乘輿，（什）〔法〕物然後備〔二〕。

——書鈔卷一三九

〔一〕范書光武帝紀作「葆車」，是。

〔二〕據范書光武帝紀改。

〇〇二　王莽之際，天下雲亂，英雄並發，其跨州據郡僭制者多矣！人皆有冀於非望，然考其聰明仁勇，自無光武儔也。加以寬容博納〔一〕，計慮如神，是以任光、竇融，望風景附；馬援一見，覩顏識奇。故能以十數年間，掃除羣凶，清復海内，豈非天人之所輔贊哉？古者師不内御，而光武命將，皆授以方略，使奉圖而進，其有違失，無不折傷，意豈文史之過乎？不然，雖聖人其猶病諸〔二〕。（姚·

汪·黃）

——類聚卷一二　○　御覽卷九○　初學記卷九

〔一〕原作「寬博容納」，據初學記卷九逕改。

〔二〕按此引當系贊語。又姚之駰曰：「此篇簡括精悍，自是傑作。末段如神龍掉尾，使人不可捉摸，更佳。范論但敍光武符瑞，不及開拓大略，失史體矣。」

明帝紀

〇〇三　〔贊曰〕〔一〕：明帝自在儲宮，而聰允之德著矣。及臨萬機，以身率禮〔二〕，恭奉遺業，一以貫之。雖夏啓周成，繼體持統，無以加焉。是以海內乂安，四夷賓服，斷獄希少，有治平之風，號曰顯宗，不亦宜乎！（姚·汪·黃）

——類聚卷一二　○　御覽卷九一　書鈔卷一二　又卷一五

〔一〕據御覽卷九一補。

〔二〕御覽卷九一「以」作「約」。

章帝紀

〇〇四　贊曰：章帝以繼世承平，天下無事，敬奉神明，友于兄弟，息省徭賦，綏静兆民，除苛法，蠲禁錮，抑有仁賢之風矣。是以陰陽協和而百姓安樂，衆瑞並集，不可勝載，考之圖籍，有徵云爾。——御覽卷九一　〇　書鈔卷一五（汪·黄）

〇〇五　章帝北巡，下長平御池陽宮，東至高陵，造舟至于涇而還。——初學記卷六（姚·汪·黄）

安帝紀

〇〇六　贊曰：安帝之初，委政太后〔一〕，十有餘年。及親萬機，佞邪始進，閹宦用事，寵加私愛，阿母王聖，勢傾朝廷，遂樹姦黨，摇動儲副〔二〕，山陵未乾，蕭牆作難，兵交禁省，社稷殆危〔三〕。

（汪・黄）

——御覽卷九一

〔一〕指和熹鄧太后。

〔二〕延光三年，帝聽信中常侍江京等之讒言，廢皇太子保爲濟陰王。

〔三〕延光四年十一月，中黄門孫程等斬江京，迎立濟陰王保爲順帝。車騎將軍閻顯兄弟率兵入北宫，尚書郭鎮斬閻景，帝復遣使收顯等下獄誅，天下始安。

桓帝紀

〇〇七　贊曰：漢德之衰，有自來矣。而桓帝繼之以淫暴，封殖宦豎，羣妖滿側，姦黨彌興，賢良波辜，政荒民散，亡徵漸積。逮至靈帝，遂傾四海，豈不痛哉！左傳曰：「國於天地，有與立焉。不數世淫，不能（弊）〔斃〕也〔一〕。」信矣！（汪・黄）

——御覽卷九二　〇　書鈔卷二一

〔一〕據左傳昭公元年傳文改。此乃秦后子答晉趙孟之語。

靈帝紀

〇〇八　靈帝熹平四年，詔正五經文字，刻石立于太學之前。

——書鈔卷一六〇

〇〇九　靈帝光和元年，虹晝見御所居崇德後殿前庭中，色青赤。（姚・汪・黄）

——初學記卷二

〇一〇　靈帝光和五年，校獵廣成苑。（姚・汪・黄）

——初學記卷二四

〇一一　靈帝光和六年冬，北海、東萊、琅邪井冰厚丈餘。（汪・黄）

——初學記卷七　〇　御覽卷六八

〇一二　贊曰：漢世中興，至於延平而世業損矣〔一〕。沖、質短祚，孝桓無嗣。母后稱制，奸臣執政。孝靈以支庶而登至尊，由藩侯而紹皇統〔二〕，不恤宗緒，不祗天命，上虧三光之明，下傷億兆之望。于時爵服橫流，官以賄成，自公侯卿士，降於皂隸，遷官襲級，無不以貨〔三〕。刑戮無辜，摧仆忠賢，佞諛在側，直言不聞，是以賢智退而窮處，忠良擯於下位。遂至姦邪蜂起，法防墮壞，夷狄並侵，盜賊糜沸，小者帶城邑，大者連州郡，編户騷動，人人思亂〔四〕。當斯之時，已無天子矣。會靈帝即世，則禍尋其後，宮室焚滅，郊社無主，危自上起，覃及華夏，使京室爲墟，海内蕭條，豈不痛哉！（汪・黄）

——御覽卷九二　○　書鈔卷四一

〔一〕延平，殤帝年號。

〔二〕靈帝，河間孝王開之後，襲封解瀆亭侯。

〔三〕光和元年，初開西邸賣官，自關内侯、虎賁、羽林，入錢各有差。私令左右賣公卿，公千萬，卿五百萬。事見范書靈帝紀。又李賢注引山陽公載記曰：「時賣官，二千石二千萬，四百石四百萬，其以德次應選半之，或三分之一，於西園立庫以貯之。」

〔四〕書鈔卷四一引作「天下思亂」。

獻帝紀

〇一三　黄巾郭泰等起於西河白波谷，時謂之「白波賊」〔一〕。（姚・汪・黄）

——范書獻帝紀注

〔一〕姚之駰曰：「是時董卓遣中郎將牛輔擊之，不能却也。范略。」

王霸傳

〇一四　光武至薊上，王郎使（兵）〔者〕至〔一〕。上發薊，晨夜馳騖，至下曲陽滹沱河。導吏還言河流澌，無船不可渡。遣王霸往視實然。霸念恐驚衆，即還曰冰牢可渡。比至，冰可乘，帝遂得渡滹沱河。（姚・汪・黄）

——初學記卷七　〇　御覽卷六八

〔一〕據御覽卷六八改。

馬援傳子防

〇一五　上以太常樂丞鮑鄴等上樂事，下車騎將車馬防。防奏言：「建初二年七月，鄴上言：『王者飲食必道，須四時五味，故有食舉之樂，所以順天地，養神明，求福應也。移風易俗，莫善於樂〔一〕。樂者，天地之和，不可久廢。今官樂但有太蔟，皆不應（日）〔月〕律〔二〕。可作十二月均，各應其月氣，乃能順天地，和氣宜應〔三〕。明帝始令靈臺六律候，而未設其門。樂經曰十二月行之，所以宣氣豐物也。月開斗建之門，而奏歌其律。誠宜施行。願與待詔嚴崇及能作樂器者共作治，考工給所當。』詔下太常。太常上言：『作樂器，直錢百四十六萬，請太僕作成上。』奏寢。今明詔下臣防，臣輒問鄰及待詔知音律者，皆言聖人作樂，所以宣氣致和，順陰陽也。臣愚以爲可順上天之明〔時〕〔四〕，因歲首令正，發太簇之律，奏雅頌之音，以立太平，以迎和氣。其條貫甚備。」詔書以防言下三公。（姚・汪・黄）

——續漢律曆志上注

〔一〕出孝經廣要道章。

〔二〕據點校本續漢志校勘記改。

〔三〕國語周語韋昭注：「律，謂六律、六吕也。陽爲律，陰爲吕。六律：黄鍾、太蔟、姑洗、蕤賓、夷則、無射也。六吕：林鍾、仲吕、夾鍾、大吕、應鍾、南吕也。均者，均鍾木，長七尺，有絃繫之以均鍾者，度鍾大小清濁也。漢大予樂官有之。」其所言六律、六吕，總稱十二律，以應十二月氣，太蔟應正月。

〔四〕據點校本續漢志校勘記改。

光武十王傳 琅邪王京

○一六　琅邪王京好宮室，理殿館，壁帶飾以金銀〔一〕。

——初學記卷二四

〔一〕原引書名僅作後漢紀，許逸民初學記索引入薛瑩書，今從之。

李膺傳

○一七　李膺字元禮，潁川襄城人。抗志清妙，有文武儁才。遷司隸校尉，爲黨事自殺。（姚·汪·黃）

——世說新語德行注　○　史略卷二

○一八　李膺、王暢、荀緄、朱寓、魏朗、劉祐、杜楷、趙典爲八俊〔一〕。（姚·汪·黃）

——世說新語品藻注　○　史略卷二

〔一〕八俊亦見范書黨錮列傳序，「緄」作「翌」，「楷」作「密」。天游按：考楷，東觀諸史均無此人事迹；緄則畏憚宦者，方爲子娶常侍唐衡之女，雖爲一龍，豈得以俊目之。密故太僕，昱沛相，皆以黨事爲有司奏捕，當以范書爲是。

戴翼傳

〇一九　桓帝時，沛國戴翼鉏園得黄金印〔一〕。

——初學記卷二四

〔一〕原引書名作後漢紀，許逸民初學記索引入薛瑩書，今從之。

司馬彪續漢書卷一

光武帝紀

〇〇一　世祖微時，繫南鳴市，獄市吏以一笥飯與之。（汪）

——御覽卷七一二

〇〇二　伯昇賓客劫人〔一〕。上避吏於新野鄧晨家。（姚・汪）

——范書光武帝紀注

〔一〕范書作「多爲小盜」。

〇〇三　諸于繡䘿〔一〕。（汪）

——范書光武帝紀注

〔一〕范書「䘿」作「䙝」。李賢曰：「前書音義曰：『諸于，大掖衣也。如婦人之袿衣。』字書無『䙝』字。」又曰：「揚雄方言曰：『襜褕，其短者，自關之西謂之統䘿。』郭璞注云：『俗名䘿掖。』據此，即是諸于上加繡䘿，如今之半臂也。」續漢志云此乃婦人衣也。

〇〇四　是時上平河北，過邯鄲。林進見〔一〕，言赤眉可破。上問其故，對曰：「河水從列人北流，如決河水灌之，皆可令爲魚。」上不然之。（姚・汪）

——范書光武帝紀注

〔一〕林，趙繆王元之子。五鳳二年元坐殺謁者，會薨國除。又東觀記裏「林」作「臨」。

〇〇五　時冰滑馬僵，乃各以囊盛沙，布冰上度焉〔一〕。（姚・汪）

——范書光武帝紀注

〔一〕時王郎勢盛，移檄購光武十萬户。光武自薊南奔，乘冰得渡呼沱河。

〇〇六　更始使侍御史黄黨封上爲蕭王。（姚・汪）

——范書光武帝紀注

〇〇七　彊華〔一〕，潁川人也。（姚・汪）

——范書光武帝紀注

〔一〕光武在長安求學時之同舍生。後自關中奉赤伏符以獻光武，光武遂稱帝。

〇〇八　建武初，令天下繫囚減罪一等，出縑贖罪，輕重有差〔一〕。

——白帖卷四七

〔一〕疑「初」系「末」之誤，此詔與建武二十九年詔頗相似。

〇〇九　建武二年，詔曰：「其赦天下，惟〔酷吏〕殘賊〔一〕，用刑戮深刻，獄多冤人，朕甚愍之。自今已後，有犯者，將正厥辜。〔與中二千石、諸大夫、博士、議郎有刑罰〕〔二〕。（姚・汪）

——類聚卷五二　〇　初學記卷二〇

〔一〕據汪輯補。

〔二〕據初學記卷二〇補。

〇一〇　光武建武二年，野蠶成繭，野民收其絮。（姚・汪）

——類聚卷六五　〇　御覽卷八一九　又卷八二五

〇一一　中元元年二月，上東巡狩至山，封泰山，柴祭。禪於梁陰。夏四月，大赦天下。

——書鈔卷九一

〇一二　昔羿、寒浞篡夏數十年，少康生，爲（牧人）〔仍牧正〕〔一〕，能修德復夏，厥勳大矣，然尚有虞思及靡、有鬲内外之助〔二〕。至于光武，承王莽之篡，起自匹庶，一民尺土，靡有憑焉。發跡於昆陽，以數千屠百萬，非膽智之至，孰能堪之？討賊平亂，克復漢業，號稱中興，雖初興者，無以加之矣。中國既定，柔遠以德〔三〕，愛慎人命，下及至賤〔四〕，武功既〔備，抗文德，修經術〕〔五〕，勳績宏矣。（姚・汪）

——類聚卷一二　〇　御覽卷九〇

〔一〕據御覽卷九〇改補。左傳哀公元年伍員曰：「昔有過澆殺斟灌以伐斟鄩，滅夏后相，后緡方娠，逃出自竇，歸于有仍，生少康焉。爲仍牧正。」杜預曰：「牧官之長。」

〔二〕虞思，有虞氏酋長。少康逃至有虞，虞思妻之以二女，有田一成，衆一旅。見左傳哀公元年伍員之語。又靡，夏之舊臣，逃奔有鬲氏，收斟灌、斟鄩二國之餘燼，以滅寒浞而立少康。見左傳襄公四年魏絳之語。

〔三〕光武從耿國策，立比爲南單于。故自建武二十六年起，烏桓、鮮卑保塞自守，北虜遠遁，中國少事。

〔四〕光武於建武十一年、十二年、十三年、十四年連續五次下詔，免奴婢爲庶人。

〔五〕類聚卷一二作「武功既抗，文德術修」。今據御覽卷九〇改補。

明帝紀

〇一三　明帝爲光武起廟，號世祖廟。

——文選卷一班孟堅東都賦注

〇一四　明帝永平二年正月辛未，宗祀光武於明堂。祀畢，升靈臺，望雲物，大赦天下。（汪）

——初學記卷二〇

〇一五　永平四年，詔曰：「比來水旱饑饉，加有軍旅，正旦無陳朝賀之儀。」（汪）

——御覽卷二九

章帝紀

〇一六　建初五年，零陵女子傅寧宅内，生紫芝五株，長者尺四寸，短者七八寸。太守沈豐使功曹齎芝以聞，帝告示天下。〔一〕（姚·汪）

——御覽卷九八五　〇　類聚卷九八

〔一〕類聚卷九八作「章帝建初五年，零陵獻芝草」。復引論衡，文與御覽多同，或御覽誤也。

〇一七　章帝徵能術者，深諸家曆，以爲四分之曆〔一〕。

——書鈔卷一五三

〔一〕時待詔張盛、京房、鮑業、楊岑等共課之，歲餘，以盛等所中多，遂於元和二年二月甲寅，頒用四分曆。

〇一八　章帝元和二年二月，帝東巡狩泰山，至于岱宗，柴望，秩山川羣神，大赦天下。（姚·汪）

——初學記卷二〇

〇一九　章和元年，安息國遣使獻師子、符枝〔一〕，形似麟而無角。（姚・汪）

——初學記卷二九　〇　御覽卷八八九　范書班超傳注

〔一〕范書章帝紀章和元年作「月氏國遣使獻扶拔、師子」，班超傳略同。安息國來獻作二年事，時章帝已崩。初學記所引誤，又「枝」系「拔」之譌。疑「形似麟而無角」系注文，徐堅等誤入正文耳。

和帝紀

〇二〇　條支國出師子、犀牛。（姚・汪）

——初學記卷二九

〇二一　論曰：孝和年十四，能折外戚驕横之權，即昭帝變上官之類矣〔一〕。朝政遂一，民安職業，勤恤本務，苑囿希幸，遠夷稽服，西域開泰〔二〕，郡國言符瑞八十餘品，咸懼虚妄，抑而不宣云爾。（汪）

——御覽卷九一

〔一〕永元四年，翦除竇憲黨羽，憲及其弟篤、景俱自殺。上官者，上官桀也。其與憲均爲外戚，争權跋扈，皆以謀反罪死。昭帝於元鳳元年誅左將軍上官桀，亦年十四，故司馬彪舉以相方耳。

〔二〕永元六年，班超大破焉耆、尉犂，至此西域五十餘國俱内附。

安帝紀

〇二二　殤帝崩，太后與兄車騎將軍鄧隲定策禁中。其夜使隲持節以王青蓋車迎安帝，齋於殿中。（汪·鈴木）

——御覽卷五三〇

〇二三　安帝加元服，大赦，賜公卿金帛〔一〕。

——御覽卷五四〇

〔一〕原「安帝」下尚有「靈帝」二字，「大赦」上有「并」字，乃引者並而言之，今分屬二帝紀。

〇二四　鴻池在雒陽東二十里〔一〕。（姚·汪）

——范書安帝紀注

〔一〕永初三年，安帝詔以鴻池假貧民。

〇二五　永初四年詔：「比年饑，加有軍旅繇衛，且勿設戲作樂，正旦無陳充庭車。」〔一〕（汪）

——書鈔卷一五六

〔一〕全後漢文引此詔，「嚮」下有「者」字，嚴可均注：「此詔有脱誤。」又「車」原誤作「軍」，據嚴校而逕改。

〇二六　永初六年正月甲寅，謁宗廟〔一〕。（汪）
——范書安帝紀注

〔一〕范書作「七年春正月庚戌」，李賢以爲范書誤。

〇二七　元初中，會稽大疫，使光禄大夫將醫巡行〔一〕。（汪）
——御覽卷七四二

〔一〕范書「醫」上有「太」字，疑此脱。

〇二八　上賜衛尉馮石寶劍、玉玦、雜繒布等〔一〕。（汪）
——范書安帝紀注②

〔一〕建光元年九月，帝幸衛尉馮石府，賜此諸物。

〇二九　安帝崩，太子前廢〔一〕，後無餘子，皇后與兄閻顯謀，以北鄉侯犢爲帝嗣〔二〕。三月，立北鄉侯，皇太后臨朝。十月辛亥，北鄉侯薨。顯及江京等徵濟北、河間王子，欲以爲嗣。中黄門孫程、王康等十九人，共討京等，迎立濟陰王。（汪）
——御覽卷九一　〇　范書安帝紀注

〔一〕延光三年九月，常侍江京等譖毁太子保，遂廢爲濟陰王。詳見順帝紀。

〔二〕范書「犢」作「懿」，東觀記同續書。李賢曰「蓋二名」。

順帝紀

○三〇 帝爲太子，四歲避疾，當阿母王聖第新治，乳母王男、廚監邴吉以爲犯上忌，不可御，與江京、樊豐及聖二女永等相是非。聖、永誣譖男、吉，皆物故。太子思戀男等，數爲之歎息。聖、永懼有後害，遂與京、豐等共構太子，坐廢爲王。（汪）

——御覽卷九二

○三一 順帝詔曰：「死則委尸原野。」〔一〕

——文選卷五七顏延年陽給事誄注

〔一〕嚴可均以爲是遺詔中語。

沖帝紀

○三二 沖帝建康元年九月，京師及太原、雁門地震，二郡沙涌裂〔一〕。（姚・汪）

——書鈔卷一五九

〔一〕范書作「水涌土裂」，是。又「二郡」作「三郡」，非。續漢志僅言九月丙午京師地震，不及二郡。

桓帝紀

○三三　時登等有玉印五〔一〕，皆如白石，文曰「皇帝信璽」、「皇帝行璽」，其三無文字。璧二十二，珪五，鐵券十一，開王廟，帶玉綬，衣絳衣，相署置也。（姚・汪）

——范書桓帝紀注

〔一〕登，蓋登也。延熹八年起事於勃海郡，同年失敗被殺。

○三四　〔桓帝〕祠老子於濯龍中〔一〕，設華蓋（八）〔之〕座〔二〕，〔用淳金釦器〕〔三〕。（姚・汪）

——御覽卷七〇二　〇　又卷七五六

〔一〕據御覽卷七五六補。

〔二〕據續漢祭祀志改。

〔三〕據御覽卷七五六補。又初學記卷二四、御覽卷一九七引作「濯龍園在洛陽西北角」，當系注文，故附於此。

靈帝紀

〇三五　孝靈皇帝諱宏，章帝玄孫，河間孝王曾孫，解瀆亭侯淑之孫，萇之子也。母曰董姬。萇薨，上襲爵爲侯。永康元年十二月，桓帝崩。先是數有皇子，夭昏不遂，太后與父竇武定策禁中。建寧元年正月，徵到，止夏門亭。〔使竇武持節〕以王青蓋車迎入于殿〔中〕〔一〕，即皇帝位，太后臨朝。——御覽卷九二　〇　又卷一九四（汪）

〔一〕據御覽卷一九四補。

〇三六　靈帝封河間王子庾爲濟南王，奉帝父孝仁祀。——御覽卷一九九（汪）

〇三七　置永樂宮，儀如桓帝尊匽貴人之禮〔一〕。——范書靈帝紀注（姚·汪）

〔一〕范書注曰此引出續漢志，然續漢志無此文，疑「志」系「書」之譌。汪輯入靈帝紀，今亦從之。

○三八　建寧四年〔正月〕〔一〕，帝加元服，大赦天下，〔賜公卿金帛〕〔二〕。（汪）——書鈔卷八四　○御覽卷五四〇　又卷九二

〔一〕據御覽卷九二補。

〔二〕據御覽卷五四〇補。

○三九　唐珍，中常侍唐衡弟〔一〕。（姚·汪）——魏志董卓傳注

〔一〕熹平二年，太常唐珍爲司空。珍，潁川人。

○四〇　漢武帝禮登中岳，聞言萬歲聲三，於是以三百户封奉祠，命曰崇高邑。至後漢靈帝，復改崇高爲嵩高焉〔一〕。——初學記卷五

〔一〕此熹平五年事。范書「邑」作「山」。

○四一　郁，中常侍孟賁之弟〔一〕。（姚·汪）——蜀志孟光傳注

〔一〕太常孟郁，河南人，熹平六年爲太尉。

○四二　光和元年，初置鴻都門，生本頗以經學相引。後詔能爲尺牘辭賦及工書鳥篆相課試〔一〕，

至千人。皆尺一勑州郡、三公舉用辟召[二]，或典州郡，入爲尚書、侍中，封侯賜爵。（汪）

——御覽卷九二　○　又卷七四九

〔一〕「詔」本誤作「試」，據汪校改。又「工」原誤作「王」，據御覽卷七四九改。

〔二〕尺一，詔書之代稱。范書陳蕃傳曰：「尺一選舉，委尚書三公。」李賢曰：「尺一謂板長尺一，以寫詔書也。」

○四三　張顥，中常侍張奉弟[一]。（姚·汪）

——魏志董卓傳注

〔一〕顥，常山人，光和元年亦由太常任太尉。

○四四　靈帝數遊於西園，令後宮采女爲客舍，主身爲商賈，行至客舍，采女下酒，因共飲食。（汪）

——御覽卷八四七

○四五　四年[一]，於後宮與宮人爲列肆販賣，使相偷盜爭鬬，上臨視以爲樂。又於西園令狗帶綬，著進賢冠。（汪）

——御覽卷九二　○　又卷八二八

〔一〕指光和四年。

○四六　靈帝光和六年，〔冬大寒，北海、東萊、琅邪〕井中冰厚尺餘[一]。（冬）大有年[二]。（汪）

——書鈔卷一五六　○　事類賦注卷八

〔一〕據事類賦注卷八補。

〔二〕據事類賦注卷八删。

○四七　三十六萬餘人〔一〕。（汪）——范書靈帝紀注

〔一〕中平元年，張角起義時之部伍人數。

○四八　中平元年，初賣官，自關内侯以下，至虎賁羽林，入錢各有差〔一〕。（汪）——御覽卷九二

〔一〕范書作光和元年事，是。此恐系御覽編録時致誤。

○四九　二年〔一〕，收天下田，畝十錢，以治宮殿。發太原、河東諸道材木〔二〕，黄門常侍斷截州郡送（林）〔材木〕、文石〔三〕，掌主史譴呼不中，退賣之，貴戚因緣賤買，十倍入官，其貴戚所入者，然後得中，宮室連年不成。州郡因增加調發，刺史、二千石遷除，皆責助治宮錢，大郡至二千萬。諸詔所徵，皆令西園騶密約勑〔四〕，號曰「中使」，恐動州郡，多受財賂，天下騷動，起爲盜賊矣。（汪）——御覽卷九二　○　書鈔卷四一③

〔一〕乃中平二年。

〔二〕「諸」原誤作「豫」，「材」誤作「林」，據范書張讓傳逕改。

〔三〕據范書張讓傳改。又汪輯删「文」字，而改「石」爲「召」，非。

〔四〕李賢曰：「騶，養馬人。」

〇五〇　是歲，又於西園造黄金堂，以爲私藏，别司農金錢繒帛，積之於中。又還河間買田業，起第觀。上本侯家，居貧，即位常曰：「桓帝不能作官家，曾無私錢。」故爲私藏。復寄小黄門常侍家錢至數千萬。又云「張常侍是我翁，趙常侍是我母」。由是宦官專朝日盛，奢僭無度，各起第宅，擬則宫室。上嘗登永安候臺，黄門常侍惡其登高臺，見居處樓殿，乃使中大夫尚坦諫曰〔一〕：「天子不當登高，登高則百姓虚。」自後遂不復登臺榭矣。（姚・汪）

——御覽卷九二　〇　類聚卷六三　初學記卷二四　御覽卷一七六

〔一〕范書張讓傳作「尚但」。

〇五一　四年，又募買關内侯，假金紫〔一〕，入錢五百萬。（汪）

——御覽卷九二

〔一〕假金印紫綬之省語。

〇五二　靈帝時〔一〕，講武平樂觀，建十重五彩華蓋，高十丈，復建九重華蓋高九丈。（姚・汪）

——書鈔卷一三四（2）　〇　御覽卷七〇二

〔一〕乃中平五年事。

〇五三　六年四月，帝崩於嘉德殿，在位二十二年，時年三十四，葬文陵。（汪）

——御覽卷九二

獻帝紀

〇五四　孝獻皇帝諱協，靈帝少子也。母曰王美人，何皇后妬而害之，靈帝母永樂太后董氏收養焉，故號「董侯」。中平六年四月，靈帝崩，太子辯即尊位，年幼。皇太后詔封上爲勃海王。七月，徙封陳留王。（汪）

——御覽卷九二

〇五五　昭寧元年，董卓住兵屯〔顯〕陽苑〔一〕，使者就拜司空。（汪）

——御覽卷一九六

〔一〕據魏志董卓傳注引獻帝春秋補。此苑延熹二年立。

〇五六　九月，董卓廢天子，立陳留王。是日即皇帝位，年九歲，董卓秉政。初平元年二月，天子自洛陽遷都長安。興平元年正月，帝加元服。二年十月，上自長安東遷。建安元年七月，至雒陽。

八月，上自雒陽遷都於許。（汪）

——御覽卷九二

〇五七　建安二十二年，命魏王建天子旌旗，出警入蹕。（汪）

——御覽卷六八〇

〇五八　二十五年十月，上禪位於魏。魏王即帝位，封上爲山陽公。青龍二年三月，薨，以天子禮葬禪陵。（汪）

——御覽卷九二

后妃傳

〇五九　光武郭皇后，真定槀人也。安陽思侯昌女〔一〕，曰聖通。世祖至真定，納聖通，有寵。世祖即位，聖通爲貴人。建武元年，生皇子彊。二年，貴人立爲皇后，彊爲太子。是後后寵衰，數懷怨懟，廢。二十八年，薨，葬北陵〔二〕。（汪）

——御覽卷一三七　〇　又卷一四四

〔一〕范書皇后紀作「陽安思侯」，此作「安陽」，非。

〔二〕范書皇后紀作「北芒」。又按：皇后紀始創於華嶠，已見晉書。司馬彪書當無此紀，而其載后妃事跡甚多且詳，惜傳名無攷，故標作后妃傳，或當依漢書作外戚傳亦未可知。

○六〇　光武光烈陰皇后，南陽新野人，名麗華，宣思哀侯陸女也〔一〕。陸卒後，女年十九，兄識嫁與世祖，納后於宛當成里。以后性寬仁，宜母天下，欲授以尊位。后輒退讓，自陳不足以當。男爲東海王。十七年，郭皇后廢，后立爲皇后。十九年，太子彊廢，東海王爲太子。（汪）

——御覽卷一三七

〔一〕范書皇后紀作「宣恩哀侯」。

○六一　孝明明德馬皇后，伏波將軍新息侯援之女。后年七歲，幹治家事，勑制僮御，出入授計〔一〕，一以貫之。諸家莫如其母，不知其家事獨后所爲也，後聞之，咸驚異焉。母嘗使善卜者相后，曰：「此女必當大貴，遂爲帝王妃，然而少子。」（姚・汪）

——御覽卷一三七　○　類聚卷一五　書鈔卷二五

〔一〕類聚卷一五「授計」作「計校」。

○六二　建武二十八年，年十三，以選入太子宮。接待同列，如承至尊，先人後己，發於至誠，由是見寵。〔是時後宮未有任育者，常言繼嗣當以時立，薦達左右，惟恐不及〕〔一〕。（汪）

——御覽卷一三七　○　類聚卷一五

〔一〕據類聚卷一五補。

○六三　永平三年春，有司奏請立長秋宮，以帥八妾。上未有所言，皇太后曰：「馬夫人德冠後宮〔一〕，即其人也。」遂登后位。（汪）

——御覽卷一三七

〔一〕范書皇后紀作「馬貴人」。

○六四　身衣大帛，御者禿裙不緣。〔諸王親家朝請，望見后裙極麤疎，以爲綺，就視乃笑。后曰：「此繒染色好，故用之耳。」老人知者，無不歎息〕〔一〕。性不喜出入遊觀，未嘗臨御牕牖，又不好音樂。上時幸苑囿離宮，以故希從，輒誡言不宜晨起，因陳風邪霧露之誡，辭意甚備，上納焉。（汪）

——御覽卷一三七　○　類聚卷一五　初學記卷二六　御覽卷六九六

〔一〕據類聚卷一五補。

○六五　誦易經，習詩、論〔語〕〔一〕、春秋，略記大義，讀楚辭，尤善賦頌，疾其浮華，聽論輒摘其要。讀光武皇帝紀〔二〕，至「有獻千里馬、寶劍者，上以馬駕鼓車，劍賜騎士，手不持珠玉」，后未嘗不歎息也。（汪）

——御覽卷一三七　○　類聚卷一五　初學記卷一〇

〔一〕據初學記卷一〇補。

〔二〕范書東平王蒼傳曰：「帝以所作光武本紀示蒼，蒼因上光武受命中興頌。」則馬后所讀即此紀。按班固傳，此紀作者有班固、陳宗、尹敏、孟異四人，然據蒼傳，當經明帝親覽，且有潤色改動，故文多溢美失實之辭。

○六六　時有楚獄，因證相引，繫者甚多。后慮其多濫，承間爲上言之，上惻然感動。於是上夜起彷徨，思論所納，非臣下所得聞。（汪）

——御覽卷一三七

○六七　后志在克己奉上，不以私家奸朝廷。兄爲虎賁中郎將，兩弟黄門郎，訖永平世不遷。明帝體不安，召黄門防奉參醫藥，夙夜勤勞。帝崩，后作起居注，省去防參醫藥事。章帝即位，后爲皇太后，下詔告三輔二千石無得令馬氏婚親因權託屬，奸亂吏治，犯者正法以聞。太后素自喜儉，前過濯龍門上，見外家問起居，車如流水馬如龍，倉頭衣緑褠直領，領袖正白，顧視旁御者，遠不及也。亦不譴怒，但絶其歲用，冀以嘿止諠耳。於是親戚被服如一，政教不嚴而從，以躬率先之故也。置織室蠶於濯龍中，數往來觀視，内以娛樂，外以先女功。太后崩，合葬顯節陵。（汪）

——御覽卷一三七　○　類聚卷一五

○六八　孝明賈貴人，南陽人，明德馬后之姨女，孝章皇帝之母也。初選入後宮，爲貴人，生章帝。馬后無子，帝既生，而馬后母養之。明帝謂馬后曰：「人未必當自生子也，但患養之不勤，愛之不至耳。若能愛如己子，則孝敬亦如親生矣。」於是馬后待章帝過於所生，章帝感養育之恩，遂專名馬氏

爲外家，故賈貴人家不蒙舅氏之寵。（汪）

——御覽卷一三七

○六九　孝章章德竇皇后，右扶風平陵人，竇勳之女。后生二歲，呼卜相工見后，皆言大貴。有容貌才能，母泚陽公主欲内之，帝聞后有才色，數以問諸家。建初二年，后與女弟隨主入見長樂宫，進止得適，人事脩備，奉事長樂宫，下至侍御貢獻問遺，皆得其忻心。太后異之，亦可焉。入掖庭，見北宫章德殿。后性敏給，稱譽日聞，太后亦緣意。明年有司請立長秋宫，遂立爲后，有寵，專固後宫。先是宋貴人生太子慶，梁貴人生和帝，后心忌害之，皆誣以挾邪媚道。後以憂卒。（汪）

——御覽卷一三七　○　書鈔卷二六

○七○　孝章恭懷梁皇后，安定烏氏人也。父竦，建初中以女二人選入宫，有寵。其弟產孝和皇帝，竇后母養，欲隔絶梁氏。初和帝生，竦兄弟不蒙忻喜，竊私相賀，語言漏泄。傳聞，竇后惡之，遂作蜚語，誣陷以惡〔一〕。詔書傳考竦，死漢陽獄，家屬徙九真，二貴人以憂薨。永元九年，竇太后崩。竦長女嫕上書自陳，上遂見嫕，泣涕問訊，賞賜舍第財物。以二貴人葬有闕，改殯之于承光宫。小貴人尊號曰皇太后，與姊貴人合葬于西陵。上謚曰恭懷皇后，儀比敬園〔二〕。追（爵）〔封謚皇太后父梁〕竦爲褒親愍侯〔三〕，〔殯賜東園棺、玉匣、衣衾〕〔四〕。徵還竦家屬。（汪）

——御覽卷一三七　○　又卷五五○

〔一〕疑「惡」下脱「逆」字。

〔二〕敬園，即廢太子慶生母宋貴人之陵園。事見敬隱宋皇后傳。

〔三〕據御覽卷五五〇改補。

〔四〕據御覽卷五五〇補。

〇七一　敬隱宋皇后，右扶風平陵人，當陽穆侯揚之女也〔一〕。兩女皆有才能令色〔二〕。永平末，俱選入宫，配皇太子，皆寵。明帝崩，太子即位，是爲章帝，姊妹並爲貴人。建初三年，小貴人生皇子慶〔三〕，二歲，立爲皇太子。後竇后幸，廢爲清河王。至永元九年，竇后崩。清河王上書求上貴人冢〔四〕，又爲外祖母求詣洛陽治病，詔書聽之。殤帝崩，清河王子立，是爲安帝。鄧太后崩，安帝追尊小貴人曰敬隱后。（汪）

——御覽卷一三七

〔一〕「揚」，袁紀作「陽」，范書作「楊」。王先謙曰：「官本作『楊』。考證云：案『楊』，北宋本作『揚』。」天游按：宋本御覽亦作「揚」，袁、范二書皆誤。

〔二〕袁紀作「三女」，非。范書同續書。

〔三〕袁紀同。范書作「大貴人生慶」，未知孰是。

〔四〕「冢」原誤作「家」，逕改。

○七二　孝和陰皇后，吴房侯綱之女也。后爲人聰惠，有才能。永元四年，選入掖庭爲貴人。以託先后近屬〔一〕，故有異寵，立爲皇后。自和熹鄧后入宮後，陰后寵衰，怨恨。后外母鄧朱數出入后所，有言后與朱共挾蠱，賜后策，遷於桐宮，以憂死，葬臨平亭部。（汪）

——御覽卷一三七

〔一〕陰后乃光烈皇后兄陰識之曾孫，故稱先后近屬。

○七三　孝和和熹鄧皇后，太傅高密侯禹之孫，平壽敬侯訓之女也。訓有五男三女，長騭，次京、悝、弘、閶。女燕，次綏，綏即后也，次容。〔燕〕蚤卒〔一〕，有子女娥，甫在繦褓。時后年十二，傷娥早孤，養視撫育，慈恩深至。后七歲，讀論語，十二通詩，諸兄讀經輒難問微意，志在書傳。母非之曰：「當習女工，以供衣服，今不是務，汝當舉博士耶？」后重違母意，則縫綻極女工事，暮夜私買脂燭，讀經傳，宗族内外，皆號曰「諸生」。父訓心異之。（汪）

——御覽卷一三七

〔一〕據袁紀卷一四補。

○七四　永元四年，呼〔相者待詔〕相工蘇太相后〔一〕，大驚曰：「此成湯之骨法也。貴不可言。」七年中，復與諸家女俱選入宮。姿容窈窕，進退辭令，粲然有異，與衆女殊。八年十一月己卯，后入掖庭，爲貴人。諸兄除郎中。后時年十六，德冠後宮。后性恭肅小心，承事陰氏，夙夜兢兢，接撫同列，常剋己下之。〔宮省宴會，諸貴人競自修飾，極靡麗之服，而后獨澹然，衣不擇采，裝不務飾〕〔二〕。上深喜焉，遂有特寵。（姚・汪）

——御覽卷一三七　○　初學記卷一〇　范書皇后紀注

〔一〕據汪輯補。「太」皇后紀注作「大」。

〔二〕據初學記卷一〇補。

○七五　后自入宮，遂博覽五經傳記，圖讖內事，風雨占候，老子、孟子、禮記月令、法言，不觀浮華申韓之書。上每欲官秩后諸兄弟，輒爲推讓。孝和世，騭裁虎賁中郎將，京、悝、弘、閶黃門郎。和帝未崩，數失皇子，皇子生，養於民間，羣僚無知者。及和帝崩，是日倉卒，上下憂惶。后乃收斂皇子，皇子勝長，有微疾，殤帝生百餘日，后欲自養長，立爲皇子。其夜即位，尊皇后爲皇太后。帝在襁褓，皇太后臨朝。（汪）

——御覽卷一三七

○七六　孝和鄧后性謙慎，兄弟中外，皆先帝所寵。自攝政之後，內檢左右，外抑宗族。（姚・汪）

——初學記卷一〇　○　書鈔卷二四

○七七　建元元年三月，太后崩。丙午，合葬順陵。（汪）

——御覽卷一三七

〇七八　孝德左皇后，安帝母也。父仲躬，犍爲武陽人。后兄聖伯，爲妖言伏誅〔一〕，父母同産皆没官。后長掖庭，有令色，賜清河王。王大悦，特親幸，自姬妾已下，莫能與比。六年，生男，爲清河太子。卒，葬當利庭〔二〕。延平元年，殤帝崩，清河太子爲皇帝。尊清河孝王曰孝德皇帝，左姬曰孝德皇后。（汪）

——御覽卷一三七

〔一〕天游按：范書清河王慶傳作「伯父聖坐妖言伏誅」。袁紀作「父坐事」，三載各異，恐當以范書爲是。

〔二〕范書作「葬於京師」。當利屬東萊郡，爲侯國所在，左姬不當葬於此。范書是。

〇七九　孝安安思閻皇后，河南滎陽人，侍中長水校尉暢之女也。有才能令色，立爲皇后。安帝崩，閻后〔爲〕皇太后〔一〕，與兄顯定策禁中，立濟北王少子北鄉侯爲皇帝奉後，以其年少，欲久專政。於是太后攝政。永建元年，崩，謚安思后，合葬恭陵。（汪）

——御覽卷一三七

〔一〕據汪輯補。

〇八〇　孝安恭愍李皇后，以宫人侍上，見幸，生順帝。爲閻后所妬，見鴆物故，瘗葬城北。帝即位，左右以聞，更以禮殯。永元二年，葬北陵，謚曰愍皇后。（汪）

——御覽卷一三七

〇八一　梁皇后，大將軍商女。后〔生〕〔一〕，有光景之祥。及長，聰叡，仰承兄姊，俯接弟妹，恩情周悉。既有女功之巧，尤好史書學問之事。九歲能誦孝經、論語，遂治韓詩，大義略舉。女傳列圖〔二〕，常在左右。宗族中外，咸敬異焉。選入掖庭，相工茅通見之，大驚曰：「此所謂日角偃月，相之極貴，臣所未常見。」於是以爲貴人，恩寵日崇。乃白上曰：「陽以博施爲德，陰以不專爲義，蓋詩人螽斯之福，則百斯男之祚，所由興也〔三〕。願陛下思天行之普逮，均貫魚之次序，使小妾得免罪謗之累。」於是上愈善之，益親顧焉。陽嘉元年，立爲皇后。（汪）

——御覽卷一三七

〔一〕據汪輯補。

〔二〕劉向所著之列女傳，共八篇，且列女均圖畫其像。

〔三〕螽斯，蟲名，似蚱蜢，繁殖力極强，古時以喻子孫衆多。詩周南有螽斯之章。又太姒，周文王之妃，傳説生有十子，又不妒，以進衆妾，致文王有百男之慶。詩大雅思齊即頌太姒此事。

〇八二　順帝崩，沖帝在襁褓，太后攝政。初章德竇后嫉害恭懷皇后獨生聖嗣，陷以非辜，家屬坐徙九真。章德后之從父昆弟章女爲貴人，與太后並寵，章致大位大鴻臚。及上晏駕，后登至尊，章惶怖。太后内無忌刻之心，遂不以舊惡介意。（姚・汪）

——初學記卷一〇　〇　御覽卷一三七　書鈔卷二四

○八三 和平元年，崩，羣臣奏謚曰順烈皇后，合葬憲陵。（汪）

——御覽卷一三七

○八四 美人父詩，爲郎中。詩父衡，屯騎校尉〔一〕。（姚・汪）

——范書皇后紀注

〔一〕美人者，虞貴人也。范書注出續漢志，然志文無此語，當系續漢書之文。今從汪輯引之。

○八五 孝順虞大家，孝沖皇帝母也。遭沖、質仍夭，政在梁氏，故與質帝母俱抑而無號。嘉平四年，小黃門趙祐、議郎畢正言上〔一〕：「孝沖皇帝母虞大家，質皇帝母渤海陳夫人，皆誕生聖帝，未有稱號。今遭盛明，當以母氏序載外戚。朝廷之恩，臣子極賤，尚有追贈，況二母見存，而徒曰大家、夫人，非所示後進母以子貴之義〔二〕」上感其言，即日拜大家爲貴人，使中常侍持節就園授印綬。（汪）

——御覽卷一三七

〔一〕天游按：范書皇后紀作「卑整」，袁紀及蔡邕集與續書同。惠棟曰：「整，雁門人。案孫愐引胡太傅碑亦作『卑整』。作『畢』字者，誤也。」嚴可均輯全後漢文即據宋本廣韻「卑」字注改「畢」作「卑」。

〔二〕母以子貴之義，出公羊傳隱公元年。

○八六 樂安陳夫人，孝質皇帝母也。家本魏郡，少以伎入孝王宮〔一〕，得幸，生質帝。梁冀欲專

國權，令帝母不得至京都。又帝短祚，是以外家無他寵。靈帝拜夫人爲孝王妃。（汪）

——御覽卷一三七　○　又卷一五一

〔一〕范書皇后紀「伎」上有「聲」字，疑此脱。

○八七　蠡吾博園匽貴人者，孝桓皇帝母也。上年十四，襲父蠡吾侯翼爵。即帝位，追尊父爲〔孝〕崇皇〔一〕，陵曰博陵。匽夫人爲〔孝〕崇〔博〕園貴人〔二〕。和平元年，有司上言爲孝崇皇后，即授印綬，宮曰永樂。（汪）

——御覽卷一三七

〔一〕據袁宏紀補。

〔二〕同右。

○八八　孝桓懿獻皇后，順烈后之女弟也，字女瑩。上始即位，備禮儀納綵。案舊令聘后，納綵乘馬束帛如孝惠、孝平故事，聘后黃金二萬斤〔一〕。永初四年，立爲皇后。時太后秉政，皇后擅寵後宮。太后崩後，后恩稍衰。後宮姙孕，若産皇子，后輒隨嫉害，少有得全育者。然終身亦無子，後見御轉希。至延熹二年，以憂恚崩，葬懿陵。（汪）

——御覽卷一三七

〔一〕漢書王莽傳曰：「有司奏『故事，聘皇后黃金二萬斤，爲錢二萬萬』。」

○八九　孝桓鄧皇后，字猛女。母宣本微，初適郎中鄧香，生后。後適梁紀，故后冒姓梁氏。上誅后兄冀等，立猛女爲皇后，惡梁姓之同，改姓亳氏，復姓鄧氏。后恃尊驕忌，與上所幸郭貴人更相譖，乃廢之。凡立七年，以憂死，葬於北邙。（汪）

——御覽卷一三七

○九〇　孝桓竇皇后，章帝竇后之族孫，大將軍武之女也。孝靈皇帝尊皇后爲皇太后，臨朝。武以宦者放縱日久，謀悉誅除，廢其官。上欲獲忠節，下副論者。數入禁中，進白太后。太后以爲「此皆天所生，漢元以來，世世用事，國典常故，何可廢邪？但當誅惡耳」。中常侍管霸頗聞其語，結謀誅武。武自殺，太后歸長樂宮。熹平元年六月崩，合葬宣陵。（汪）

——御覽卷一三七

○九一　河間慎園董貴人，孝靈皇帝母也。靈帝即皇帝位，追尊父長爲孝仁皇帝〔一〕，陵曰慎陵。董太夫人曰慎園貴人。及竇太后歸政，還長樂宮，迎貴人到京都，奉璽綬，上尊號爲孝仁皇后，稱永樂宮。竇太后崩後，永樂后數至前省，與上相見，與於政事。中平六年，上棄天下。永樂后兄子重爲驃騎將軍。何太后臨朝，重與太后兄大將軍進權勢相害，后每欲參與政事，太后輒相禁塞。后憤恚，嗔罵曰：「汝欲怙大將軍邪？勑驃騎斬大將軍頭來！」何太后以告進，進收重，免官爵。重自

殺，后憂怖，病還河間。崩，合葬愼陵。（汪）

——御覽卷一三七

〔一〕范書「長」作「萇」，是。

〇九二　孝靈宋后，〔章〕帝敬〔隱〕宋貴人之從孫〔一〕，執金吾酆之女。無寵，而久當正位。後宮幸姬衆共譖惡，誣以祝詛。上信之，遂策收璽綬。后自致暴室獄，以憂死，父、兄弟皆被誅。諸常侍、小黄門在省闥者，皆憐宋氏無辜，共合錢收葬后及酆父子於臯門亭宋氏舊塋。（汪）

——御覽卷一三七

〔一〕據范書皇后紀補。

〇九三　孝靈靈思何皇后，南陽宛人也。以良家子選入掖庭，見幸姙身，就館生男，爲貴人。父眞前卒，召貴人同父兄何進爲郎中。靈帝崩，何皇后子辯立爲皇帝，后爲皇太后，進爲録尚書。袁紹謀誅廢中官，進以紹計白太后，后不聽，以爲「中官統領禁省，自古及今，漢家故事，不可廢也。且先帝新棄天下，奈何令我楚楚與士人共事乎」。及董卓屯顯陽〔苑〕〔一〕，議以爲太后迫永樂后令崩，遂婦姑之節，遷太后于桐宮。太后暴崩，羣臣奏謚曰靈思皇后，合葬文陵。（汪）

——御覽卷一三七

〔一〕據魏志董卓傳注引獻帝春秋補。

○九四　孝靈靈懷王皇后，孝獻帝母，王璋女也。才明聰敏，能書會計，以良家子應法相選入掖庭。光和三年中夏，幸姙身，后怖畏何皇后，服藥欲除姙，胎安不動。又后數夢負日，遂不敢揺。四年三月癸巳生上。庚子，渴飲米粥，遂暴薨。上歸掖庭，暴室嗇夫朱直擁養，獨擇乳母。歲餘，永樂后自將護。至三歲，靈帝憫上早失所生，追思后令美，乃作追德賦、令儀頌。陵曰文昭陵，起墳文陵園北。（汪）

——御覽卷一三七　○　書鈔卷二六

○九五　孝獻伏皇后，琅邪東武人，侍中輔國將軍不其侯完女也。后坐與父完謀爲姧書，詐罔不道。上收后下暴室詔獄，憂死，兄弟皆伏誅。（汪）

——御覽卷一三七

○九六　孝獻曹后，丞相魏王操女也，名憲。建安十八年，上納操二女憲、節於後宮，皆以爲貴人。明年，伏后薨，憲爲皇后。二十〔五〕年[一]，獻帝禪位於魏，憲拜山陽公夫人。（汪）

——御覽卷一三七

〔一〕據范書獻帝紀補。

○九七　獻穆曹后，〔諱節〕[一]，曹操之女也。魏受禪，遣使求璽綬，后怒，以璽綬抵軒下，因涕泣

横流曰：「天不祚此璽。」（姚・汪）

——御覽卷六八二　〇　書鈔卷一三一

〔一〕據書鈔卷一三一補。

司馬彪續漢書卷二

劉玄傳

〇九八　時聖公聚客〔一〕，家有酒，請游徼飲。賓客醉歌，言：「朝亨兩都尉，游徼後來，用調羹味。」游徼大怒，縛捶數百。（姚・汪・俊・鈴木）

——范書本傳注　〇　御覽卷八四六

〔一〕劉玄字聖公，弟爲人所殺，時結客欲報怨。

〇九九　符訾〔一〕。（姚・汪）

——范書本傳注

〔一〕范書本傳曰：「王莽末，南方饑饉，人庶羣入野澤，掘鳧茈而食之。」天游按：又東觀記作「鳧茈」，即荸薺也。符訾，異名也。

一〇〇　牧欲北歸隨，武等復遮擊之，鈎牧車屏泥，刺殺其驂乘，然不敢殺牧也〔一〕。（姚・汪）

——范書本傳注

〔一〕時王匡、馬武等共聚緑林，荆州牧發奔命二萬攻之，匡、武大破牧軍。

一〇一　張印〔一〕。（姚・汪）——范書本傳注

〔一〕范書作「張卬」。袁紀一作「張斤」，一作「張邛」。東觀記與范書同。通鑑考異以爲當從范書。

一〇二　馬禍也〔一〕。時更始失道，將亡之徵。（姚・汪・鈴木）——范書本傳注

〔一〕更始自洛陽徙都長安，初發，馬驚，觸北宫門，三馬皆死。

劉盆子傳

一〇三　吕母子名育，爲游徼，犯罪。（姚・汪・鈴木）——范書本傳注

一〇四　赤眉入安定、北地，逢大雪，坑谷皆滿，多凍死〔一〕。（汪）——御覽卷一二

〔一〕建武二年初事。

一〇五　赤眉從澠池，自利陽南欲赴宜陽。（汪）

——水經注卷一六穀水注

王郎傳

一〇六　鄧蒲〔一〕。（汪）

——范書本傳注

〔一〕范書作「鄧滿」。更始二年，光武納耿純之策，留蒲圍鉅鹿，自率精兵直取邯鄲。

隗囂傳

一〇七　囂以杜陵人王元爲大將軍〔一〕。（姚・汪）

——姚輯

〔一〕不詳所出，俟考。

一〇八　遵降，封上雒侯〔一〕。（姚・汪）

——范書本傳注

〔一〕遵，王遵，隗囂部將，霸陵人。

公孫述傳

一〇九　公孫述補清水長。太守以其能，使兼治五縣。政事循理，姦盜不發，郡中謂有神明。

——類聚卷五〇　〇　御覽卷二六七

（姚・汪・鈴木）

宗室四王三侯傳

一一〇　〔齊〕武王縯〔一〕，字伯升，世祖之長兄也。〔剛毅〕慷慨〔二〕，有大節。進圍宛城中，自號天柱大將軍〔三〕。王莽素聞其名，大震懼，使長安中宮署及天下鄉亭皆畫伯升像於塾〔四〕，旦起射之。

——御覽卷二七九　〇　書鈔卷七〇

（汪・鈴木）

〔一〕據袁、范二書補。

〔二〕據書鈔卷七〇補。

〔三〕袁紀、范書均作「柱天」。

〔四〕范書「宮」作「官」，是。汪輯「塾」作「埻」。按説文、廣韻，埻亦通塾，或作「射臬」解，或作「的」解，均系靶子之意。時於諸官署及鄉亭之門側堂畫伯升像以爲箭垛而射之。

一一一　〔北海静王興遷弘農太守〕〔一〕，縣吏張申有伏罪，興收申案論，郡中震慄。時年旱〔二〕，分遣文學循行屬縣，理寃獄，宥小過，應時甘雨降澍。（姚・汪）

——范書本傳注　○　書鈔卷七五

〔一〕據書鈔卷七五補。又范書「静」作「靖」，續書恐誤。

〔二〕書鈔卷七五作「明年旱」。

一一二　北海靖王興子敬王睦〔一〕，少好學聰敏，既敦經術。性孝友，篤於骨肉，靖王薨，推物與諸弟。（姚・汪・鈴木）

——書鈔卷七〇（3）

〔一〕書鈔三引，一引「睦」作「瞻」，非。

一一三　「是吾幼時狂惷之行也。」〔一〕（汪）

——范書本傳注

〔一〕初睦謙恭好士，聲價日廣。永平中，法憲頗峻，睦遂謝絶賓客以避禍，故對進京使者作此語。

一一四　皁、賜移書於良〔一〕，曰：「老子不率宗族，單袴騎牛哭且行，何足賴哉！」（姚・汪・鈴木）

——范書本傳注

〔一〕皁，甄皁，莽前隊大夫；賜，梁丘賜，前隊屬正。時趙孝王良從漢軍至小長安，兵敗，妻及二子皆死。

一一五　趙王良玄孫乾，坐爲大喪服白衣步出，詣闕〔一〕。（鈴木）

——書鈔卷七〇

〔一〕范書本傳曰：「趙相奏乾居父喪，私聘小妻，又白衣出司馬門，坐削中丘縣。」疑此引有脫文。

一一六　侯等助祭明堂，以例益户二百。敞以有行義，拜爲廬江都尉〔一〕。（汪・鈴木）

——范書本傳注

〔一〕時敞推父時金寶財産與昆弟，荆州刺史上其義行，故拜。敞，城陽恭王祉之父。

一一七　王莽時，諸劉抑廢，爲郡縣所侵。蔡陽國釜亭候長醉詢更始父子張〔一〕，子張怒，刺殺亭長。後十餘歲，亭長子報殺更始弟騫。賜兄顯欲爲報怨，賓客轉劫人，發覺，州郡殺顯獄中。賜與顯子信結客陳政等九人，燔燒殺亭長妻子四人。（姚・汪・鈴木）

——范書本傳注

〔一〕「詢」本作「詢」，據點校本范書校勘記。姚輯鈔本蔡元培按語逕改。

一一八　慶字翁敖〔一〕。（汪）

〔一〕慶，成武孝侯順之父。——范書本傳注

一一九　憲字翁君〔一〕。（汪）

〔一〕憲，順陽懷侯嘉之父。——范書本傳注

李通傳

一二〇　守居家〔一〕，與子孫尤謹，閨門之内，如官廷也。（姚・汪・鈴木）

〔一〕守，李通之父，爲王莽宗卿師。——范書本傳注

一二一　先是李通同母弟申徒臣能爲醫〔一〕，難使，伯昇殺之。上恐其怨，不欲與軼相見。軼數請，上乃强見之。軼深達通意，上乃許往。意不安，買半臿佩刀懷之。至通舍，通甚悦，握上手，得

半臿刀，謂上曰：「一何武也？」上曰：「蒼卒時，以備不虞耳。」（姚・汪・鈴木）——范書本傳注

〔一〕袁紀及東觀記李通傳并作「申屠臣」，東觀記光武帝紀作「公孫臣」。天游按：潛夫論志氏姓曰：「信都者，司徒也。俗間音不正，曰信都，或曰申徒，或曰勝屠，然其本爲一司徒耳。」又風俗通義校釋佚文曰：「（申徒氏）本申屠氏，隨音改爲申徒氏。」則「申徒臣」即「申屠臣」，作「公孫臣」，非。

一二二　李通字次元，爲光禄勳。時上征討四方，令通居守京師，撫百姓，治宮室，起學宮。（姚・汪・鈴木）——書鈔卷五三

王常傳

一二三　王常字顔卿，拜横野大將軍，位次九卿，〔與〕諸將絶席〔一〕。引兵擊高峻。（姚・汪・鈴木）——書鈔卷六四

〔一〕據汪輯補。

鄧晨傳

一二四　爲常山太守。上發兵信都，晨欲固從〔一〕，上曰：「卿以一身助我，不如以一郡爲我北州主人也。」（姚・汪・鈴木）

——書鈔卷七四

〔一〕「晨」原誤作「農」，逕改。

一二五　鄧晨拜中山太守，清約，吏民稱之，常爲冀州高第。（姚・汪・鈴木）

——書鈔卷七六

一二六　徙汝南太守，興鴻郤陂，益地數千頃，溉道饒足。（姚・汪・鈴木）

——書鈔卷七四

來歙傳

一二七　來歙擊隗囂，至略陽城〔一〕。大戰登城，相射弓弩盡，乃發屋斷木爲箭。（姚・汪・

鈴木）

〔一〕范書本傳下作「斬囂守將金梁，因保其城。囂大驚曰：『何其神也！』乃悉兵數萬人圍略陽，斬山築堤，激水灌城，歙與將士固死堅守」云云，疑二引多有脱文。

鄧禹傳

一二八　鄧禹字仲華，拜前將軍，持節分精吏士三萬人，自箕關入攻河内都尉，破之，獲輜重車千餘乘。（鈴木）

——書鈔卷六四

一二九　孝明皇帝以禹先帝名臣，拜太子太傅，進見東宫，甚優寵。（姚・汪・鈴木）

——書鈔卷六五

寇恂傳

一三〇　上欲定河内，謂鄧禹曰：「朕有河内，猶高祖有關中，非蕭何誰能鎮之？爲吾舉如蕭何者。」禹曰：「寇恂文武兼備，有御衆之才，非此子莫可使也。」（姚・汪・鈴木）

——書鈔卷七五

一三一　恂爲河内太守，〔移書屬縣，講兵肄射〕〔一〕，伐淇園之竹以治矢百餘萬，又養馬二千匹。（姚・汪・鈴木）

——書鈔卷七四　〇　事類賦注卷一三

〔一〕據事類賦注卷一三補。

一三二　恂爲潁川太守，誅討賊盜，政教施行，郡中無事，修禮樂教授。（姚・汪・鈴木）

——書鈔卷七四

一三三　寇恂爲潁川太守。時有豆生於郡界，收得十餘萬斛，以給諸營。（姚・汪・鈴木）

——書鈔卷七五

一三四　寇恂爲潁川太守，盜賊不敢入界。（姚・汪・鈴木）

——書鈔卷七五

一三五　寇恂爲潁川太守。又拜汝南太守。城門不閉，盜賊不起，向風而治之。（鈴木）

——書鈔卷七五

一三六　入爲執金吾。潁川盜賊羣起，上謂恂曰：「獨卿能平之耳。」恂至潁川，盜賊悉降，百姓遮曰：「吾願借寇君一年。」（姚・汪・鈴木）

——書鈔卷七六

馮異傳

一三七　殷建〔一〕。（汪）

——范書本傳注

〔一〕范書本傳作「段建」。東觀記與續書同。建乃馮異所薦，以爲掾吏。

一三八　異勅吏士，非交戰受敵，常行諸營之後，相逢引車避之，由是無争道變鬭者也。（姚・汪・鈴木）

——范書本傳注　○　御覽卷二七五

一三九　茅丹〔一〕。（汪）

——范書本傳注

〔一〕范書本傳作「芳丹」。丹乃赤眉失敗後割據新豐者。

一四〇　安定屬國人，本屬國降胡也〔一〕。居參綜青山中，其豪帥號「肥頭小卿」。（汪）

——范書本傳注

〔一〕時馮異進軍義渠，青山胡降，當非專指某人而言。

岑彭傳

一四一　時更始尚書令謝躬將六將軍屯鄴，兵横暴，爲百姓所苦。上先遣吴漢往收之，故拜彭爲刺姦將軍。（姚·汪·鈴木）

——范書本傳注

一四二　彭鎮河内，馮異先攻洛陽，朱鮪大出軍，欲擊彭。時天霧，鮪以爲彭已去，令其兵皆獲黍。彭乃進擊，大破之。（姚·汪·鈴木）

——范書本傳注

一四三　彭南擊荆州，至成安、昆陽、犨、葉、舞陽、堵陽、平氏、棘陽、胡陽，處處皆破其屯聚。（姚·汪·鈴木）

——范書本傳注

一四四　奉令候伏道旁，見車騎一日不絶，歸語奉，奉遂夜遁〔一〕。（姚・汪）

〔一〕時光武自將擊鄧奉，至葉，車騎不得前。岑彭遂擊破奉，追至堵陽。——范書本傳注

一四五　辛臣爲戎作地圖，圖彭寵、張步、董憲、公孫述等所得郡國，云洛陽所得如掌耳〔一〕。（汪）

〔一〕時岑彭圍黎丘，田戎欲降，辛臣遂作圖以勸阻之。——范書本傳注

一四六　張隆遣子曄將兵詣彭助征伐，上以曄爲率義侯〔一〕。（姚・汪・鈴木）

〔一〕時岑彭屯兵津鄉，移檄江南，班行詔命。桂陽太守張隆遣使貢獻，且命子將兵助征伐。——范書本傳注

一四七　以縑盛土爲堤〔一〕。（汪・鈴木）

〔一〕時岑彭圍隗囂西城，壅谷水灌之。——范書本傳注

一四八　時天東風，其欑柱有反把，鈎奇船不得去〔一〕。（汪）

〔一〕建武十一年春，岑彭擊蜀，偏將軍魯奇應募乘船直攻浮橋，死戰破敵。——范書本傳注

賈復傳

一四九　右驂〔一〕。（汪）

〔一〕時光武在河北，署復爲破虜將軍督盜賊。然復馬羸弱，故光武解驂馬以賜之。——范書本傳注　范書作「左驂」，而東觀記同續書。

吴漢傳

一五〇　（雒縣）〔南陽〕人韓鴻爲謁者〔一〕，使持節降河北，拜除二千石。（汪）——范書本傳注

〔一〕據點校本范書校勘記改。汪輯作「洛陽」，亦非。時鴻見漢甚悦，承制拜爲安樂令。

一五一　時道路多饑人，來求食者似儒生，漢召之，故先爲具食。（汪・鈴木）——范書本傳注

一五二　攻薊，誅王郎大將趙閎等。（姚・汪・鈴木）
——范書本傳注

一五三　時上使漢等將突騎，揚兵戲馬，立騎馳環邯鄲城，乃圍之。（姚・汪・鈴木）
——范書本傳注

一五四　吳漢爲大將軍，持節發突騎。更始幽州牧苗曾不肯應調，漢斬曾，威震州郡，將其兵詣上。（姚・汪・鈴木）
——書鈔卷五一

一五五　時岑彭已在城中，將躬詣傳舍，馳白漢。漢至，躬在彭前伏，漢曰：「何故與鬼語！」遂殺之。（姚・汪・鈴木）
——范書本傳注

一五六　從擊銅馬、重連、高胡，皆破之。（汪・鈴木）
——范書本傳注

一五七　漢躬被甲拔戟，令諸部將曰：「聞靁鼓聲，皆大呼俱進，後至者斬！」遂鼓而進之。（姚・汪・鈴木）
——范書本傳注

一五八　長垣〔一〕。（姚・汪）

——范書本傳注

〔一〕范書作「長直」。時漢北擊清河諸義軍。李賢曰：「長垣，縣名，在河南，不得言北擊，而范書作『長直』，當是賊號，或因地以爲名。」又東觀記亦作「長垣」，誤。

一五九　劉禹〔一〕。

——范書本傳注

〔一〕范書作「劉尚」，乃漢所部副將，即武威將軍也。時將萬餘人屯於江南。東觀記同續書，恐非。

一六〇　吴漢嘗出征，妻子在後買田業。漢還，讓之曰：「軍師在外，吏士不足，何多買田宅乎？」遂盡分以與昆弟外家。（姚・汪・鈴木）

——類聚卷六四

一六一　上即位，漢爲大司馬。海内無事，乃得安。其性忠厚，篤於事上〔一〕。（姚・汪・鈴木）

——書鈔卷五一

〔一〕此引下汪輯據書鈔卷七八又引曰：「吴漢爲洛陽令，病卒，百姓哀痛，老小隨車，晝夜號泣。」天游按：此乃王涣事跡，陳、俞本誤作「吴漢」，姚、汪均依之，且云：「時官大司馬安得爲令！此豈又一吴漢耶？」甚謬。今依孔本入王涣傳。

蓋延傳

一六二　並與狐奴令王梁同勸寵〔一〕。(姚・汪)

——范書本傳注

〔一〕寵，彭寵，漁陽太守。延與吴漢、王梁謀歸光武，故並勸寵。

一六三　時劉永别將許德據襄邑，延攻而拔之。(姚・汪・鈴木)

——范書本傳注

一六四　萌攻延，延與戰，破之。詔書勞延曰：「龐萌一夜反畔，相去不遠，營壁不堅，殆令人齒欲相擊，而將軍有不可動之節，吾甚美之。」〔一〕(汪)

——范書本傳注

〔一〕范書本傳作「引軍襲敗延，延走，北渡泗水，破舟檝，壞津梁，僅而得免」。與此大異。東觀記同續書。

一六五　視事四年，人敬其威信〔一〕。(姚・汪・鈴木)

——范書本傳注

〔一〕時延拜左馮翊。惠棟曰：「袁宏紀『延爲京兆尹，事多犯法』。華嶠書亦云『延代鮮于褒爲馮翊，多非法』。續書所載非實録也。宏以爲京兆尹，亦訛。」惠說是。

陳俊傳

一六六　銅馬所過虜掠，（王）〔陳〕俊言於上曰〔一〕：「宜捨輕兵出賊前，使百姓各堅壁，以絶其食，可不戰而殄也。」上然之，遣俊將輕騎，馳出賊前。視民保壁者，勑令固守，散在野者，因掠取之。賊至無所得，遂散敗。及軍還，上謂俊曰：「困此虜者，將軍策也。」（汪）

——御覽卷四四九

〔一〕據范書本傳改。汪輯作王俊傳，甚失考。

一六七　陳俊爲琅邪太守，撫恤貧弱，表有行義，百姓録之〔一〕。（姚・汪・鈴木）

——書鈔卷七四

〔一〕姚、汪二輯「録」作「歌」，范書亦然，當是。

臧宮傳

一六八　臧宮字君公〔一〕，時爲左中郎將，擊武陵賊〔二〕，降之。凡所將兵二十餘年，以信謹質朴，故常見用。（鈴木）

——書鈔卷六三

〔一〕按東觀記、袁紀、范書均作「字君翁」，此作「字君公」，誤。

〔二〕范書作「武谿賊」。天游按：武谿屬武陵郡，水名。水經注作「潕溪」。李賢曰：「土俗『潕』作『武』。」

耿弇傳 弟國　國子秉　國弟子恭

一六九　耿弇字伯昭，扶風人。少學詩禮，見郡督尉試騎士，建旗鼓，肄馳騁，由是心善將率。（汪・鈴木）

——御覽卷三〇九

一七〇　弇還檄與況，陳上功德，自嫌年少，恐不見信，宜自來。況得檄立發，至昌平見上。（姚・

汪・鈴木）

一七一　彛歸〔一〕，主人食未已，薊中擾亂，上駕出南城門，頗遮絶輜重，城中相掠。彛既與上相失，以馬與城門亭長，乃得出。（汪・鈴木）

——范書本傳注

〔一〕時彛從光武北到薊，忽聞邯鄲兵至，光武南奔，遂相失。

一七二　光武初見彛言〔一〕，起坐曰：「卿失言，我斬卿。」彛曰：「大王哀厚彛如父子，故披赤心，爲大王陳事。」上曰：「我戲卿耳。」（姚・汪・鈴木）

——范書本傳注

〔一〕光武居邯鄲，晝臥温明殿。彛請閒進説，願歸幽州，益發精兵，待機以圖天下。

一七三　後上聞彛爲張步所攻，欲自往。陳俊曰：「步兵盛，可且閉營，待上至。」彛曰：「上且到，臣子當擊牛釃酒，以待百官，反欲以賊虜遺君父邪！」遂合戰，破之。（汪・鈴木）

——御覽卷三〇九

一七四　耿國字叔廉〔一〕，爲黄門郎給事中，疏敏有識。于時見問，常多合意，上以爲能。（姚・

汪・鈴木）

一七五　耿國字叔慮，爲大司農，曉邊事，能論議，數上便宜事，天子器之。（姚・汪・鈴木）

——書鈔卷五八

〔一〕范書本傳作「叔慮」，初學記卷一二引續書與之同。然東觀記作「叔憲」。三載各異，未知孰是。

一七六　耿秉字伯初，爲謁者僕射。每公卿會議，常引秉上殿，訪以邊事〔一〕。（姚・汪・鈴木）

——初學記卷一二　○　御覽卷二三二

〔一〕姚、汪二輯尚引曰：「永平中，召秉詣省闥，問前後所上便宜方略。」乃姚之駰據范書以補卷六二所引之闕，書鈔并無此引，故删。

——書鈔卷六二

一七七　耿恭字伯宗，爲戊己校尉，屯後王部金蒲城。謁者關寵爲戊己校尉，屯前王部柳中城。（姚・汪・鈴木）

——御覽卷一九二

一七八　匈奴破（離）〔殺〕後王安得〔一〕，攻金滿城〔二〕。耿恭以毒藥傅矢，傳語匈奴，漢家箭神，中其瘡者必有異。因發弩射之，虜中矢者視瘡皆沸，並大驚，相謂曰：「漢兵神，真可畏也。」遂解去。

（汪）

〔一〕據范書本傳改。——事類賦注卷一三

〔二〕當是金蒲城之誤。

一七九　耿恭奔疏勒，軍吏范羌迎之，天雪一丈，道不通人。（鈴木）——書鈔卷一五二

一八〇　耿恭在疏勒，得出至玉門，唯餘十三人，衣履穿決，形容枯槁。郎將鄭衆爲恭以下沐浴，易衣冠。（汪·鈴木）——御覽卷三九五

一八一　耿恭字伯宗，遷長水校尉。西羌反，恭上疏陳方略，詔問狀。後遣恭將五校尉禦之〔一〕。（姚·汪·鈴木）——書鈔卷六一

〔一〕范書本傳作「將五校士三千人」。

祭遵傳從弟肜

一八二　上幸廣陽城門，設祖道，閱過諸將，以遵新破漁陽，令最在前。（姚・汪・鈴木）

——范書本傳注

一八三　祭肜除偃師長，視事五年，縣無盜賊，州課第一。遷襄賁令。時盜賊抄掠，肜到官，誅〔鋤〕姦猾〔一〕，縣界清淨。詔書增秩一等，賜縑百疋〔二〕，册書勉勵。（姚・汪・鈴木）

——類聚卷五〇　〇　書鈔卷七八　御覽卷二六七

〔一〕據書鈔卷七八補。

〔二〕書鈔卷七八「縑」作「絹」。

一八四　祭肜字次孫，爲太僕卿。朝廷聞肜素清有道，而衣無副，有功效拜之日，賜錢百萬，馬三匹，衣被刀劍，下至栝案什物。上常歎之，以爲任大之臣也。（姚・汪・鈴木）

——書鈔卷五四　〇　初學記卷一二

任光傳

一八五 光武師薊，南行，太守任光開門出迎〔一〕。

——廣韻卷四

〔一〕光時任信都太守。

李忠傳

一八六 高密中尉〔一〕。（姚·汪）

——范書本傳注

〔一〕李忠父所任之職。范書本傳作「都尉」。李賢曰：「東觀記、續漢書并云『中尉』。又郡國志高密，侯國。百官志皇子封，每國傳、相各一人，中尉一人，比二千石，職如郡都尉，主盜賊。高密非郡，爲『都』字者誤。」

一八七 李忠字仲都，東萊人。從光武攻下屬縣，至苦陘。上會諸將問所得，忠獨不掠財物。

（鈴木）

一八八　李忠字仲都，爲丹陽太守。越地不好學，無嫁娶禮儀，忠乃立學校，習婚姻禮儀，墾田土，招流民，奏課第一。（姚・汪・鈴木）

——書鈔卷三八

——書鈔卷七六

耿純傳 孫騰

一八九　皆衣縑襜褕絳衣〔一〕。（汪・鈴木）

——范書本傳注

〔一〕時純率宗族賓客二千餘人，衣此以迎光武。

一九〇　青犢等衆在射犬，世祖引兵將擊之。耿純軍在前，賊忽夜攻純，雨射營中。純勒部曲不動，選敢死二千人，俱持强弩，各傅三矢，使銜枚間行，繞出賊後，齊聲呼譟，强弩並發，賊衆驚走。（鈴木）

——書鈔卷一一二五

一九一　紺〔一〕。（汪）

〔一〕范書作「細」，乃真定王劉楊之從兄，擁兵萬餘人，與楊欲脱離光武自立。光武遣純以計誘殺之。——范書本傳注

一九二　純爲東郡太守，〔在郡四歲，抑强扶弱，令行而禁止〕〔一〕。免官歸第。上道過東郡，百姓老少數千人隨車駕涕泣云：「願留耿君。」（姚·汪·鈴木）——書鈔卷七六　○　又卷七五

〔一〕據書鈔卷七五補。又「東郡」之「郡」皆誤作「都」，逕改。

一九三　六年，上令諸侯就國，純上書自陳，前在東郡案誅涿郡太守朱英親屬，今國屬涿，誠不自安。制書報曰：「侯前奉公行法，朱英久吏，曉知義理，何時當以公事相是非！然受堯舜之罰者不能愛己也。已更擇國土，令侯無介然之憂。」乃更封純爲東光侯。（姚·汪·鈴木）——范書本傳注

一九四　耿純字伯山，拜太中大夫。威信著於衞地。東郡盜賊起，與大兵會東郡。聞純入界，盜賊皆詣純請降，大兵不戰而還。（姚·汪·鈴木）——書鈔卷五六

一九五 封騰高亭侯[一]。(汪·鈴木)

——范書本傳注

[一] 建初中,純嫡孫盱死,無嗣,遂封盱弟騰。

朱祐傳

一九六 祐至南蠻,爲賊所傷,上親候視之。(姚·汪·鈴木)

——范書本傳注

景丹傳

一九七 南蠻賊迎擊上營,得上鼓車輜重數乘[一]。(姚·汪·鈴木)

——范書本傳注

[一] 南蠻賊,范書作王郎將兒宏等軍。時光武敗危,丹縱突騎大破兒宏軍。

一九八 將營兵,西到弘農[一]。(汪·鈴木)

——范書本傳注

〔一〕時蘇況破弘農，丹病，光武以丹陝人，且富威名，强令起領郡事。

王梁傳

一九九　王梁字君嚴。赤伏符曰：「王梁作玄武。」〔一〕玄武，水神；大司空，水土之官也。於是拜梁爲大司空。（姚·汪·鈴木）

——類聚卷四七

〔一〕符文「作」上本有「主衛」二字，時梁爲野王令，光武又以野王本衛地徙，亦爲任梁大司空之重要原因。類聚略之。

杜茂傳

二〇〇　降其渠帥大將軍杜猛、持節光禄大夫董敦等〔一〕。（姚·汪·鈴木）

——范書本傳注

〔一〕時茂與王梁擊五校義軍。姚輯入王梁傳。

馬武傳

二〇一　上嘗歷問功臣：「諸君不遭際會，自度能何爲乎？」馬武曰：「臣以勇武，可守尉督盜賊。」上笑曰：「且勿爲盜賊，自致亭長斯可也。」（姚・汪・鈴木）

——書鈔卷七七

竇融傳弟友子固　曾孫憲　曾孫萬全子章

二〇二　寧武男〔一〕。（汪・鈴木）

——范書本傳注

〔一〕王莽居攝中，融以軍功得封。范書作「建武男」。東觀記同續書。

二〇三　虞封〔一〕。（汪・鈴木）

——范書本傳注

〔一〕封，竇融之司馬。時隗囂反，道隔絶，封受融弟友所遣，間行通書光武。范書作「席封」，未知孰是。鈴木輯稿作「司馬虎」，非。

二〇四　竇固字孟孫，爲衛尉卿。兩宮宿衛，見重當時，仁厚謙恭，甚有名稱。（汪·鈴木）

——御覽卷二三〇

二〇五　竇固出塞至天山，斬首千餘級。（汪·鈴木）

——御覽卷五〇

二〇六　將軍竇憲出鷄鹿山。（鈴木）

——初學記卷八

二〇七　憲奪沁水公主園田。上幸公主園，覺之，問憲，憲又上言借之也〔一〕。（汪）

——汪輯

〔一〕不詳所出，恐系據范書誤入。

二〇八　竇章居貧蔬食，講讀不輟。太僕鄧康重章學行。是時學者稱東觀爲老氏藏室，道家蓬萊山。康薦章入東觀，爲校書郎中。

——職官分紀卷一六

馬援傳子光　兄子嚴

二〇九　援過北地任氏畜牧。自援祖賓，本客天水。父仲，又嘗爲牧師令。是時員爲護苑使者，故人賓客皆依援。（姚・汪・鈴木）——范書本傳注

二一〇　勃能説韓詩〔一〕。（汪）——范書本傳注

〔一〕勃，朱勃，援之邑人。早慧，時援裁知書，見之自失。後援卒，遇讒，勃詣闕上書，爲之訟寃。

二一一　馬光字叔山，爲衛尉卿。上以光謹勑小心，周密畏慎，特親異之。（汪・鈴木）——御覽卷二三〇

二一二　馬嚴字威卿，拜御史中丞，賜冠幘衣服車馬。嚴舉劾案章，申明舊典，奉法察舉，無所迴避，百僚憚之。（姚・汪・鈴木）——初學記卷一二　〇　御覽卷二二五

司馬彪續漢書卷三

卓茂傳

二一三　卓茂遷密令，其治民，舉善而教，不能則勸，口不出惡言，勞心憂念，吏民知其有緩急，以恩信待吏，吏畏而愛之，不忍欺也。元始中，天下蝗。河南二十縣蝗，獨不入密界。督郵書言，太守大怒，自出案行密界中，實然乃驚。（姚・汪・鈴木）

——類聚卷五〇　〇　書鈔卷七八

二一四　卓茂遷密令，道不拾遺。（姚・汪・鈴木）

——書鈔卷七八

二一五　宣德侯〔一〕。（汪）

——范書本傳注

〔一〕光武即位，先訪求茂，茂詣河陽謁見。光武遂下詔封茂爲侯。范書作「褒德侯」，袁紀亦然，而東觀記與續書同。又楊樹達曰：「北堂書鈔設官部、藝文類聚職官部、太平御覽職官部引漢官儀亦均作『宣德侯』。」未知孰是。

魯恭傳弟丕

二一六　魯恭爲中牟令，爲陳父母恩德〔一〕。（汪・鈴木）

——書鈔卷七八

〔一〕袁紀卷一四曰：「民李勉爲母所言，恭召就責問，因爲陳父母恩德，勉慙悔返。」續書所言，即指此事，然書鈔所引，必有脱文。

二一七　魯恭爲中牟令，以德化人，不任刑罰。（鈴木）

——書鈔卷七八

二一八　魯恭爲中牟令。有亭長息牛不還，主訟之。恭敕令還牛，亭長仍不還。恭歎曰：「化不行也。」解印綬而去。掾吏注留，亭長慙，還牛不敢欺也。（姚・汪・鈴木）

——書鈔卷七八

二一九　魯恭〔字仲康〕〔一〕，爲中牟令，導民以孝，推誠而治。建初中，郡國螟傷稼，犬牙緣界，不入中牟。河南尹袁安疑其不實，遣仁恕掾肥親往察驗之。恭隨行阡陌，俱坐桑下。有雉止其傍，〔傍〕有童兒〔二〕，親曰：「何不擊之？」兒曰：「雉方將雛。」親瞿然而起，與恭訣曰：「所以來者，欲察治之善惡爾。今蟲不犯境，此一異也。化及鳥獸，此二異也。豎子有仁心，此三異也。久留徒擾賢者〔可〕〔耳〕〔三〕。」還府，以狀白安，〔安〕美其治〔四〕，以勵屬縣。（姚・汪・鈴木）

——類聚卷五〇　○　御覽卷二六七　書鈔卷七八(2)

〔一〕據書鈔卷七八補。
〔二〕據御覽卷二六七補。
〔三〕據御覽卷二六七改。
〔四〕據書鈔卷七八補。

二二〇　〔魯恭爲中牟令，嘉禾生於庭〕〔一〕，恭謙不矜功，封以言府，府即奏上。尹以檄勞曰：「君以名德，久屈中牟，物產之化流行，天降休瑞，應行而生，尹甚嘉之。」（姚・汪・鈴木）

——范書本傳注　○　書鈔卷七八

〔一〕據書鈔卷七八補。「禾」原誤「木」，據汪輯逕改。

二二一　魯恭字仲廉〔一〕，遷光祿勳，選舉清平，不失次序。（姚・汪・鈴木）

——書鈔卷五三

〔一〕前引書鈔卷七八作「仲康」，東觀記、袁紀、范書皆然。此作「仲廉」，誤。

二二二　坐族弟弘農都尉炳事免官〔一〕。（姚・汪・鈴木）

〔一〕此乃永元十六年之事。　——范書本傳注

二二三　時盛夏斷獄，恭上疏曰：「夏至之日施命令，止四方行者，所以助微陰也。行者尚止之，況於逮召考掠奪其時邪？」〔一〕（姚・汪）

〔一〕此引不詳所出，汪照録姚輯，復增首句及「恭」下之「上」字。　——汪輯

二二四　建初元年，詔舉賢良方正。大司農劉寬舉魯丕。〔一〕時對策者百餘人，惟丕在高第，除爲議郎。

——職官分紀卷三六　〇　緯略卷三

〔一〕「丕」，緯略卷三引作「平」。東觀記亦然。書鈔卷五六引作「丕」，而袁、范二書作「丕」。惠棟曰：「隷法，丕平字相類，未詳孰是。李充傳亦作『平』。」王先謙曰：「丕，亦作丕，就譌爲平耳。」王説是。

二二五　薦王龔等，皆備帷幄近臣〔一〕。（姚・汪・鈴木）

〔一〕時值永元二年，丕任東郡太守，數薦達幽隱之士，龔者即其一。　——范書本傳注

二二六　魯丕字叔陵，遷中散大夫。賈逵薦丕道藝深明，時見用。復與（黄散大夫）〔尚書令黄香相問難〕數事〔一〕，上善丕，罷朝時賜冠幘履衣襪各一襲。（姚・汪・鈴木）

——書鈔卷五六

〔一〕據職官分紀卷四八改補。

劉寬傳

二二七　劉寬字文饒，弘農人。爲南陽太守，温仁多恕，遇民如子，口不出詈言，吏人有過，但用蒲鞭罰之，示辱而已。（汪・鈴木）

——御覽卷二六〇　○　書鈔卷四五

二二八　劉寬字太饒〔一〕，拜太中大夫，觀講華光之内〔二〕。（鈴木）

——書鈔卷五六

〔一〕「太」系「文」之誤。

〔二〕華光，殿名。

二二九　劉寬簡略，嗜酒，不好盥浴。（汪・鈴木）

——御覽卷三八九

二三〇　劉寬性仁恕，不妄喜怒。嘗朝服將朝，婢翻羹汙其衣，寬曰：「得毋爛汝手乎？」更衣而入，曾不變色。（姚・汪・鈴木）

——書鈔卷一四四

伏湛傳

二三一　伏湛字惠公，更始元年，拜爲平原太守。遭倉卒兵起，莫不驚擾，而湛獨安然教授。謂妻子曰：「一穀不升，國君徹膳。今人皆饑，奈何獨飽？且食麤糲。」盡分奉禄以賑活鄉里，來客者百餘家。（汪・鈴木）

——御覽卷四七六

二三二　伏湛爲平原太守。時兵起，湛移（出）〔書〕屬縣〔一〕，吏民信向，獨不敢動。（鈴木）

——書鈔卷七五

〔一〕據袁紀卷四改。

侯霸傳

二三三　侯霸字君房，河南人。爲人矜嚴有威容。家累千金，不事産業，篤志詩書，師事房元，常爲都講。（汪）

——御覽卷三八九

二三四　侯霸爲臨淮太守，〔吏民愛樂〕〔一〕。王莽之敗，霸保守臨淮。更始徵霸，老弱相攜號呼，遮使者車，乞留侯君期年。（姚·汪·鈴木）

——書鈔卷七六　○　又卷七五

〔一〕據書鈔卷七五補。

二三五　侯霸拜尚書令，條撰善政有便於民者，除其煩苛，時令乃立。每春下寬大詔書，由霸始也。（鈴木）

——書鈔卷五九

趙熹傳

二三六　光武徵趙喜〔一〕，引見賜鞍馬，待詔公車。（姚・汪・鈴木）

——初學記卷二二　○　御覽卷三五八

〔一〕東觀記、袁紀均作「喜」，而范書作「憙」，故四庫館臣改東觀記「喜」作「憙」。然書鈔引續志作「熹」。惠棟曰：「喜與熹，古字通。小顔匡謬正俗曰：『熹，熾盛也，音與僖同。』故趙熹字伯陽，取此義耳。末世傳寫誤爲喜字。」天游按：徐灝説文段注箋曰：「憙、喜古今字。」又黄侃説文同文曰：「喜同台、僖、憙。」據此則喜、憙、熹三字皆可通，作「喜」非誤。然其既以「伯陽」爲字，當以「熹」爲本字。下同。

二三七　趙喜爲太尉。中元二年，上崩，喜受遺詔，典録喪禮。新承王莽之亂，國無舊典，皇太子與諸王雜坐同席，尊卑無别。喜乃正色，横劍殿階，扶下諸王，以明尊卑。（姚・汪・鈴木）

——御覽卷一四八　○　書鈔卷三七

二三八　趙喜字伯陽，爲衛尉，盡心事上，夙夜匪懈。母没，上疏乞守服，不許，遣使釋服。（汪・鈴木）

——御覽卷二三〇

牟融傳

二三九　牟融舉茂才，爲豐令。視事三年〔一〕，政化流行，縣無獄訟，吏畏而愛之，治有異迹，爲州郡最。（姚・汪・鈴木）

——類聚卷五〇　〇　御覽卷二六七　書鈔卷七八

〔一〕范書本傳亦作「三年」，汪輯據御覽引作「二年」，非。

二四〇　牟融字子優，拜司隷校尉，典司京師，執憲持平，多所舉正，百僚莫不敬憚。（姚・汪・鈴木）

——書鈔卷六一　〇　御覽卷二五〇

二四一　牟融字子優，遷大司農，居職修治，又善論議，時公卿無出之者。（鈴木）

——書鈔卷五四

宣秉傳

二四二　（傳）〔宣〕巨公拜御史中丞〔一〕，與司隸校尉、尚書〔令〕會同〔二〕，並專席而坐，故京師號曰「三獨坐」。遷司隸校尉。奉公遵典，督察姦邪，務舉宏綱，正大體，闊略細微。其政嚴而不苟，百僚肅然，京師清静〔三〕。（姚·汪）

——初學記卷一二　○　書鈔卷六一

〔一〕據汪輯校改。

〔二〕據汪輯校補。

〔三〕據書鈔卷六一補。

二四三　宣秉字巨公〔一〕，拜御史中丞，布被瓦器，居不粟馬，出無從車。車駕幸其府舍，歎曰：「雖楚國二龔，不如雲陽宣巨公。」賜布帛帳帷什器。（汪）

——御覽卷八一八

〔一〕「宣」原誤作「宋」，逕改。

二四四　宣秉字巨公，拜司徒司直，清白篤義，得禄俸，收養内外宗族。（姚·汪·鈴木）

——書鈔卷六二

張湛傳

二四五　張〔湛字〕子孝〔一〕，平陵人。性矜嚴，非禮不動，遇妻子若嚴君，三輔以爲儀表。人或謂之詐，子孝曰：「我誠詐也。人皆詐惡，我獨詐善，不亦可乎？」爲光禄〔勳〕〔二〕。〔數正諫威儀不如法度者〕〔三〕。常乘白馬，上每有異政，輒言：「白馬生且復諫矣。」（姚・汪・鈴木）

——御覽卷四五二　○　書鈔卷五三

〔一〕據書鈔卷五三補。

〔二〕同右。

〔三〕同右。又范書本傳曰：「光武臨朝，或有惰容，湛輒陳諫其失。」

二四六　張湛拜太中大夫，病居〔中〕東門候舍〔一〕。故時人號之爲「中東門君」。上數存問賞賜。（汪・鈴木）

——御覽卷二四三

〔一〕據范書及下文文意補。

王丹傳

二四七　王丹字仲回，爲〔太子〕少傅〔一〕，謇謇正直，名德重於當時。（姚・汪・鈴木）

——書鈔卷六五　○　御覽卷二四四

〔一〕據御覽卷二四四補。

王良傳

二四八　王良拜沛郡太守，稱病不就府，從官皆送文書就之。詔太醫治之。（姚・汪・鈴木）

——書鈔卷七四

二四九　王良字仲子，拜司徒司直，妻子不至官舍。在位布被瓦器，無兼膳，節儉過度。（姚・汪・鈴木）

——書鈔卷六二

二五〇　王良字仲子，東海人。爲大司徒〔一〕。鮑恢爲司徒長史，以事至東海，過其家，見良妻布

衣徒跣，曳柴從田中歸。（鈴木）
——書鈔卷五二

〔一〕東觀記、范書、袁紀均作「大司徒司直」，續書誤。

杜林傳

二五一　杜林字（仲子）〔伯山〕〔一〕。爲光禄勳，内奉宿衛，外總三（著）〔署〕〔二〕，周密敬慎，選舉稱平，〔數薦名士〕〔三〕。郎有好學，輒見誘進，朝夕滿堂，士以此高而慕仰之。（姚・汪・鈴木）
——書鈔卷五三　○　初學記卷一二（2）　白帖卷七四

〔一〕據初學記卷一二、白帖卷七四改。
〔二〕同右。
〔三〕據初學記卷一二補。

承宮傳子疊

二五二　宮過徐子盛，好之，因棄其豬而留聽經〔一〕。〔豬〕主怪其不還〔二〕，求索得宮，欲笞之。門下生共禁止，因留之。爲諸生拾薪，執苦數年，勤學不倦。（姚・汪・鈴木）

——御覽卷六一一　○　范書本傳注

〔一〕宮少孤，爲人牧豕。時鄉里徐子盛以春秋經授諸生，宮悦而駐聽之。

〔二〕據范書本傳注補。

二五三　宮嘗出行，得虎所殺鹿，持歸。肉分門下，取皮上師，師不受。宮因棄之。人問其故，宮曰：「既已與人，義不可復取。」（姚・汪・鈴木）

——范書本傳注

二五四　宮字少子，琅邪人。嘗在蒙陰山中耕種禾黍，臨熟，人就認之，宮便推與而去，由是發名，位至左中郎將、侍中。（姚・汪・鈴木）

——吴志鍾離牧傳注　○　類聚卷八五　御覽卷八三九

二五五　承宮遷至左中郎將，數進忠諫，論議守正，不希世偶，朝臣憚其節，名稱聞於匈奴。單于遣使來貢，求見宮。詔勑宮自整頓，宮曰：「夷狄眩名，非識實也。聞臣虛稱，故欲見臣。臣醜陋形寢，見必輕賤，不如選長大有威容者〔示之也〕〔一〕。時以大鴻臚魏應示之。（姚・汪・鈴木）——御覽卷二四一 ○ 又卷二七九 范書本傳注

〔一〕據御覽卷二七九補。范書本傳注亦然。

二五六 宮子疊，官至濟陰太守。（姚・汪・鈴木）——范書本傳注

趙典傳

二五七 趙典字仲經，爲大司農，閉門卻掃，非德不交。（姚・汪・鈴木）——初學記卷一二 ○ 御覽卷二三二

二五八 趙典篤學博聞，宜備國師〔一〕。（姚・汪・鈴木）——初學記卷一 ○ 書鈔卷五二 御覽卷二〇六 晏公類要卷一四

〔一〕此系表薦之文。引文下尚有「國師即太師也」六字，當系注文，故入注以說明之。又書鈔卷五二注出續漢百官志，按百官志

無此文，書鈔注誤也。

申屠剛傳

二五九　申屠剛字巨卿，拜侍御史，遷尚書令。在尚書，數犯顏正色，百僚憚之。常慕史鰌、汲黯之爲人〔一〕。（姚・汪・鈴木）

——書鈔卷五九

〔一〕李賢曰：「史記曰：史鰌字子魚，衛大夫也。論語孔子曰：『直哉史魚，邦有道如矢，邦無道如矢。』前書：汲黯字長孺。武帝時爲主爵都尉，好直諫，時人謂之『汲直』。」按子曰出論語衛靈公。

二六〇　光武帝欲出遊，尚書令申屠剛諫，以頭軔乘輿車輪。（姚・汪・鈴木）

——書鈔卷一四一

鮑永傳子昱

二六一　鮑永爲更始大將，將兵安集河東。赤眉害更始，三輔道絶。世祖即位，遣諫議大夫儲大

伯持節徵永。永疑爲不審，收繫大伯，封節傳舍壁中，遣人持至長安〔一〕。知更始審亡，即發喪出降。（汪・鈴木）

——御覽卷六八一

〔一〕按東觀記永封大伯節於晉陽傳舍壁中，「持」作「馳」。御覽作「持」，誤。

二六二　鮑永爲魯郡太守，孔子闕里無何荆棘自闢，郡人異之〔一〕。（姚・汪・鈴木）

——書鈔卷七五

〔一〕陳、俞本「何」作「故」，「郡人」作「永」，與范書同。

二六三　鮑永字君長，爲司隸校尉。上叔父趙孝王良送來歙喪還〔一〕，入大夏城門，與右郎將相逢〔二〕，良怒，召門賤吏〔三〕。永走馬往前，奏良大不敬，由是權戚挫折，百僚肅然。數舉奏非法，朝廷善之。永辟右扶風平陵鮑恢以爲都官從事，恢亦抗直，不避彊禦，詔册曰：「貴戚且當斂手，以避二鮑。」其見重又如此。（姚・汪・鈴木）

——書鈔卷六一

〔一〕「孝王」原誤倒，逕正。

〔二〕即右中郎將張邯也。

〔三〕指夏城門候岑尊。東觀記下作「叩頭馬前」，又永劾奏良曰「召候岑尊詰責，使前走數十步。案良諸侯藩臣，蒙恩入侍，〔宜〕

知尊帝城門候吏六百石，而肆意加怒，令叩頭都道，奔走馬頭前。無藩臣之禮，大不敬」。

二六四　鮑永字君長，爲司隸校尉。永性矜嚴公正，百僚忌難，每朝各加戒慎。（汪・鈴木）

——書鈔卷六一

二六五　鮑昱爲泚陽長〔一〕，盜賊省減。（姚・汪・鈴木）

——書鈔卷七八

〔一〕「泚」系「沘」之誤，亦可作「比」。

二六六　鮑昱字守文〔一〕，拜司隸校尉。〔帝報曰〕〔二〕：「吾欲令天下知忠臣之子復爲司隸。」昱在職奉法守正，有父風。坐救火遲，免官。（姚・汪・鈴木）

——書鈔卷六一

〔一〕東觀記作「文淵」，范書作「文泉」，乃刻本避唐高祖諱。續書恐誤。

〔二〕據東觀記補。

二六七　昱爲汝南太守，郡多陂池，水恒不足，作方梁石洫止之〔一〕，水方足也。（鈴木）

——書鈔卷七四

〔一〕李賢曰：「洫，渠也。以石爲之，猶今之水門也。」

二六八　明帝崩，司徒鮑昱典喪事。葬日，三公入安梓宮，還至羨道半，逢上欲下，昱前叩頭言：

「禮：天子鴻洞以贈，所以重郊廟也。陛下奈何冒危險，不以義割哀。」上即還。（姚·汪·鈴木）
——續漢禮儀志注

襄楷傳

二六九　延熹九年，濟陰、東郡、濟北、平原河水清。襄楷上疏曰：「春秋注記，未有河清，而今有之。易乾鑿度曰：『上天將降嘉應，河水先清。』京房易傳曰：『河水清，天下平。』天垂異，地吐妖，民厲疫，三者並作而有河清。春秋麟不當見而見，孔子書以爲異。河者，諸侯之象；清者，陽明之徵，豈獨諸侯有窺京師也。」明年，宮車晏駕，徵解瀆侯爲漢嗣，是爲靈帝。建寧四年二月，河水又清也。（汪）
——水經注卷五河水注

郭伋傳

二七〇　郭伋字細侯，拜并州刺史。前在并州素有恩，及後入界，所到縣邑，老少相攜而逢迎于道

路，如見父母。所過問民疾苦，下車聘請州中耆俊，以爲師友，設几杖而敬禮焉，朝夕參政，分禄以養之。（姚・汪・鈴木）

——書鈔卷七二

二七一　郭伋字細侯，拜并州牧。盧芳僭號北方，上患之。後拜伋焉。下車躬請州中推俊以爲師友〔一〕，（皷）〔設〕几杖而敬禮焉〔二〕。時人多舉伋可大用，上以并州部邊，匈奴未服，欲使鎮撫，故久不遷也。

——晏公類要卷二〇

〔一〕疑「推」字有訛，按上引或系「耆」之誤。

〔二〕據上引校改。

二七二　郭伋拜并州牧，行部西河到美稷，數百小兒各騎竹馬逢迎。伋問曰：「兒曹何自遠來？」對曰：「聞使君到，喜，故來迎。」伋謝曰：「辛苦諸童。」小兒復送到郭門外，問「使君何日當還」，伋謂別駕〔從事〕計日告之〔一〕。行部還，入美稷，先期一日。伋念負諸兒，即止野亭，須期乃往。伋重信得人心，皆此類也。（姚・汪・鈴木）

——文選卷五九沈約齊安陸昭王碑文注　○　類聚卷五〇

〔一〕據類聚卷五〇補。

二七三　郭伋字細侯，〔以〕并州牧徵爲太中大夫〔一〕，賜宅一區，及帷帳錢穀，伋輒散與宗親九族，無遺餘。（汪）

——御覽卷四七六

〔一〕據汪輯補。

孔奮傳

二七四　孔奮守姑臧長，治有異道。時天下擾亂，河西獨安，而姑臧市日四合，爲河西富縣。每前長居官數月，輒致貲産。奮在姑臧積四歲，財産不增。奮素孝，自來爲長時，供養至謹。在姑臧，惟母極膳，妻子飲食但葱韭。（姚·汪·鈴木）

——類聚卷五〇　〇　書鈔卷七八

二七五　孔奮守姑臧。時天下未定，或曰：「置脂膏中，不能自潤。」（鈴木）

——書鈔卷七八

二七六　孔奮守姑臧，天下知其清廉。（鈴木）

——書鈔卷七八

二七七　孔奮官姑臧（令）長〔一〕，以仁義爲治，抑强扶弱。（姚·汪·鈴木）

——書鈔卷七八

〔一〕「令」系衍文，故删。

二七八　守姑臧令〔一〕，太守梁統敬奮，每以事至府，不以官屬禮之，常迎送，敬以師友。（汪·鈴木）

——書鈔卷七八

〔一〕「令」系「長」之誤。

張堪傳

二七九　張堪字君游，南陽宛人。爲郡族姓。堪早孤，讓先父餘財數百萬與兄（弟）〔子〕〔一〕。（姚·汪·鈴木）

——御覽卷五一五　○　類聚卷二一　御覽卷四二四

〔一〕據類聚卷二一、御覽卷四二四改。按范書本傳亦作「兄子」。

廉范傳

二八〇　范爲雲中太守。匈奴大入塞，范自率士卒拒之。虜衆盛，不敵。乃令軍士卒各交縛兩炬，三頭爇火。虜遥見火多，謂漢兵救至。待旦將退，范令軍中蓐（會）〔食〕〔一〕，晨往赴之，斬首數百級〔二〕。虜自此不敢復入雲中。（姚・汪・鈴木）

——書鈔卷一一六　○　御覽卷四四九

〔一〕據御覽卷四四九改。

〔二〕御覽卷四四九作「數千級」。按范書本傳作「數百級」，御覽誤。

二八一　肅宗崩，廉范奔赴敬陵〔一〕。時廬江郡掾嚴麟奉章〔吊國〕〔二〕，俱會於路。麟乘小車，塗深馬死，不能自進。范見而愍然，命從騎下馬與之，不告而去。麟事畢，不知馬所歸，乃沿路訪之。或謂麟曰：「故蜀郡太守廉叔度，好周人窮〔急〕〔三〕。今奔國喪，獨當是耳。」麟亦素聞范名，以爲然，即牽馬造門，謝而歸之，世伏其義。（汪・鈴木）

——御覽卷四七六

〔一〕「赴」原誤作「起」，逕改。

〔二〕據汪輯補。

〔三〕同右。

蘇章傳

二八二　蘇章字孺文，博學能屬文。安帝舉賢良，對策高第，爲議郎。（鈴木）

——書鈔卷五六　○　緯略卷三

二八三　章字孺文，爲冀州刺史。故人爲（西）〔清〕河太守〔一〕，章行部，案其姦臧。乃請太守，設酒，太守喜曰：「人皆有一天，我獨有二天！」少頃，章曰：「今日與故人飲者，私恩也。明日冀州刺史案事者，公法也。」遂正其罪。（鈴木）

——書鈔卷三七

〔一〕據陳本改。

羊續傳

二八四　羊續爲南陽太守，妻與子祕俱往郡舍，續閉門不納，妻自將祕行。其資藏唯布衾、弊裯，鹽、麥數斛。（汪・鈴木）

——御覽卷八三八

賈琮傳

二八五　賈琮爲交州刺史，歲間清平，百姓安土，爲之歌曰：「賈父來晚，使我先反。今見清平，吏不敢飯〔一〕。」（汪・鈴木）

——御覽卷四六五

〔一〕胡三省曰：「言吏不敢過民家而飯也。」

二八六　賈琮爲冀州刺史。舊傳車驂駕迎於州界〔一〕。及琮之郡，升車乃言曰：「刺史當遠視廣聽，糾察美惡，何反垂帷以自掩？」迺命御者褰之。百城聞之，自然震悚。（鈴木）

——書鈔卷一三九

〔一〕范書「舊」下有「典」字，「駕」下「垂赤帷裳」四字，疑此引俱脱之。

樊宏傳 子儵

二八七　仲山甫封于樊〔一〕，因氏國焉。爰自宅陽，徙居湖陽〔二〕。能治田殖〔三〕，至三百頃。廣起廬舍，高樓連閣，波陂灌注，竹木成林，六畜放牧，魚鸁梨果，檀棘桑麻，閉門成市，兵弩器械，貲至百萬。其興工造作，爲無窮之功，巧不可言，富擬封君。世祖之少，數歸外氏。及之長安受業，齎送甚至。世祖即位，追爵敬侯〔四〕，詔湖陽爲重立廟，置吏奉祠。巡祠章陵，常幸重墓。（汪）

——水經注卷二九比水注

〔一〕疑首脱「其先」二字。

〔二〕漢書地理志曰：「秦既滅韓，徙天下不軌之民於南陽，故其俗夸奢，上氣力，好商賈漁獵，藏匿難制御也。」天游按：宅陽本韓地，樊氏宗族當系秦時所徙之韓國豪强不軌之民。

〔三〕疑「能」上脱「宏父重」三字。

〔四〕敬侯者，壽張敬侯重也。

二八八　樊儵字長亘〔一〕，爲長水校尉，與公卿雜定郊祀禮儀，以讖記正五經異説。（姚·汪·鈴木）

——書鈔卷六一

〔一〕范書本傳作「長魚」，袁紀亦然。按魚、亘形近易訛，續書作「亘」，當系書鈔引誤。

陰識傳弟興

二八九　陰識拜執金吾，位特進。入則極言正諫，至與賓客語不及國事。常慕仲山甫匪躬之節〔一〕，所用掾吏，皆得天下俊哲〔二〕。（姚・汪・鈴木）

——御覽卷二三七　○　類聚卷二〇　書鈔卷五四

〔一〕仲山甫，周宣王時之名臣。因食采於樊，故亦稱樊仲山甫。謚穆，故亦作樊穆仲。樊重即其後，見上傳。又易蹇卦曰：「王臣蹇蹇，匪躬之故。」疏曰：「盡忠於君，匪以私身之故而不往濟君。」類聚卷二〇引作「夙夜匪懈」。

〔二〕御覽卷二三七末有小注曰：「虞詡、傅賢等是也。」天游按：虞詡於安帝永初五年始辟太尉李脩府爲掾吏，非陰識所用明矣。職官分紀卷三五引作「虞延」。按虞延任執金吾於建武初，而識至明帝封爲皇太子之後，即建武十九年之後，始任此職，則延亦必不爲識掾吏明矣，職官分紀亦非。且東觀諸史無傅賢事跡。御覽注原本范書，其文曰：「虞廷、傅寬、薛愔等，多至公卿校尉。」御覽則誤「廷」爲「詡」，「寬」爲「賢」。汪輯不加考索，照録御覽注，甚疏略。

二九〇　陰興字君陵，爲黄門侍郎。興筋力過人，每從出入，常操小蓋，障翳風雨，險隘躬自履涉，

率先期門。凡上所幸止，先入清辟。（姚・汪・鈴木）——書鈔卷五八

二九一　陰興爲衛尉，每將遠征，身行勞問，無所愛惜。（姚・汪・鈴木）——初學記卷一二　○　御覽卷二三〇

朱浮傳

二九二　朱浮字叔元，爲執金吾。帝以二千石長吏不堪任，時有纖微之過者，必見斥罷，交易紛擾，百姓不寧。六年，有日蝕之異。浮因上疏切諫。自是州郡奏長吏二千石不任位者，事皆先下三公，遣掾史案〔驗〕〔一〕，然後黜退。（姚・汪・鈴木）——御覽卷二三七　○　書鈔卷五四

〔一〕據汪輯補。

馮魴傳

二九三　世祖車駕西征，盜賊羣起。郟令馮魴爲賊延褒所攻，力屈。上詣紀氏，羣賊自降。（汪・鈴木）
——水經注卷二一汝水注

二九四　（馬防）〔馮魴〕以郡太守高第爲太僕〔一〕，在乎內行脩潔也。（姚・汪・鈴木）
——書鈔卷五四

〔一〕據陳、俞本改。鈴木輯稿入馬防傳，甚失考。

虞延傳

二九五　虞延除細陽令。每至歲時伏臘，休遣徒繫，各使還家。並感其恩，應期歸。有一囚於家被病，自載詣獄，既至城門而死。（姚・汪・鈴木）
——類聚卷五〇

鄭弘傳

二九六　太守常以春行縣，所至縣勸人農桑，振救乏絶。第五倫爲太守，因春行，見鄭弘奇之，署督郵〔一〕。（汪）

——御覽卷一九

〔一〕御覽原注曰：「鄭弘時爲鄉嗇夫。」按謝承書其所在乃靈文鄉也。

二九七　鄭弘爲縣令，政化大行。民王逢得路遺寶物，懸於衢道，求主還之。（姚・汪・鈴木）

——類聚卷五〇

梁統傳子松　竦　曾孫商　玄孫冀

二九八　梁統字仲寧，拜太中大夫，在朝廷數上便宜，言法令既輕，宜遵舊典〔一〕。〔下三公議，云隆行峻法，非明主急務，遂寢〕〔二〕。（姚・汪・鈴木）

——書鈔卷五六

〔一〕范書本傳「法令既輕」下有「下姦不勝，宜重刑罰」八字，書鈔節略過甚，意反不明。

〔二〕據職官分紀卷四八補。

二九九 梁松爲太僕。永平二年，爲松請託郡縣，事覺免。（姚・汪・鈴木）

——書鈔卷五四

三〇〇 大將軍梁商三月上巳日，會洛水。倡樂畢極，終以薤露之歌〔一〕，坐中流涕。其年八月，而商薨。（姚・汪・鈴木）

——御覽卷五五二　〇　書鈔卷九二　初學記卷一四

〔一〕古今注音樂曰：「薤露、蒿里並喪歌也，出田横門人。横自殺，門人傷之，爲之悲歌，言人命如薤上之露，易晞滅也。」又載其歌辭曰：「薤上朝露何易晞！露晞明朝還復滋，人死一去何時歸？」又言薤露乃送王公貴人之喪曲，使挽柩者歌之，故世呼爲挽歌。

三〇一 扶風人士孫奮居富而性忢〔一〕。梁冀自以馬乘具遺之，從貸錢五千萬，奮以五百萬與之〔二〕。冀大怒，乃告郡縣，劾奮母爲其守藏婢，云盜白珠十斛、紫金千斤以叛。遂收考奮兄弟，死於獄中，悉没資財億七千餘萬。（姚・汪・鈴木）

——類聚卷八四　〇　御覽卷八三五　又卷八〇二　又卷八〇九

〔一〕「士」原誤作「王」，據御覽卷八〇二、又卷八〇九逕改。

〔一〕范書本傳作「以三千萬與之」，御覽卷八三五「五千」作「二十」，「五百」作「十」，諸載各異，未詳孰是。

三〇二　梁冀改易輿服之制，作平上軿車、埤幘、狹冠也。（姚·汪·鈴木）
——御覽卷六八七　○　事類賦注卷一二　御覽卷六八四

三〇三　梁冀爲擁身之扇。（姚·汪·鈴木）
——書鈔卷一三四　○　事類賦注卷一四　御覽卷七〇二

張純傳子奮

三〇四　張純字伯仁，遷五官中郎將。純在朝歷世，明習故事。建武初，舊章多闕，每有疑議，輒以訪純，自郊廟婚冠喪紀禮儀，多所正定。帝甚重之，一日或數四引見。（汪·鈴木）
——御覽卷二四一　○　書鈔卷六三

三〇五　張純字伯仁，兼虎賁中郎將，一日至數見。持重慎密，雖平行路，事出猶不道，時上封事，輒削去草，清廉（束脩）自守〔一〕。（汪·鈴木）
——書鈔卷六三

〔一〕「束脩」系衍文，故删。

三〇六　「十八年上幸長安，詔太常行禘禮於高廟，序昭穆。父爲昭，南向，子爲穆，北向。」〔一〕（汪）

——范書本傳注

〔一〕天游按：光武建武二十六年詔純曰：「禘祫不行久矣，直詳其制。」此引即系純答詔之文。續漢祭祀志曰：「二十六年，有詔問張純，禘祫之禮不施行幾年。純奏：『禮，三年一祫，五年一禘。毀廟之主，陳於太祖；未毀廟之主，皆升合食太祖；五年再殷祭。舊制，三年一祫，毀廟主合食高廟，存廟主未嘗合。元始五年，始行禘禮。父爲昭，南向；子爲穆，北向。父子不並坐，而孫從王父。禘之爲言諦。諦諟昭穆，尊卑之義。以夏四月陽氣在上，陰氣在下，故正尊卑之義。祫以冬十月，五穀成熟，故骨肉合飲食。祖宗廟未定，且合祭。今宜以時定。』語在純傳。」

三〇七　張純子奮，少好學，節儉行義，常分損租奉，贍卹宗親，雖至傾匱而施與不怠。（汪・鈴木）

——御覽卷四七六

三〇八　永元六年，張奮代劉方爲司空。時歲災旱，祈雨無應，乃〔上〕表〔一〕，即時引見，口陳時政之宜。明日，和帝召太尉、司徒幸洛陽〔獄，録囚徒〕〔二〕，即大雨三日。（姚・汪・鈴木）

——御覽卷一一〇　類聚卷四七　御覽卷二〇八

〔一〕據類聚卷四七引補。

〔二〕同右。

三〇九　張奮字雅通〔一〕，拜太常，言禮樂常當改作，上善之。後上書稱痺病不任行，乃以太常禮職，願與大司農換職，免。（姚・汪・鈴木）

——書鈔卷五三⑵　○初學記卷一二

〔一〕范書本傳作「穉通」。穉、雅形近易訛，書鈔引誤。

曹褒傳

三一〇　（魯）〔曹〕充爲博士〔一〕，受詔議立七部〔二〕、三雍、大射、養老。（姚・汪）

——書鈔卷六七

〔一〕據范書本傳改。

〔二〕姚之駰按：「范書闕。『七部』不知何解？范書張純傳有『七經讖』，注云：『七經詩、書、禮、樂、易、春秋及論語也。』疑即指此。」天游按：「七部」系「七郊」之誤。七郊者，五帝及天地合爲七郊。詳見范書曹褒傳。姚説甚失考。汪輯因之，亦誤。

三一一　明帝永平十三年，曹（褒）〔充〕奏尚書琁璣鈐曰〔一〕：「有帝漢（出）〔二〕，德（合）〔洽〕作

樂〔三〕，名〔予〕〔四〕。」天子下詔改太樂令丞〔五〕，以應圖讖。（姚・汪）

——御覽卷二二九

〔一〕據汪輯改。按曹充系曹褒之父，治慶氏禮，爲博士。

〔二〕據范書本傳補。

〔三〕據范書本傳改。

〔四〕據范書本傳補。

〔五〕時明帝詔改太樂官曰太予樂，御覽引有脱文。

三一二　曹褒字叔通，正身率下，舉動遵禮，以德化俗〔一〕，五穀豐熟，盜賊咸感化之〔二〕。（姚・汪・鈴木）

——書鈔卷七八

〔一〕據汪輯逕改「治」爲「俗」。

〔二〕時曹褒任圉令。

三一三　曹褒遷陳留圉令，愛民救死，爲太守馬嚴疾惡，免官，百姓涕泣。（姚・汪・鈴木）

——書鈔卷七八

三一四　曹褒字叔通，徵拜博士。上疏陳「嘉瑞並臻，制作之符」。事下太常，上不可許。復上疏

陳制禮儀。（鈴木）——書鈔卷六七

三一五　曹褒字叔通，遷射聲校尉，按行營舍，有〔停棺槨〕不葬者百餘〔所〕〔一〕。〔褒親自履行，愴然，爲買空地，悉葬其無主者〕〔二〕，爲之設祭，吏士咸稱其仁。（汪・鈴木）——書鈔卷六一　○　御覽卷五五一　又卷二四二

〔一〕據御覽卷五五一補。

〔二〕同右。書鈔卷六一、御覽卷二四二皆作「悉爲買官地葬之」。

三一六　曹褒字叔通，遷將作大匠。時有病疫，褒巡行病徒，自省醫藥，糜粥，死者減少。拜爲河内太守。（姚・汪・鈴木）——書鈔卷五四　○　御覽卷二三六

鄭玄傳

三一七　鄭玄少給縣爲吏，得休不歸家，常詣校官讀經。家貧無資，縣中嘉之。（姚・汪・鈴木）——書鈔卷七七

三一八　大將軍何進辟鄭玄，玄以進（辟）權戚〔一〕，不敢違意，不得已而詣之。進爲設几杖，待之甚優。玄不受朝服，而以幅巾見，一宿逃去。（姚・汪・鈴木）

——類聚卷六九

〔一〕「辟」系衍文。

三一九　鄭玄飲三百餘杯不醉〔一〕。（汪・鈴木）

——御覽卷七五九

〔一〕時袁紹總兵冀州，遣使邀玄，大會賓客以迎之。

三二〇　鄭玄公車徵爲大司農，給安車一乘，所過長吏送迎。（姚・汪・鈴木）

——初學記卷一二　〇　御覽卷二三二

三二一　鄭玄夢孔子造之曰：「起，起，今年歲在辰，來年歲在巳。」既寤，以讖言合之，知命當終。有頃，寢疾而卒。（姚・汪・鈴木）

——類聚卷七九　〇　御覽卷四〇〇

鄭興傳子衆

三二二　興字少贛，諫議大夫。（姚・汪・鈴木）

——魏志鄭渾傳注

三二三　鄭興爲太中大夫，數上便宜，多見用。朝廷每有大議，輒訪焉。其論説依經守正，衆莫能屈也。（姚・汪・鈴木）

——書鈔卷五六

三二四　衆字子師，大司農。（姚・汪・鈴木）

——魏志鄭渾傳注

賈逵傳

三二五　賈逵字景伯，時有神雀入宫，章帝勑蘭臺給筆札，使逵作神雀頌。（汪・鈴木）

——御覽卷六〇六

張霸傳

三二六　張霸爲會稽（郡）〔太守〕〔一〕，越賊（束手）歸附〔二〕，童謡曰：「棄我戟，捐我矛，盜賊盡，吏皆休。」（姚・汪・鈴木）

——類聚卷一九　○　御覽卷四六五

〔一〕據御覽卷四六五改。

〔二〕據御覽卷四六五補。

桓榮傳曾孫典

三二七　榮本齊人，遷於龍亢，至榮六葉。（姚・汪・鈴木）

——范書本傳注

三二八　桓榮字子春〔一〕，師學歐陽尚書。上召見，令説尚書，上善其説。拜爲議郎，賜錢十萬。入授太子，甚見尊重。每朝會，上輒令榮於公卿前説經，因問長安時舊事，上曰：「得卿幾晚。」（姚・

汪・鈴木）

〔一〕東觀諸史均作「字春卿」，唯此引異，恐誤。——書鈔卷五六

三二九　閎字作明〔一〕。（姚・汪）

〔一〕閎，桓榮之同門生彭閎也。時歐陽尚書博士缺，光武欲用榮，榮讓此職於閎。帝遂拜閎爲議郎。——范書本傳注

三三〇　桓榮字春卿，爲博士。榮之官，車駕親幸，儒者高之。（姚・汪・鈴木）——書鈔卷六七

三三一　桓典字公雅，爲侍御史。是時宦官亂政，典執政（心）無所迴避〔一〕，常乘驄馬，京都畏之，爲語曰：「行行且止，避驄馬御史。」（姚・汪・鈴木）——初學記卷一二〇　書鈔卷六二　晏公類要卷一六

〔一〕據書鈔卷六二刪。

丁鴻傳

三三二　「臣聞武王克殷，封比干之墓，表商容之閭。二人無功，下車先封之，表善顯仁，爲國之砥礪也。伏見丁鴻經明行修，志節清妙。」〔一〕由是上賢之也。（汪）

〔一〕以上系丁鴻同門生鮑駿上明帝書之文。——范書本傳注

三三三　上歎嗟其才〔一〕，號之曰「殿中無雙丁孝公」。賜錢二十萬。（汪）

〔一〕東觀記與此同，唯范書本傳作「時人歎曰」。——范書本傳注

三三四　丁夔〔一〕。（汪）

〔一〕夔，丁鴻之曾孫，范書本傳作「夏」，然東觀記與續書同。——范書本傳注

度尚傳

三三五　尚少喪父，事母至孝。通京氏易、古文尚書。爲吏清潔，有文武才略〔一〕。（姚・汪・

鈴木）

〔一〕范書本傳作「家貧，不修學行，不爲鄉里所推舉。」——范書本傳注

三三六　度尚字博平，山陽人。除上黨長〔一〕，治政嚴峻，明於疑理，縣中謂之神明。（姚・汪・鈴木）——御覽卷二六七　〇　書鈔卷七八（2）　又卷三六

〔一〕書鈔三引，唯卷七八第二引作「上虞」，與袁、范二書同。此作「上黨」，誤。

楊旋傳

三三七　靈帝時，楊旋爲零陵太守〔一〕。猾賊相聚〔二〕。旋乃製馬車數十乘，以囊盛石灰於車中，繫布索於馬尾，又爲兵車，專彀良弩，剋日會戰。乃令馬車居前，順風鼓灰，賊不得視；因以火燒布，布然馬驚，奔突賊陣；因使後軍弓弩亂發，作鼓鳴震。羣寇破散，郡境以清。（姚・汪・鈴木）——書鈔卷一一六

〔一〕「旋」，范書本傳作「琁」。琁，美石也，亦作「璇」。姚、汪二輯即作「璇」。按三字皆可通。

〔二〕指蒼梧、桂陽兩郡之義軍。

劉平傳

三三八　劉平爲全椒長。先是縣多虎爲害，平到，政術治民，虎皆南渡江去。（姚・汪・鈴木）

——書鈔卷七八

淳于恭傳

三三九　淳于恭字益孫〔一〕。遷侍中，數侍清晏，所薦無不徵用，進對陳善〔二〕，皆本道德，上未嘗不稱善。在朝爲羣臣表率，聞於四方。（姚・汪・鈴木）

——書鈔卷五八

〔一〕范書本傳作「孟孫」，東觀記亦然。益、孟形近易訛，當以「孟」爲是。

〔二〕疑「善」當作「政」，乃涉下文而致誤。汪輯逕改作「政」。

周盤傳

三四〇　周盤字伯堅，年七十三歲。朝〔會〕集諸生〔一〕，講論終日。因令其二子曰：「吾日者夢見先師東里先生，與我講於陰堂之奧〔二〕。」〔既〕而長歎〔三〕：「豈吾齒之盡乎？命終之日，桐棺足以周身，外椁足以周棺，斂形懸封〔四〕，濯衣幅巾。編四寸簡〔五〕，寫堯典一篇，并刀筆各一，以置棺前，示不忘聖道。」其月望〔日〕〔六〕，無病忽終，學者以爲知命。（汪・鈴木）

——御覽卷五五一　〇　又卷四〇〇

〔一〕據御覽卷四〇〇補。

〔二〕李賢曰：「東南隅謂之奧，陰堂幽暗之室。又入其奧，死之象也。」

〔三〕據御覽卷四〇〇補。

〔四〕「形」原誤作「刑」，逕正。

〔五〕范書本傳作「二尺四寸」。

〔六〕據御覽卷四〇〇補。

班固傳

三四一　固字孟堅，右扶風人。幼有儁才，學無常師，善屬文，經傳無不究覽。（姚・汪・鈴木）

——世説新語文學注　○　史略卷三

三四二　班固字孟堅，九歲，能屬文誦詩賦，及長，遂博覽載籍，九流百家之言，無不窮究。〔學無常師，不爲章句〕〔一〕。（姚・汪・鈴木）

——御覽卷六一二　○　書鈔卷九七

〔一〕據書鈔卷九七補。

三四三　班固字孟堅，多議博文，著作東觀。（鈴木）

——書鈔卷五七

三四四　班固除蘭臺令史，與陳宗、尹敏共作世祖本紀〔一〕。（姚・汪・鈴木）

——書鈔卷六二

〔一〕陳宗，前睢陽令；尹敏，長陵令。疑下脱「孟異」二字，異，司隷從事。又職官分紀卷一六曰：「班固、傅毅以蘭臺令史，陳宗以洛陽令，尹敏以長陵令，孟異以司隷校尉，並著作東觀。」録此以備考。

第五倫傳

三四五　第五倫，字伯魚，京兆長陵人。倫修行清白，嘗召見，上曰：「聞卿爲吏，不過從弟兄飯，寧有之邪？」倫對曰：「臣生遭饑饉，米石萬錢，不敢妄過人飯。」（汪・鈴木）

——御覽卷四二五

三四六　第五倫遷會稽太守，爲政脩理，清淨不煩。（汪・鈴木）

——書鈔卷七五

三四七　第五倫遷會稽太守，雖爲二千石，常布被布襦，自斬草養馬，妻子炊爨。（姚・汪・鈴木）

——書鈔卷七五

三四八　第五倫俸祿常取赤米。（姚・汪・鈴木）

——書鈔卷七五

三四九　第五倫爲會稽太守，徵還當發，百姓老小，攀車啼呼。（姚・汪・鈴木）

——書鈔卷七六

鍾離意傳

三五〇 鍾離意仕郡爲督郵，縣亭長受民鷄酒，府下記考之。意封還記，詣閤白：「（見）〔意〕以春秋責重〔一〕，先内後外，政化之本，由近及遠〔二〕。宜先清府内〔三〕，且闊細微。」太守賢之。（姚·汪·鈴木）

——御覽卷二五三 〇 書鈔卷七七

〔一〕據書鈔卷七七改。

〔二〕成公十五年公羊傳曰：「春秋内其國而外諸夏，内諸夏而外夷狄。王者欲一乎天下，曷爲外内之辭言之？言自近者始也。」

〔三〕「清」原誤作「請」，逕正。

三五一 鍾離意遷堂邑令，慎刑輕罰，撫順百姓，如視赤子〔一〕。（姚·汪·鈴木）

——書鈔卷七八

〔一〕書鈔此引之上一引曰：「鍾離意爲堂邑令，治有政化，百姓懷附。」孔本不詳出處，陳本脱，而俞本作續漢書。姚、汪二輯均據以引，鈴木輯稿亦然。今按二引之文雖異，其意略同，故不别出，入注以備考。

三五二 鍾離意字子阿，爲堂邑令，有能，徵拜尚書僕射。事有不便，輒封還上諫，舉臺憚之。

（姚・汪・鈴木）

三五三　鍾離意遷魯相，治孔子堂及車，皆更漆修飾之。（鈴木）

——書鈔卷五九
——書鈔卷一三九

宋均傳

三五四　宋均爲九江太守，五日一聽事。冬以日中，夏以平旦。時多虎，均曰：「夫虎豹在山，黿鼉在泉，物性之所託，故江淮之間有猛獸，猶江北之雞豚也。數爲民害，咎在貪殘。今退檻穽，進忠良。」虎遂東渡江。（汪・鈴木）

——御覽卷二六〇　〇　又卷二六　書鈔卷三五